搭地鐵
玩遍巴黎

太雅出版社

世界主題之旅
120

搭地鐵
玩遍巴黎

文　　　字	Leta莉塔
總 編 輯	張芳玲
發 想 企 劃	taiya旅遊研究室
編輯部主任	張焙宜
企 劃 編 輯	林云也
主 責 編 輯	翁湘惟
校 稿 編 輯	劉怡靜、吳佳陵
封 面 設 計	陳淑瑩
美 術 設 計	陳淑瑩
地 圖 繪 製	陳淑瑩

太雅出版社

TEL：(02)2882-0755　FAX：(02)2882-1500　E-MAIL：taiya@morningstar.com

郵政信箱：台北市郵政53-1291信箱

太雅網址：http://taiya.morningstar.com.tw

購書網址：http://www.morningstar.com.tw

讀者專線：(04)2359-5819 分機230

出版者　太雅出版有限公司

　　　　台北市11167劍潭路13號2樓　行政院新聞局局版台業第五○○四號

總經銷　知己圖書股份有限公司

　　　　台北　台北市106辛亥路一段30號9樓

　　　　　　　TEL：(02)2367-2044／2367-2047 FAX：(02)2363-5741

　　　　台中　台中市407西屯區工業30路1號

　　　　　　　TEL：(04)2359-5819 FAX：(04)2359-5493

　　　　E-mail：service@morningstar.com.tw

　　　　網路書店：http://www.morningstar.com.tw

　　　　郵政劃撥：15060393 (知己圖書股份有限公司)

法律顧問　陳思成律師

印刷　上好印刷股份有限公司　TEL：(04)2315-0280

裝訂　大和精緻製訂股份有限公司 TEL：(04)2311-0221

初版　2020年01月01日

定價　430元

(本書如有破損或缺頁，退換書請寄至：台中市工業30路1號
太雅出版倉儲部收)

ISBN　978-986-336-306-4

Published by TAIYA Publishing Co., Ltd.

Print in Taiwan

國家圖書館出版品預行編目資料

搭地鐵玩遍巴黎 / Leta莉塔作. -- 初版. --
　　臺北市：太雅, 2020.01
　　面；　公分. -- (世界主題之旅；120)
　　ISBN 978-986-336-306-4(平裝)

　　1.火車旅行 2.地下鐵路 3.法國巴黎
742.719　　　　　　　　　108001436

一場尋回生活的旅程

　　1999年，我從台灣大學畢業後，工作了5年，工作壓力大到，星期一、三看西醫，星期二、日看中醫，我在心裡自問，人生除了工作賺錢，有沒有其他的意義……

巴黎的多元文化

　　2000年，在巴黎市一個給外國學生住宿的單房人，我和住在隔壁的南法女孩Valentine，熱絡地聊著我不熟悉的伊斯蘭教，沒多久一位摩洛哥朋友Saïd，帶著水煙來給我們嘗試，隔壁房來巴黎讀政治的捷克朋友也加入我們，我們4個人、3條水煙管，天南地北的聊著彼此的文化。

　　這時，我用自己四十幾萬的積蓄，以及遠距網頁設計的半工薪水，來歐洲已經「住遊」了一年多，前8個月在義大利斐冷翠，之後搬到了巴黎；這中間，我肩胛骨舊病完全消失，也不曾再問自己「人生的意義」。每天早上起來，去上語文課，上完課就和朋友去逛博物館、參加節慶、喝開胃酒。

關於作者

Leta 莉塔

　　曾經在台灣從事過市場行銷，做了一陣子的文字工作者。在義大利和法國的珠寶學校，學習2年珠寶金工製作，在法國奢侈珠寶品牌卡地亞，當了2年半的珠寶金工師。

　　喜歡法式古典的奧斯曼建築，也喜歡現代巴黎人真實的生活圈，因此發掘許多有特色但少為人知的私房景點、餐廳，現在在巴黎市中心，有個溫馨的散步巴黎民宿，並且提供量身訂做的旅遊路線。

散步巴黎民宿官網：travelerparis.com
散步巴黎民宿FB：facebook.com/letaparis

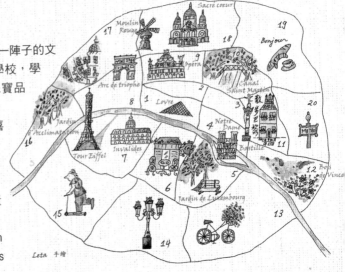

Leta 手繪

巴黎的愛情觀

來巴黎半年後，在莎士比亞書店，認識了一個研究星星的法國人，他問：「可不可以當他女朋友？」

我說：「我不知道兩個月後我是否還會待在巴黎，可能搬去英國也不一定。」

他說：「星星的壽命有80億光年，而人的壽命只有80幾歲，我們應該珍惜每個當下，如果我們只能在一起2個月，就好好享受這2個月的時光吧！」

後來我們結婚，我也在巴黎留了下來。

法國人跟台灣人不同的生命觀

1999年底，我買了一張單程機票到歐洲，認識了巴黎的人與生活，巴黎人重視人文生活，轉化了我當年天天以工作為主的價值觀，如果你也想轉換一個生命的方向，給自己一個長假吧！

Paris

目錄

16 巴黎五大印象

28 巴黎交通快易通

巴黎地鐵分站導覽

38 1號線

114 4號線

168 8號線

188 6號線

202 12號線

210 3號線

226 7號線

242 搭RER輕鬆遊郊區

全書地圖目錄

編輯室提醒

出發前，請記得利用書上提供的Data再一次確認

每一個城市都是有生命的，會隨著時間不斷成長，「改變」於是成為不可避免的常態，雖然本書的作者與編輯已經盡力，讓書中呈現最新最完整的資訊，但是，我們仍要提醒本書的讀者，必要的時候，請多利用書中的電話，再次確認相關訊息。

資訊不代表對服務品質的背書

本書作者所提供的飯店、餐廳、商店等等資訊，是作者個人經歷或採訪獲得的資訊，本書作者盡力介紹有特色與價值的旅遊資訊，但是過去有讀者因為店家或機構服務　態度不佳，而產生對作者的誤解。敝社申明，「服務」是一種「人為」，作者無法為所有服務生或任何機構的職員背書他們的品行，甚或是費用與服務內容也會隨時間調動，所以，因時因地因人，可能會與作者的體會不同，這也是旅行的特質。

新版與舊版

太雅旅遊書中銷售穩定的書籍，會不斷再版，並利用再版時做修訂工作。通常修訂時，還會新增餐廳、店家，重新製作專題，所以舊版的經典之作，可能會縮小版面，或是僅以情報簡短附錄。不論我們作何改變，一定考量讀者的利益。

票價震盪現象

越受歡迎的觀光城市，參觀門票和交通票券的價格，越容易調漲，但是調幅不大(例如倫敦)，若出現跟書中的價格有微小差距，請以平常心接受。

謝謝眾多讀者的來信

過去太雅旅遊書，透過非常多讀者的來信，得知更多的資訊，甚至幫忙修訂，非常感謝你們幫忙的熱心與愛好旅遊的熱情。歡迎讀者將你所知道的變動後訊息，善用我們提供的「線上回函」或是直接寫信來taiya@morningstar.com.tw，讓華文旅遊者在世界成為彼此的幫助。

太雅旅行作家俱樂部

如何使用本書

本書希望讓讀者能在行前充分的準備，了解當地的生活文化、基本資訊，以及自行規畫旅遊行程，從賞美景、嘗美食、買特產，還能住得舒適，擁有一趟最深度、最優質、最精采的自助旅行。書中規畫簡介如下：

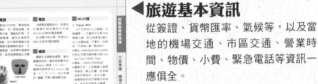

◀旅遊基本資訊

從簽證、貨幣匯率、氣候等，以及當地的機場交通、市區交通、營業時間、物價、小費、緊急電話等資訊一應俱全。

住宿情報▶

針對巴黎各地，介紹不同等級的住宿好所在，滿足不同的住宿需求。

◀地鐵快易通

了解巴黎的地鐵系統及如何買票和搭乘，Step by Step圖文對照，輕鬆成為地鐵通，自由穿梭巴黎。

巴黎印象▶

巴黎在地的五大特色印象，還沒出發就先感受城市氛圍！

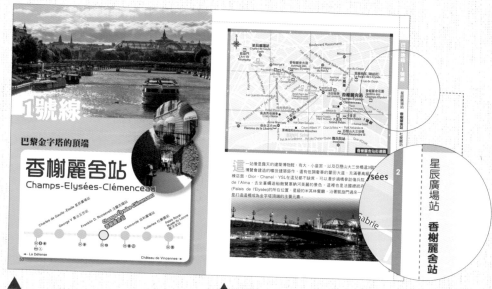

地鐵路線簡圖

不僅有前一站、下一站的相對位置，還包含路線顏色、前往地區方向及轉乘路線資訊，輕鬆掌握你的地鐵動線。

地鐵站周邊街道圖

將該站景點、購物、美食的地點位置全都標示在地圖上。

巴黎達人三大推薦

從焦點必訪、作者最愛、在地人首推3個角度，推選出必遊必玩之處。

主題景點與購物美食

以遊賞去處、購物血拼，特色美食，休閒娛樂，四大主題引領你進入巴黎這個城市。

DATA

提供詳盡的地址、電話、營業時間、價錢等商店資訊。

巴黎
旅遊黃頁簿

行前準備

■ 簽證

　　自2011年1月起，持台灣有效護照，可免簽證自由出入境歐盟35個國家，其中包括法國，在6個月內可停留90天。不過，如果可以的話，最好準備下列的文件，以便備查，順便買一份旅遊保險，如果有行李寄丟，可申請緊急賠償生活衣物金，非常划算。

■ 備查文件

中華民國(Taiwan)護照，離境時的有效日期須有3個月以上。

■ 信用卡／提款卡

　　出國還在帶一大堆現金旅遊嗎？那就太不現代了。尤其華人面孔，在國外總被認為是身上現金很多的肥羊，所以出國前，規畫好旅遊金流，才是王道。

■ 信用卡

　　出國前請先調高信用卡額度：法國大部分店家都接受Master、Visa、American Express等信用卡付款，往往10幾歐元的消費，就可接受刷卡；台灣的銀行常有海外刷卡現金回饋，所以直接用信用卡支付，不但可抵刷卡手續費，甚至小賺一筆。

■ 提款卡

　　出國前請確定你的提款卡有國外提領現金功能：國外提領

現金的密碼不同於國內。請務必先跟銀行確認提款卡已經有此功能或已申請了。到了巴黎，任何一個有Master、Visa的提款機，都可提款。

一張卡每天有提領金額的限制，出國前請跟自己的銀行確認金額。每次提領手續費大約台幣100元多左右(每家銀行不同)，但若從台幣兌換歐元的匯差來看，也算划算。整體來說，在國外提領現金不僅方便、手續費也不高，這樣就不需帶太多現金出國，因此非常推薦。

貼心提醒：能用網路轉帳、付費的項目盡量用，如住宿、門票等。如此也可以減少身上的現金，降低失竊風險。

機場前往市區交通

巴黎有3個機場，分別為戴高樂(CDG)、奧里(ORY)，以波威(BVA)。其中歐亞國際航線、台灣飛巴黎、部分歐洲短程線，在戴高樂機場起降；奧里及波威機場,則為部分歐洲短程廉價航空起降。

交通方式	搭乘地點	市區停靠點 (皆有地鐵站可轉乘)	始末班時間	費用	車程
從戴高樂機場(CDG)到市區 機場內有3個航廈(Terminal)，可靠接駁捷運(Navette)相連接					
RER B	■第3航廈：若搭長榮航空，是在第1航廈起降	第1站：北站(Gare du Nord) 第2站：夏特雷－勒阿樂站(Châtelet-Les-Halles)	04:50～23:50 約每隔6～15分鐘一班	€10.30	約35分鐘
華西巴士 (Roissy Bus)	■第1航廈：入境層：32號門 ■第2航廈：2A-2C：A9號門，2D：11號門，2E、2F：8號門 ■第3航廈：入境層：公路總站(Gare routière Roissypole)	終點站：巴黎市歌劇院站(Opéra)	06:00～00:30 約每隔15～20分鐘一班	€13.60	50～60分鐘
巴士351	■第1航廈：入境層：12號門 ■第2航廈：2A-2C：A9號門，2D：11號門 ■第3航廈：入境層：公路總站(Gare routière Roissypole) ■高鐵站(Gare TGV)	民族站(Nation) 備註：這兩輛巴士主要是機場工作人員搭乘，繞經許多辦公大樓，雖然便宜，但較費時	■從機場往巴黎：05:36～20:20 ■從東站往機場：07:10～21:40 每隔20～30分鐘一班	€2	約70分鐘
法航巴士 (Cars Air France) 路線2	■第1航廈：入境層：32號門 ■第2航廈：2E-2F：F8、F9號門，2A、2C、2D：C10號門 ■第3航廈：入境層：公路總站(Gare routière Roissypole)	馬約門站 (Port de Maillot) 星辰廣場站 (Charles de Gaulle Étoile) 托卡德侯站(Trocadéro) 艾菲爾鐵塔 (Tour Eiffel)	■從機場往巴黎：05:30～23:30 ■從艾菲爾鐵塔往機場：05:00～22:00 均30分鐘一班	單趟€18 來回票€31 (4歲以下免費)	60～70分鐘
法航巴士 (Cars Air France) 路線4	■備註：在市區要往機場，可搭乘路線2，搭乘地點在艾菲爾鐵塔附近為，19 avenue de Suffren	蒙帕那斯火車站(Gare de Montparnasse)	■從機場往巴黎：05:45～22:45 ■從蒙帕那斯火車站往機場：30分鐘一班		
計程車	■第1航廈：入境層24號門 ■第2航廈：A6、C7、D7、E10、F10			€50～55 可給小費€5～10	35分鐘～1小時

(製表／Leta)

交通方式	搭乘地點	市區停靠點 (皆有地鐵站可轉乘)	始末班時間	費用	車程
奧里機場(ORY)					
Orlyval 快線 ＋RER B	■西航廈(Teminal Ouest)：A門 ■南航廈(Teminal Sud)：K門	搭Orlyval快線到安東尼站(Antony)站，轉乘RER B進	Orlyval快線： 06:00～23:35 每隔5～7分鐘一班	Orlyval＋RER B套票€12.10	Orlyval行駛到安東尼站(Antony)站7分鐘
奧里巴士 (Orly Bus) 1號線	■西航廈(Teminal Ouest)：D門 ■南航廈(Teminal Sud)：L門	蒙帕那斯火車站(Gare de Montparnasse)托卡德侯(Trocadéro)星辰廣場(Charles de Gaulle Étoile)	■從機場往巴黎： 05:45～22:45 ■從蒙帕那斯火車站往機場：05:15～21:45 每隔10～20分鐘一班	€9.50	約70～80分鐘
波威機場(BVA)					
波威機場巴士 (Navette Bus Paris-Beauvais)	第1、2航廈	終點站：培爾信停車場(Parking Pershing)之後走到地鐵馬約門站(Porte Maillot)，就可轉接地鐵	有飛機抵達巴黎後，約20～25分鐘就會有一班車	■成人：單趟€15.9，來回票€29 ■4～11歲：單趟€9.9，來回票€19.8(4歲以下免費)	75分鐘

注意：
(1) Orlyval不適用Passe Navigo、Paris Visit(1-5區)的持有者。如有上述票種，可運用它搭乘RER B到 Antony站之後，單獨買Orlyval票€9.30。持有上述票種的者，可搭乘奧里巴士。
(2) 若碰到巴黎大眾捷運霸工，建議直接搭計程車較方便直接，巴士的運行在霸工期間，容易碰到大批人潮。

(製表／Leta)

日常生活資訊

地理位置／行政區域

巴黎位在法國的北部，但不靠海。塞納河貫穿巴黎市，將巴黎區分成南北兩岸，一般俗稱南岸為「左岸」，北岸為「右岸」。

在法國101個省中，以市中心為第一區，以蝸牛狀的迴圈，劃分出共20個區。巴黎是第75省，所以郵遞區號前兩碼為75，後面加上區號，例如郵遞區號為75012，就知道它在巴黎市第12區。

巴黎自古以來也是政治權力的中心，從以前法皇時代，皇宮位於浮日廣場，後搬移到羅浮宮，再轉移到市郊的凡爾塞，法國大革命後，又回到巴黎市。現在總統府香榭麗舍宮，位在8區，總管巴黎20區的市政府，位在4區。

語言

法文是法國的官方語言，許多觀光景點的紙本及官網上，會提供多種語言的介紹，中文有越來越多的趨勢，多數商家會講英文。

氣候和服裝

巴黎一年四季分明，但比起台灣，相對乾燥許多。春秋兩季的平均溫度約15度，早晚溫差大，早上出門可能只有5度，下午則到15度，所以短長袖衣加薄外套的「洋蔥式」穿法最適合。

夏季均溫為25度，有時碰到熱浪來襲，也會到35度，因為巴黎有熱浪的時間不長，所以很多地方沒冷氣，皮膚不太會有濕黏的感受；冬季大約0～5度，室內都有暖氣，保暖外衣、帽子、手套、長短靴等，最好都列入穿戴的考量。

電壓

電壓為220伏特，電插頭為兩孔圓形，及一根接地腳。如果是帶手機、電腦到巴黎，不需要變壓器，雖然台灣是用110電壓，但手機與電腦本身就有電壓自動轉換的設計，不須要變壓器，如是帶吹風機到巴黎用，就得接變壓器以及轉接頭。

法國的插頭

轉接頭

時差

巴黎和台灣的時差，夏季為6個小時，冬季為7個小時。以夏季為例，台灣7月1日下午2點，等於巴黎7月1日早上8點。

營業時間

商店的營業時間，大約從早上8～9點開始，到18～19點結束；單純的餐廳營業時間會是12～15點及19～24點左右；如果是咖啡酒吧餐廳(Brass-serie)，中間則無休，營業一整天。大部分商家及餐廳星期日會休息。

樓層

法國地面樓Rez-de-Chau-ssée，等於台灣的1樓；而法國的1樓(1 étage)，也就等於台灣的2樓。

電話

法國電話國碼為33，如果從台灣撥打到法國的方式為00+33+去掉0的電話號碼。

從法國打回台灣，則是00+886+去掉0的電話號碼。

禮貌

禮貌在法國頗為重要，進去餐廳商店時，請記得說聲你好「Bonjour」(發音：ㄅㄨㄥ ㄓㄨˇ)，離開時說再見Au revoir(發音：ㄛ ㄏㄜ ㄨㄚˇ)。在公共場所、餐廳，不要大聲喧譁交談。

網路卡

在國內購買網路卡的優點是，出國前就可以拿到卡，還可以讓店家幫你開卡設定辦到好，出國後隨插即用。有中文的使用說明書，免去外語不通的煩惱。

- 購買店家：翔翼通訊(AeroBile)
- 推薦網卡：Orange holiday 14天歐遊卡
- 購買方式：
  1. 網路購買：aerobile.com/eshop(可寄到指定住址)
  2. 店面購買：到官網查詢門市資訊，直接到店面買。

Wi-Fi機

1. Travel Wifi

小尺寸的Wi-Fi口袋機，方便攜帶，一次最多可分享10台機器上網，所以如果是2個人以上出國旅遊，只要訂一台就好，不用每人買一張SIM卡。

- 網址：www.travel-wifi.com/tw
- 地址：巴黎市區的辦公室9 rue aux Ours 75003 Paris
- 電話：+33(0)176440030
- 購買方式：上官網線上詢問或留言。網上訂購，告知寄送的巴黎地址、送卡日期，就會寄到你在巴黎暫住的地址；也可在巴黎各大機場、旅客服務中心、Travel Wifi在巴黎市區的辦公室取機。
- 注意事項：在離開巴黎前，記得將Wi-Fi機寄還給此公司。

2.Sim card for all Europe

如果只需一人使用網路，這家SIM卡所提供的上網流量高，價錢實惠。

- 網址：obonparis.simoptions.com
- 購買方式：上官網購買，可在出發前寄到台灣，請在出發前預留15天的郵寄天數。也可到巴黎後，再取網卡(須事先跟店家約好取卡地點)。

貨幣／物價

法國使用歐元(€)。日常消費如長棍麵包約€1，咖啡約€1.60～5，在餐廳點午餐，約€15，晚餐約€22以上。法國人習慣用現金卡(Carte Bleu)刷卡付費，信用卡的普及率非常高，建議出門最多帶€40的現金，支付€10以下的消費，€10以上的消費都用信用卡支付。

退稅

退稅金額

法國購物只要滿€175.01，就可退掉10～12%的稅金喔！

退稅對象

非歐洲居民並且年滿16歲以上。有歐洲居留證的人，無法退稅。

退稅店家

通常有退稅的店家，門口會有Prémier Tax Free、Global Blue、détaxe、refun的標誌。只要在同一天同一個店家，消費滿€175.01就符合退稅標準，並且結帳時出示個人護照正本(注意：影本不行)。

退稅方式

消費符合退稅金額後，請向店家索取退稅表格，填完退稅表格後請店員簽名。結帳時，店員會問你要現金退稅？還是信用卡退稅？兩者差異請見右方表格。

	現金退稅	信用卡退稅
金額	約10%	約12%
退稅時間	店家現場退回現金	等退稅單位收到你寄出的退稅單，稅就會退到你的信用卡
出境時間	消費後15天內	消費後90天內
出境程序	將退稅單，拿到海關處的自動退稅機掃描，退稅程序就結束。完成後，可以拍照存證	在購買時，告知店家要用信用卡退稅，店員同時會給予附有回郵地址的退稅信封，請自行填好退稅單，拿到海關處的自動退稅機掃描，之後將退稅單放入已含郵資及回郵地址的信封，一併寄出。郵筒就在海關處旁。完成後，可以拍照存證
備註	1.現場退稅須提供Visa、Master信用卡做擔保，以便之後退稅手續若沒完成會扣回，但擔保的信用卡，不一定需要消費者本身的卡 2.自動退稅機掃描如果失敗，請拿到一旁請人工蓋章	自動退稅機掃描如果失敗，請拿到一旁請人工蓋章
	許多人會來歐盟幾個國家一起旅遊，可集中所有的退稅單，在最後一個歐盟國家退稅即可	

(製表／Leta)

節慶／假期

日期	節慶
1/1	新年
3/22～4/25之間	復活節 (每年的日期不一樣)
5/1	勞工節
5/8	第一次世界大戰勝利紀念日
5月間(復活節後40天)	耶穌升天
6/21夏至	Fête de la Musique音樂節
7、8月	Paris Plages塞納河夏日海灘
7/14	法國國慶日
8/15	聖母升天日
9月中旬左右的週末	世界文化遺產日，免費參觀巴黎許多博物館及，平時不開放參觀的政府單位，如市政府、香榭麗舍宮
10/6、7	Nuit Blanche夜晚白天，整晚巴黎到處有燈影裝置藝術
11/1	諸聖節
11/11	第一次世界大戰停戰紀念日
12/25	聖誕節

(製表／Leta)

■ 旅遊安全

1. 在巴黎旅遊，為了防備扒手，包包請盡量斜背，拉鍊開口處面朝身體內部，或是用手稍微抓住。盡量不要在地鐵或人多的地方滑手機。

2. 在餐廳用餐時，包包可放在所坐的椅子背後，如果要離開，絕對要請同行的旅伴留意看住；如果是自己單獨一人要去廁所，包包一定要帶著，可以把衣服留在座位上，這樣服務生就知道你還會回來座位。

3. 出國前可考慮買個貼身包包，方便旅行時扣在腰間，再用衣服遮住，是聰明又方便的做法。

4. 不要在公共場合，拿出大把鈔票，即使要數錢，最好在皮夾裡低調的算。

貼身包包

■ 緊急連繫單位

駐法台北代表處

- 住址：78, rue de l'Université, 75007, Paris
- 電話及急難救助專線：+33(0)144398830
- 傳真：+33(0)44398871
- 行動電話：+33(0)680074994

巴黎市政府，在世界文化遺產日對外開放

搭地鐵玩遍
巴黎

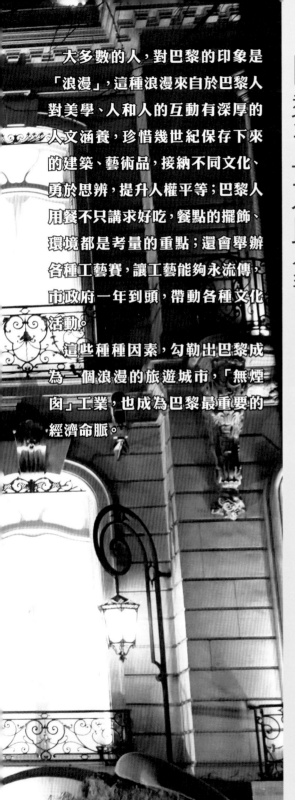

巴黎五大印象

大多數的人，對巴黎的印象是「浪漫」，這種浪漫來自於巴黎人對美學、人和人的互動有深厚的人文涵養，珍惜幾世紀保存下來的建築、藝術品，接納不同文化、勇於思辨，提升人權平等；巴黎人用餐不只講求好吃，餐點的擺飾、環境都是考量的重點；還會舉辦各種工藝賽，讓工藝能夠永流傳，市政府一年到頭，帶動各種文化活動。

這些種種因素，勾勒出巴黎成為一個浪漫的旅遊城市，「無煙囪」工業，也成為巴黎最重要的經濟命脈。

巴黎經典，咖啡電影

咖啡酒館

　　很多人來巴黎，都一定會去咖啡館，但通常喝了巴黎的咖啡後，心中常有個疑問：巴黎的咖啡不是太好喝，究竟有名在哪裡呢？其實，巴黎人去咖啡館喝咖啡，最主要是享受與人的交談、店裡的氣氛，是不是跟自己同性格類型的人聚集，才是他們最在意的事；有的時候，方圓100公尺內，有3、4間咖啡廳，但巴黎人會固定去1、2間符合他自己風格的咖啡館，成為常客。

　　這種以個人風格、與同好討論生活主題的習慣，形成巴黎特有的咖啡館、小酒館文化，造就許多聞名百年的文學咖啡館。今天這些知名的文學咖啡館，比較像是一個「品牌」、「景點」，咖啡不見得一定好喝，通常會有很多酒精、非酒精的飲料可選擇，也會連餐點一起賣。巴黎有如此多樣化的咖啡、酒吧及餐廳，相信你也會找到一間屬於你自己的愛店。

1900 蒙帕那斯 (Montparnasse 1900)

- 🌐 montparnasse-1900.com/fr
- ✉ 59 Boulevard du Montparnasse, 75006, Paris
- ☎ +33(0)145491900
- 🕐 每日12:00～00:00
- ➡ Gare Montparnasse，12號線

這間位在蒙帕那斯地鐵站附近的餐廳，20年代曾聚集大批美國作家，裡面入籍歷史建築的新藝術風格裝飾，吸引許多美國遊客拜訪。以賣海鮮餐為主。

咖啡圖書館 (La Caféothèque)

- 🌐 lacafeotheque.com
- ✉ 52 rue de l'Hôtel de ville, 75004, Paris
- ☎ +33(0)153018384
- 🕐 每日09:00～20:00
- ➡ Pont Marie，7號線

這間咖啡館是巴黎人口耳相傳的好喝咖啡，豆子來自各地莊園精選，再由店家自行烘培，有專業的咖啡課程，是劇本界朋友愛窩的咖啡店。

美麗城村民 (La Bellevilloise)

- 🌐 labellevilloise.com
- ✉ 19-21 rue Boyer, 75020, Paris
- ☎ +33(0)146360707
- 🕐 週三～四19:00～01:00，週五～六19:00～02:00，週日11:30～16:00
- ➡ 地鐵站：Ménilmontant，2號線

1871年就存在的美麗城村民咖啡館，原先是合作社，後來空間轉換成一個約2,000多平方公尺的咖啡餐廳、表演場地，每週約3～4天晚上有表演，如劇場般的咖啡館，空間長著10幾棵活橄欖樹，是體驗隨興巴黎生活的好地方。

電影場景

　　巴黎市在二次大戰期間，沒被戰火摧殘，保留了相當多古蹟建築，對電影來說是最佳天然布景。

《愛在日落巴黎時》(BEFORE SUNSET)

　　這部由茱莉‧蝶兒(Julie Delpy)和伊森‧霍克(Ethan Green Hawke)主演的一日愛情片，第一個小時的3個主要場景，《莎士比亞書店》(P.135)、《純淨咖啡》(P.106)、《賀內‧杜蒙綠色步道》(P.100)點出了巴黎人日常生活的元素：書店、咖啡館、散步。在《純淨咖啡》中，男女主角就坐在圖中左手邊的位子上。

《午夜巴黎》(MIDNIGHT IN PARIS)

　　男主角第一次在巴黎午夜街頭徘徊逗留，突然穿越時空，回到20世紀初的美好年代，就是在這間聖艾田杜蒙教堂(Église Saint-Étienne-du-Mont)旁的階梯取景；而教堂旁邊就是萬神殿。

《巴黎，我愛你》(PARIS, JE T'AIME)

　　這是一部由20個愛情故事所組成的電影，其中第15個愛情故事，在皮耶‧拉榭思公墓(Cimentière du Père-Lachaise)上演，公墓裡葬了許多名人，包括雕刻家碁馬(Hector Guimard)以及蓋歌劇院的夏勒‧哥尼(Charle Garnier)建築師。

法式餐飲，滋味絕倫

認識當地超市，輕鬆簡單烹調

　　現在越來越多旅人喜歡到超市購買食物，再帶回去出租公寓做簡單烹調，或是買一些保存期限較長的食品回國。下面幾間超市，是巴黎市中心最常出現的連鎖超市，結合食品、服裝、藥妝，都市新貴最愛Monoprix、城市家樂福Carrefour City、Franprix、專門賣冷凍食品的Picard都可以買到以下食品喔！

白酒醬鮮貝配蕃紅花炒飯 (St-Jacques et Riz au safran)

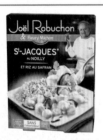

因應巴黎大都會繁忙上班族的需求，超市有非常多的調理包，等級選擇很廣，甚至還有三星主廚候布雄(Joël Robuchon)出的調理包，可用微波爐或放入煎鍋加熱，溫熱攪拌幾分鐘，即可食用。

Taboulé、古斯古斯 (Couscous)

Taboulé

古斯古斯

古斯古斯(Couscous)是來自非洲的小米，可以買乾小米回國，包裝上寫Taboulé，自行做簡單的北非小米涼拌料理，如上圖。

鵝肝(Foie gras)、 無花果醬(Confiture de Figues)

超市可買到玻璃密封的鵝肝，別忘了再買一小罐無花果醬搭配喔！

推薦超市

Monoprix超市

城市家樂福Carrefour City

biocop是有機超市

入境隨俗的用餐禮儀

1. 請在餐廳門口，等候服務生帶位。
2. 點好餐後，請將菜單合起來，這樣服務生就知道可以過來點餐。
3. 中間如果需要找服務生，或是最後用餐結束，需要帳單時，只要舉起手向服務生示意即可，帳單會帶到桌上結帳。
4. 一般法國的用餐費用已含服務費，沒有一定要給小費，但如果覺得服務不錯，如果是小餐廳可額外留€1，米其林餐廳則最好留€5～10。

美味佳肴

　　法國人用餐講究食材新鮮、美麗擺盤及環境舒適，從米其林到咖啡廳，這些元素都有，只是程度不同。相對於台灣的用餐速度，如果到法國餐廳用餐請放慢腳步。以下介紹幾道經典及家常的法國菜和甜點。

土司烤羊起司沙拉盤 (Salade de chèvre chaud)

這是夏天最受歡迎而且普遍的主食，有時也會在前菜的餐盤上吃到小份量。脆脆吐司配上烤軟的羊起司，以及清爽的沙拉、清涼的醃火腿，在夏天乾熱的天氣下享用，特別開胃。

淡菜 (Moules)

這個用白酒、紅蔥頭煮的淡菜鍋，算是最平民化的一道海鮮。在一般小酒館也普遍看到。淡菜的煮法有許多種，最佳使用香菜搭配白酒烹煮，或是加咖哩、香菇奶油醬等與淡菜烹調，選擇很多，通常會配上炸薯條。

油封鴨 (Confit de Canard)

這道菜在一般的小酒館都點得到，肉皮香脆，鴨肉用刀一切就骨肉分離，不乾澀，常搭配用鴨油香煎的馬鈴薯片以及清爽的沙拉一起享用。

煎鵝肝 (Foie gras poêlé)

鵝肝是法國聖誕期間經典的佳肴，通常會搭配甜果醬及沙拉，降低油膩感。

生薄片牛肉 (Carpaccio boeuf)

這是一道用新鮮牛肉切成薄片的料理，上面淋上幾滴檸檬汁、一些橄欖油、帕瑪森起司，有時會加上碎九層塔，是夏天最佳的涼盤料理。

甜點、麵包王國

　　法國的甜點和麵包不僅要求好吃、健康,在造型上更有美學的要求,2年舉辦一次的歐洲麵包甜點比賽,會選出年度最佳甜點師、麵包師(MOF);甜點參賽者的作品就像雕塑品,會從法國高級精品比賽的造型中獲得靈感;得到麵包冠軍者,可獲得1年香榭麗舍宮麵包訂單,每天早上新鮮送往總統府!

歐洲甜點麵包賽的評審,來自世界各國,台灣評審常獲得邀約出席

2015年得到麵包師冠軍的店家,左邊兩根麥穗圈起來,裡面寫著得獎獎項

有創意的造型,連不愛甜點的人也會忍不住下手購買

跟著節慶推出不同造型的甜點

雕塑品般的參賽甜點

長棍(Baguette)、可頌(Croissant)是法國人的日常麵包

法國的手工麵包店,師傅都是凌晨3點左右開始做,所以麵包都是新鮮出爐

美學,是法國飲食生活的必備元素

麵包店的門面,也毫不含糊

　　巴黎的甜點店很多,也很競爭,要找到很難吃的也不容易,所以不一定要到所謂的「名牌」甜點店,最好的甜點店就在你住的地方附近,找個覺得看起來很誘人的甜點來嘗試,將會獲得出其不意的驚喜,增加巴黎獨特的經驗喔!

栗子蛋糕
栗子產於秋季,9～11月,屬於季節性的蛋糕。

泡芙
道地法國家常小點心。

覆盆子口味的聖奧諾黑 (Saint-Honoré)

1847年，許布斯特(Chiboust)這位甜點師，在他位在聖奧諾黑街上的甜點店，創造了這款蛋糕並大受歡迎。現今這款甜點還有各種口味，如香草、覆盆子、焦糖等。

千層派(Mille-Feuille)

由3層酥皮，穿插著3層鮮奶油所組成，香酥綿密的口感，在冬天寒流來時，吃個千層派，配杯咖啡，可以讓下半天充滿幸福的精力！

翻轉蘋果(Tarte Tatin)

這道甜點，常出現在餐廳的甜點單中，它和蘋果派的不同在於加了大量的奶油，冬季飯後食用最適合。

小蛋糕(Mignardises)

法文mignardises是小蛋糕，因為體積小，兩三口就能吃完，可以一次多買幾種口味，與朋友分享。

乳酪世界

　　法國乳酪的種類約有400多種，有許多分類的方式。動物鮮奶是主要成分，不同動物的鮮奶可以製成多種類型的乳酪，例如牛奶、山羊奶、綿羊奶；以口感來分，有較硬、內部軟綿或像濃稠漿，大多的乳酪有一層外皮，都可食用，但有些外皮不好吃，建議切掉。

　　大多的乳酪都有一層可食用的外皮。不熟悉乳酪或想嘗試多種口味的人，可到乳酪專賣店，通常店家都有切一些試吃乳酪，或請店家切一塊給予試吃，這樣就可以一次嘗試到多種乳酪了！

乳酪也常拿來入菜，如法國人常拿Emmental這種乳酪削條，撒在一些鹹塔上；或是灑在熱騰騰的義大利麵上

法國的乳酪專賣店

許多外賣的三明治，都會夾乳酪

美酒天堂

　　法國葡萄酒有三大產區，勃根地、波爾多、隆河，種類實在是太多了，最好直接去專賣酒店，告訴酒師喜歡的口味、香氣，請他幫你挑選。巴黎有許多品酒店(Bar à vin)，用€2～4，就可以嘗到新酒，建議列入「特色行程」喔！

巴黎的酒品專賣店

塞納河岸，世紀風華

塞納河穿過巴黎市中心，以巴黎地鐵圖來看，塞納河的下方為左岸，上方為右岸。來到巴黎搭塞納河遊船，可以飽覽兩岸古蹟的精華。

往右岸看去，可以看到巴黎市政府、羅浮宮、協和廣場、大小皇宮、夏洛皇宮，自古以來都是政治與高級精品的集中區。

往左岸看去，可以看到聖米歇爾教堂、索邦大學。這一帶為左岸人文代表的象徵，擁有高密度、傳承好幾代的書店；包含世界知名的獨立書店——莎士比亞書店。還可看到掛著大鐘的奧塞美術館、金碧輝煌的傷兵院、艾菲爾鐵塔等。

塞納河兩岸的堤防、西堤島、徒步橋，在春夏天氣好的時候，是巴黎人最愛的野餐地點，在這兒野餐，也是最能入境隨俗，體驗

巴黎人生活的一種方式。若想在巴黎野餐，可以去麵包店買好三明治、飲料，隨意找個地方，坐下來欣賞河上的遊船。如果是夏天，常有巴黎人那裡跳探戈、莎莎，拉丁風情十足。

每年7、8月的塞納河海灘，你可以脫了鞋，下去打一場免費的沙灘足球；或是上到

岸邊，去綠色盒子書攤，買本舊書、明信片，沉浸在幾世紀前的文人思想。

塞納河上，橫跨著37座橋，巴黎人喜歡在橋上散步。河岸旁常有固定的船塢，有的是私人居家，有的則改成酒吧餐廳。春夏兩季常有私人包船婚宴，可看到風景還真不少呢！

對了！還有夜晚遊塞納河，又是另一個景象，因為河岸旁的建築都會打燈，建築牆面上的精緻雕刻，此時顯得更靈活靈現，你會覺得自己進入時光隧道，回到點火把的古老年代。

1 每年夏天，塞納河搖身一變成巴黎海灘(圖片提供／Bateaux Parisiens) 2 遊船看聖母院(圖片提供／Paris touris office) 3 1991年，綠色盒子書攤已登記在世界文化遺產 4 坐露天遊船，聽導覽看兩岸成排的古蹟，仿彿回到了法皇的年代(圖片提供／Paris touris office)

✦✦✦ Leta巴黎小站 ✦✦✦

巴黎橋墩巡禮

下面幾座橋，各有各的歷史與看點，別錯過囉！

1. 新橋 (Pont Neuf)：巴黎第一座最古老的橋，建於 1578 年間。(P.128)

2. 雙倍橋(Pont au Double)：連接西堤島和左岸，只能徒步，橋柱用銅打造，散發著濃濃古典氣息。(P.128)

3. 藝術橋(Pont des Arts)：以前情侶們喜歡在橋上掛上鎖，但整座橋超負荷，目前橋兩側已經禁止掛鎖。(P.75)

4. 西蒙·波娃行人步橋(Passerelle Simone-de-Beauvoir)：連接貝西公園和密特朗圖書館，只能徒步。(P.199)

5. 亞歷山大三世橋(Pont Alexandre III)：它是塞納河上，承載最多歷史象徵及藝術價值的一條橋；橋兩側中間的雕塑品——塞納河仙女(Les Nymphes de la Seine)，是藝術家喬治·瑞西彭(Georges Récipon)於1900年在世界博覽會的名作。(P.53)

6. 比爾阿坎橋 (Pont de Bir-Hakeim)：雙層橋，下面為車、行人、腳踏車專用，垂飾著古典燈；地鐵6號線會從上方經過。全球相當賣座的電影《全面啟動》(Inception)，就是在這裡取景。(P.190)

塞納河上眾多橋(圖片提供／Paris tourist office, Photographe：Amélie Dupont)

夜晚，塞納河的每座橋都會打燈，非常美麗(圖片提供／Paris tourist office, Photographe：Sarah Sergent)

藝術精品，美學精湛

　　在法國美學與工藝從小就融入教育中，最早可追溯到希臘美學，光是在巴黎就有多達50多座美術館與博物館，而這些美學眼光、各種精湛工藝，更是打造法國成為精品王國的重要基石。

　　想欣賞前人留下的畫作、古董藝術，對遊客來說買一本博物館套票(Museum Pass)是最輕鬆划算的；從國外遊客眾多的香榭麗舍、蒙田大道、聖奧諾黑街、拉法葉百貨，到巴黎人熱愛的瑪黑、巴士底的設計師天堂，或是連鎖品牌林立的里佛利街，只要在巴黎待個幾天，很快就能接收美的薰陶。

　　為個人特製量身訂做的精品文化，是巴黎高級品牌的一大特色。專業舞鞋品牌repetto，曾為一星芭蕾舞者姬姬‧瓊瑪莉(Zizi Jeanmarie)製作Richelieus Zizi款式，從此開啟「個人特製鞋」服務；路易威登也曾為台灣的資訊界的富商大老闆特製旅行箱，Leta認為，如果想要耐用、時尚、並且可創造永恆回憶的紀念品，不妨諮詢好店家，來巴黎做一趟「特製之旅」！

精品特製是巴黎商品文化特色(圖片提供／@repetto)

兼具建築美學及教育的植物園動物館

夜晚散步，也可欣賞大師作品

多元文化・創意湧泉

法國在殖民地時代時，曾經擁有非洲一半的國土以及越南，所以法國有許多非洲及亞洲的移民文化，這些世代移民聚集最多、最集中的地區就是巴黎。

這些族群所呈現出來的，除了在一般街頭可以看到的異國餐廳，13區地鐵站伊芙里門(Port d'ivery)，有歐洲最大的中國城、北站(Gare du Nord)和禮拜堂站(La Chapelle)之間，有巴基斯坦及印度餐廳雜貨廊街，美麗城站(Belleville)有阿拉伯水煙咖啡及中東料理。

這些不同種族的族群，世代居住在法國，是擁有雙重文化的法國人；而純法國源頭的法國人，從小在幼稚園裡，與許多來自不同文化的小朋友，一起長大，早已習慣這種多元文化。現今法國的許多流行產業，都會有異國風的主題，因為多元文化，已經成為法國創意的動力噴泉。

以前，巴黎常有一些廢棄的空屋，被身無分文、流浪型的藝術家「非法進駐」，基於人權法、巴黎人對藝術家的愛惜，這些人常常就在這些地方長住了下來，這些地方稱作藝

術廢墟(Square Artistique)。這幾年來，這種地方在市政府大力地掃蕩下，幾乎絕跡。為了讓這種藝術廢墟的活力性保留下來，並加以管理，以免流於毒品暴力滋生地，於是「59 Rivoli」誕生了。

它位在巴黎市中心1區，里佛利街59號，是個有人管理、合法的「藝術廢墟」，免費開放給全世界藝術者申請入駐展覽作品，但不能居住在裡面。遊客可以免費參觀，想感受巴黎草根藝術家的作品，千萬別錯過。

1 多種族激發創意 **2** 從小就共享多元文化 **3**「59 Rivoli」的大門入口，是以它的地址里佛利街59號為命名 **4** 在巴黎，複合式Fusion料理最受歡迎 **5** 巴黎充滿異國料理，也反映出它的多元文化。這是在普希金咖啡館裡賣的鹹餡餅

巴黎地鐵三大系統

　　在巴黎，公共交通系統以巴黎中心為圓心，向外分成5圈，1～3圈為巴黎市及周邊近郊，4～5圈則是指較遠的郊區，如凡爾賽宮、迪士尼、戴高樂機場、奧里機場等。每張票，不論它的有效天數多久，都有相對限程的圈數。

　　巴黎交通有三大系統，分別是地鐵、RER快線、有軌電車。地鐵總共有14條線，主要密集交織在巴黎市(第一圈)及近郊(第二、三圈)；RER快線有A、B、C、D 4條線，主要貫穿大巴黎郊區，經市區，再到另一頭的郊區；有軌電車主要是外環線，環繞於巴黎第一區和第二區的郊界圈。

認識巴黎地鐵

始末班時間

　　巴黎地鐵營運的時間，週間為05:30～凌晨01:00，週六延長到凌晨02:00，平均每3～4分鐘就有一班。如果有要轉乘地鐵，建議不要趕最後一班，若有意外耽擱，很容易錯過。萬一真的錯過末班車，可運用夜間巴士或自取式付費腳踏車。

地鐵內的指標

■閘口

綠色箭頭上方放入票卡，並推轉開閘門；左邊禁止通行處是出口。請注意地鐵票送進票閘口打印票後，請保留不要丟棄，以備隨時驗票，巴黎地鐵內驗票頻繁，若被查到沒有票或逃票，會被罰款。

■方向指標

依照指標選擇要搭乘的車班方向。

■車廂地鐵圖

巴黎地鐵站常有維修不停靠的時候，可以在櫃檯處先詢問目的地站和要轉乘站是否有停靠，上了地鐵後，也可以在車廂地鐵圖確認是否有維修站的標示，車內也會有廣播。

■街道圖與出口地圖

到達地鐵站後，一下月台，可以先看地圖找。

■出口指標

Sortie就是出口的意思，到站跟著Sortie指標出站。地鐵出口不需要再刷票，但若是RER的出入口，則需用同一張票再刷一次。

地鐵內常有藝人音樂表演，氣氛歡樂

搭地鐵注意事項

■善用地鐵圖

每個地鐵站都有免費的大小張巴黎地鐵圖，也可事先於網路上下載，但建議善用紙張地圖，不要在地鐵上滑手機找資訊，以防小偷有機可乘。

■自行拉開車門

巴黎地鐵的車廂門，有自動和手動兩種，如果是手動車廂門，到站時請自行拉開把手。

■靠門邊的椅子盡量不要坐

人很多時，靠車門邊扳下式的椅子，盡量不要坐，騰出空間給更多乘客站立。

■幫後面的乘客拉住閘門

出地鐵閘門時，閘門反彈力較大，別忘了幫後面的人稍微拉住門，這是巴黎人禮貌的好表現！

往下扳就可坐的椅子

遇到車廂是手動箱門，到站時要自行拉開

巴黎地鐵票種分類

單程票價目表

(製表／Leta)

價錢(€)	1.9	16.9	7.45	2
使用對象	成人	成人	4～7歲兒童	成人
購買張數	單張	10張	10張	單張
購買地點	自動售票機	自動售票機	自動售票機	巴士(限乘一次,不能免費轉乘)

巴黎市區的地鐵站,除了機場及各大火車站以外,車票的販售都是在自動售票機上自行購買,櫃檯只負責詢問及辦理Navigo卡。

左邊是詢問處,右邊是自動販票機

單程票Ticket+

地鐵單程票適用於地鐵、第一圈內的RER快線、巴黎大區的巴士(不包括Orlybus及Rossiybus機場巴士)、有軌電車、蒙馬特纜車。

■免費轉乘續搭

1. 打票後2小時內,不出地鐵,可允許的續搭方式:地鐵轉RER、RER轉RER,不同地鐵線互轉(RER僅限轉乘巴黎市1區)。

2. 打票後1.5小時內,可以允許的續搭方式:巴士轉巴士、巴士轉有軌電車、有軌電車轉有軌電車。

■注意事項

單程票Ticket+這種票不能乘坐於開出巴黎市的RER,和

由法國國鐵SNCF經營的郊區火車,只能使用在巴黎市1～3圈的地鐵和RER。

單張票

單張票手機充值
T+ Navigo Easy

在手機上下載RATP的應用程式-Navigo Easy,註冊費€2,就可以直接在手機上充值,進地鐵時,將手機在入閘處感應,每次手機會顯示所剩餘額。充值票價與買紙張型的T+一樣,但如果一次充值10張,票價只要€14.9。

週票
Navigo semaine

Navigo有分Navigo mois月票和Navigo semaine週票。

旅遊週票是一張記名,並且有照片的10年有效卡

■週票費用

€22.80。

■使用範圍

巴黎全區(指包含巴黎市及郊區),無限次數搭乘。

■辦卡方式

可在巴黎任何一個地鐵的櫃檯,繳€5辦卡費,及一張25x30公分的照片即可辦理。卡費不可退。上面必須寫使用人姓名,也不可轉讓給他人使用。

■優點

巴黎市到大巴黎郊區,以距離來說由中心第一圈往外擴展出去,共分成5圈。大部分的景點在1～3圈,而凡爾賽、迪士尼等在第五圈,在巴黎,如有待到一定的天數,並且要去這些地方,辦這張票很划算。

■有效期限

10年。例如此次在巴黎旅遊1週,隔年再來遊巴黎,此卡還在有效期內,就不需重新辦卡,只要加值就好。

■加值時間、地點

使用前的週五開始,就開放加值。可於任一個地鐵櫃檯旁的自動加值機加值。

遊巴黎通票 Paris Visite

　　這是專門提供給遊客的票種，以打票當天開始計算使用日期，並且享有許多巴黎觀光景點的折扣，如凱旋門門票-25%、萬神殿門票-20%、塞納河蒼蠅遊船-30%、軍事博物館-20%等。

巴黎1～3區 (Zone 1～3)	成人(€)	4～10歲(€)
1天	12	6
2天	19.50	9.75
3天	26.65	13.30
5天	38.35	19.15
巴黎1～5區 (Zone 1～5)	成人(€)	4～10歲(€)
1天	25.25	12.60
2天	38.35	19.15
3天	53.75	26.85
5天	65.80	32.90

(製表／Leta)

一天券Mobilis

　　這是一天無限次的暢遊票，如果你有1、2天需要無限次暢遊巴黎的景點，買週票日期對不上或不划算，可以考慮搭配此票。

巴黎區域 (Zone 1～3)	價錢 (€)
1～2、2～3、2～4、4～5	7.50
1～3、2～4、3～5	10
1～4、2～5	12.40
1～5	17.80

(製表／Leta)

各票種比一比

　　下列3種票，分1～2、3區 ，和1～5區比較。

(製表／Leta)

遊巴黎通票 Paris Visite(1天)	1～3區：€12	遊巴黎通票 Paris Visit(1天)	1～5區：€25.25
一天券 Mobilies	1～2區：€7.5 1～3區：€10	一天券 Mobilis	1～5區：€17.80
週票 Navigo semaine	1～5區：€22.80 (€5辦卡費)	週票Navigo Navigo semain	1～5區：€22.80 (€5辦卡費)

Leta的建議：

1. 如果只待一天的遊客，建議購買一天券Mobilies，會比較划算。
2. 如果旅遊的天數超過4天，想暢遊1～5全區，建議辦週票！
3. 搭不上週票的日期，或覺得不需要用到暢遊票的，可以搭配買10張的單張票，與遊伴共同分享使用。

巴黎幾圈圖

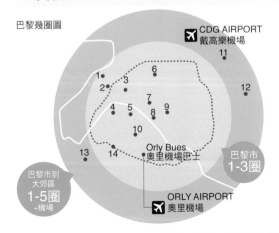

1. La Défense拉德芳斯
2. Palais des Congrès巴黎大會堂
3. L'Arc de Triompe凱旋門
4. Tour Eiffel艾菲爾鐵塔
5. Invalides傷兵院
6. Sacré-Cœur聖心堂
7. Musée du Louvre羅浮宮
8. Cathédrale Notre-Dame de Paris聖母院
9. Centre Pompidou龐畢度中心
10. Tour Montparnasse蒙帕那斯大樓
11. Villepinte碧樂龐市
12. Disneyland Paris巴黎迪士尼樂園
13. Porte de Versailles 凡爾賽門
14. Château de Versailles凡爾賽宮

自動售票機購票教學

認識售票機

- Navigo卡加值放置處
- 零錢放入處
- 信用卡插入處／按卡
- 確認鍵
- 紙鈔放入處
- 取票口／退幣口

- 取消鍵
- 滑輪選擇鍵

購買單程票 Ticket+(10張)

STEP 1 點觸螢幕

STEP 2 選擇語言

選擇語言

STEP 3 點觸螢幕

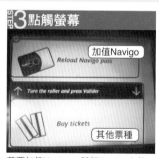

若要加值Navigo，請把Navigo卡放在右上方紫色加值處；若要繼續購買單程票，請點選「其他票種」

STEP 4 選擇你需要的票種

STEP 5 選擇成人票或優惠票(兒童票)

STEP 6 10張t+的法文為 1 carnet，英文為 1 booklet

STEP 7 確定好票種後，按下確認鍵

購買週票 Navigo Découverte semain

STEP 1 Navigo卡放好，觸控螢幕選語言

選擇語言

STEP 2 選Forfait semain週票

STEP 3 請選到第五區

STEP 4 按下Valider 確定

STEP 5 選擇付款方式

觀光巴士

http paris.opentour.com/fr

　巴黎的觀光巴士為雙層巴士，第二層為露天開放式。觀光巴士總共有4條路線，分別以紅、藍、黃、綠車身來區分路線，穿梭於巴黎市的景點。購買的通票，可於有效期限內搭乘任何一條路線，在景點站無限次數上下車。有57個購買地點，基本上有停靠點的附近，都有販賣，詳細地點請查閱官網。

觀光巴士1天通票	€ 34
觀光巴士2天通票	€ 38
觀光巴士3天通票	€ 42
觀光巴士+塞納河遊船 2天通票	€ 47

(製表／Leta)

觀光巴士

巴黎市腳踏車(Vélib')

http velib-metropole.fr

　這種可以自由取放的巴黎市腳踏車，遍布巴黎市，有505個取放點。在任何一個取放點都有付費機，可用有Visa、Master標誌的信用卡付費，付費時會收押金€300，除非沒有歸還車子或車子毀損，否則不會真的扣帳。

適合遊客的兩種通票　(製表／Leta)

1天24小內的有效票	€5
7天內的有效票	€15

計費方式　(製表／Leta)

時間	傳統式腳踏車(€)	電動腳踏車(€)
0～30分鐘	0	1
30～60分鐘	1	2
60分鐘以上	1／每30分鐘	2／每30分鐘

巴黎市腳踏車停靠點很多

火車站

巴黎有7個火車站，其中有5個大火車站，是巴黎對外主要的交通樞紐，列表如下。火車票最早在3個月前，可在法國國鐵SNCF官網預定。

火車站名	出發／抵達的方向／國家
北站(Gare du Nord)	來往於巴黎以北的國家或城市，如到英國的歐洲之星(Eurostar)、到比利時布魯賽爾或荷蘭阿姆斯特丹的泰利(Thalys)火車
東站(Gare de l'Est)	來往於巴黎以東的城市或國家，如到德國、東歐
里昂火車站(Gare de Lyon)	來往於巴黎以南的城市或國家，如到尼斯、里昂、義大利
蒙帕那斯火車站(Gare de Montparnasse)	到法國西部聖米歇爾山的火車站、波爾多
聖拉薩站(Gare Saint-Lazare)	前往巴黎大郊區，及部分法國西部的城市

(製表／Leta)

行李寄放處

以上5個火車站，除了聖拉薩站外，其他火車站都有行李寄放處(Consignes)。對於晚班機起飛，早上就要離開住處的旅人，非常方便；不過，寄放的時間最多提供24小時。

若想長時間寄放行李的旅客，可洽詢Holibag，這是一個網路平台，他們與許多飯店、商店合作，可以安排行李寄放，請上官網查看寄放地點及預約方式。

Holibag網址：holibag.io

火車站的行李寄放處，法文是Consignes

進入月台前，請先把紙張的票在入閘口感應

圖上招牌「Hall」是指廳，「Voie」是指月台

1 東站(Gare de l'Est) **2** 里昂火車站(Gare de Lyon)
3 里昂車站內，有個入籍古蹟的藍火車餐廳(Train Bleu)
4 北站(Gare du Nord) **5** 蒙帕那斯火車站(Gare de Mont-parnasse)(**1** **2** **5** 圖片提供／Paris tourist office，Pho-tographe：Amélie Dupont、**4** 圖片提供／Paris tourist office，Photographe：Jacques Lebar)

計程車

　　各大機場或火車站的外面，都有計程車招呼站，請認定有計程車(Taxi)標誌的才上車，因為有些私人車會混在正牌計程車旁邊招攬客人，但收費不正規，請特別小心。

　　計程車費以跳錶計算，收費的方式分下面幾種：

基本起跳：€7，放置於後車箱的行李，從第二件開始，每件加收€1。

■A收費：€1.05／公里　週一～五 10:00～17:00

■B收費：€1.29／公里　週一～五 17:00～次日10:00

■C收費：€1.56／公里　週末 00:00～07:00

火車站外的計程車招呼站

平常要搭計程車，要在計程車招呼站上車

搭地鐵玩遍
巴黎

Paris

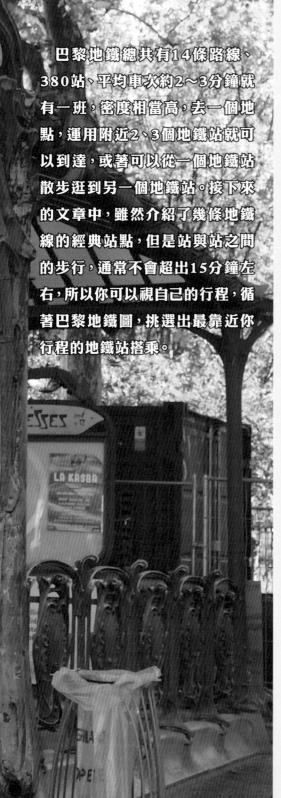

巴黎地鐵總共有14條路線、380站、平均車次約2~3分鐘就有一班,密度相當高,去一個地點,運用附近2、3個地鐵站就可以到達,或著可以從一個地鐵站散步逛到另一個地鐵站。接下來的文章中,雖然介紹了幾條地鐵線的經典站點,但是站與站之間的步行,通常不會超出15分鐘左右,所以你可以視自己的行程,循著巴黎地鐵圖,挑選出最靠近你行程的地鐵站搭乘。

巴黎地鐵分站導覽

1號線

勝利之門，閃亮大道

星辰廣場站
Charles de Gaulle-Étoile

Les Sablons 樂沙伯隆站

Porte Maillot 馬約門站

Argentine 阿根廷站

Charles de Gaulle-Étoile
星辰廣場站

George V 喬治五世站

Franklin D. Roosevelt
法蘭克福站

Champs-Élysées-
Clémenceau
香榭麗舍站

← La Défense

(RER) (C)

(M) ❷ ❻
(RER) (A)

(M) 9

(M) 13

Château de Vincennes →

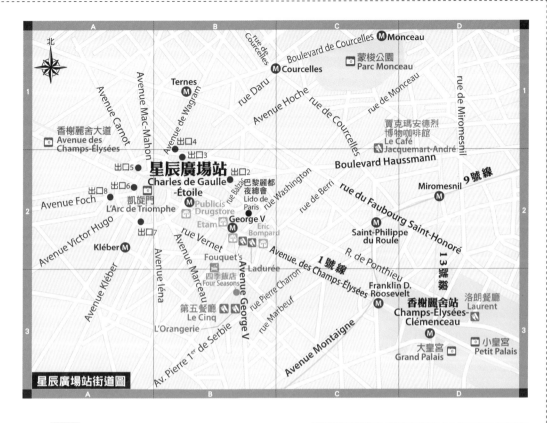

北

rue de Courcelles

Boulevard de Courcelles Ⓜ Monceau

Ⓜ Courcelles

蒙梭公園
Parc Monceau

rue Daru

Avenue Carnot

Avenue Mac-Mahon

Avenue de Wagram

Ternes
Ⓜ

rue Hoche

rue de Courcelles

rue de Monceau

rue de Miromesnil

香榭麗舍大道
Avenue des
Champs-Élysées

出口4

出口3

星辰廣場站
Charles de Gaulle
-Étoile

出口5

出口8 出口6

凱旋門
L'Arc de Triomphe

Avenue Foch

出口2

巴黎都
夜總會
Lido de
Paris

Publicis
Drugstore

Etam

出口7

rue Balzac

rue Washington

rue de Berri

Boulevard Haussmann

賈克瑪安德烈
博物咖啡館
Le Café
Jacquemart-André

Miromesnil 9號線
Ⓜ

rue du Faubourg Saint-Honoré

13號線

Kléber Ⓜ

Avenue Victor Hugo

Avenue Kléber

Avenue Iéna

rue Vernet

Avenue Marceau

Avenue George V

George V
Ⓜ

Eric
Bompard

Avenue, des Champs-Élysées

Fouquet's

Ladurée

四季飯店
Four Seasons

第五餐廳
Le Cinq

L'Orangerie

rue Pierre Charron

rue Marbeuf

Av. Pierre 1er de Serbie

Avenue Montaigne

1號線

Saint-Philippe
du Roule

R. de Ponthieu

Franklin D.
Roosevelt

香榭麗舍站
Champs-Elysées-
Clémenceau

洛朗餐廳
Laurent

大皇宮
Grand Palais

小皇宮
Petit Palais

星辰廣場站街道圖

辰廣場站是閃閃發亮的一站，出站後從凱旋門開始走，中間經過George V、Franklin D. Roosevelt兩個地鐵站，到達香榭麗舍地鐵站，是將近2公里的香榭麗舍大道，這裡充滿了奢侈品牌、摘星的米其林餐廳、已經夜夜笙歌70幾年的麗都夜總會。陽光赴約時，露天座位區坐滿了世界各國的遊客；觀光巴士班次頻繁，此處是必停之地，風華絕代的奧斯曼建築，配上高直的梧桐樹，光散步就浪漫十足。每年的環法單車賽、馬拉松、國慶閱兵、跨年倒數，讓星辰廣場站成了熱鬧的活動地點。

巴黎達人 *Paris*
3大推薦地

遊客必訪

凱旋門

　　凱旋門除了代表軍人對法國光榮犧牲的歷史外，從這裡筆直走到協和廣場，也是法國最美的香榭麗舍大道。(P.42)

作者最愛

第五餐廳

　　在巴黎最奢華的區域，米其林摘星餐廳，是你不能錯過的美味。連續12年掛三顆星的第五餐廳，將帶你體驗味覺發掘之旅。 (P.45)

(圖片提供／@Le Cinq, Photographe : Jean-Claude Amiel)

巴黎人首推

Etam

　　1916年，從女性褲襪到設計細緻高雅的內衣，百年老品牌Etam，最懂得如何讓女人穿出性感及內在品味。(P.44)

遊賞去處

世界最美麗的大道

香榭麗舍大道
Avenue des Champs-Élysées

MAP P.39
1號出口出站即達

DATA

📧 Avenue des Champs Élysées 　🚇 地鐵站出口1出來就到

　　從凱旋門筆直朝著有摩天輪的協和廣場望去，這條寬70米、長2公里，兩旁有著高聳梧桐樹的就是香榭大道。這條在1670年就建造的路，原先只是法皇蓋給貴族們散步的鄉間小路，跟如今兩旁充滿著奢侈品牌的街景，大相逕庭。

香榭大道上的101號，是路易威登(Louis Vuitton)旗艦店，幾乎每天都有排隊人潮等著進門、有法拉利(Ferrari)超跑展示店、白朗峰(Mont-Blanc)頂級名筆店、自1990年就入籍古蹟的Fouquet's餐廳。與香榭大道相接的喬治第五大道(Avenue Gerge V)，有五星級的四季飯店、米其林三星餐廳LeCinque、愛馬仕(Hermes)等，這些經典名品店也可以一併逛逛。

每年7月1日大道上會有國慶閱兵典禮，夏日的環法單車賽(Le Tour de France)，也以香榭大道為終點，每年12月的聖誕季，大道兩旁的行道樹，會掛上串燈，整條大道浪漫繽紛，就像夢境般夢幻。2016年開始，每個月有1個星期日，香榭大道完全變成行人步道，讓人們可以輕鬆的在此散步、在香榭大道中央拍照。

1 大道兩旁受歡迎的露天座位區 **2** 香榭麗舍大道聖誕節燈景 **3** 大道筆直美麗的梧桐行道樹 **4** LV旗艦店在香榭麗舍大道和喬治五世大道轉角

╾╼━━ Leta巴黎小站 ━━╾╼

香榭麗舍大道特殊體驗

●法拉利跑車遊巴黎

由Paris Magi'Cars公司提供法拉利跑車，乘載遊客遊覽協和廣場、艾菲爾鐵塔、大小皇宮、戰神廣場等景點的服務。跑車有專門的司機，一趟車程約20分鐘，費用約€90，一車最多限乘3人。每天11:00～24:00，法拉利跑車會在香榭大道上LV的旗艦店前等候乘客，可以現場付費上車；如果想親自駕駛，只再加€20保險費，就可以親自駕車奢華逛巴黎。

法拉利跑車逛巴黎起點：101 Av. des Champs-Élysées, Louis Vuitton旗艦店前和Avenue George轉角處。地鐵1號出口步行約6分鐘。

蓄勢待發的法拉利

●麗都夜總會賞精采歌舞表演

麗都(Lido)自1946年就坐落在大道上，是巴黎最有名的夜總會之一，每晚約有70位世界頂尖舞蹈藝術家在這兒表演，後台擁有600多套華麗的演出服裝，餐點由35個頂尖廚師操刀。晚上7點的秀場，晚餐加歌舞表演票，約€130起跳。
🌐www.lido.fr/fr ✉116 bis Av. des Champs-Élysées, 75008, Paris ➜地鐵1號出口步行約4分鐘 ☎+33(0)140-765610

麗都接待大廳

遊賞去處

法國國魂的象徵

凱旋門
L'Arc de Triomphe

DATA

MAP P.39／A2
1號出口步行
約2分鐘

http www.paris-arc-de-triomphe.fr ✉Place Charles de Gaulle, 75008, Paris ☎+33(0)55377377 ◷1/2～3/31 10:00～22:30；4/1～9/30 10:00～23:00；10/1～12/31 10:00～22:30 ☒1/1、5/1、5/8、7/14早上、11/11早上、12/25 💲底樓免費參觀。上頂樓全票€12、18～25歲€9、18歲以下免費。關門前45分鐘，停止入場 ➡地鐵站出口1出來後，再從香榭大道上穿過地下道就可抵達

1 過去凱旋門要從這地下道過去 **2** 生生不息之火 **3** 從凱旋門可直望協和廣場的摩天輪 **4** 凱旋門在大道正中間圓環

　　凱旋門是拿破崙一世(Napoléon1)，為了要慶祝奧斯特立茲戰爭獲勝，所建立的拱門，從1806年開始建造，花了30年才完成。這座約寬45米、高50米、厚22米的羅馬建築，是歐洲最大的凱旋門，坐落在星辰廣場正中央，以它為中心，尤如光芒般放射出12條大道，其中從凱旋門下直穿過去的就是香榭大道，一直連接到協和廣場。每年跨年倒數，市政府都會在凱旋門上投影光影表演。

　　凱旋門上，最有名的一幅《出征》雕像，就位在右手邊，描寫1792年的馬賽出征的情景。每天傍晚6點半，這兒會點起一把火，代表生生不息。現在，如果有為法國戰死的軍警、士兵，國家元首會帶領部長等在此致意，可見它代表法國國家的意義深遠。

　　若要參觀凱旋門的入口，在香榭大道上有個地下道可以穿過去，請勿從繁忙的星辰廣場上的車道穿過。登上凱旋門有兩個方式，搭電梯或爬樓梯，在凱旋門頂樓上可眺望巴黎市景、大道上奧斯曼的建築和行道樹、聖心堂、艾菲爾鐵塔等建築，非常美麗，裡面還有一處博物館，介紹凱旋門的歷史。

凱旋門附近的綠洲
蒙梭公園
Parc Monceau

DATA

MAP P.39／C1

星辰廣場站4號出口步行約14分鐘；蒙梭地鐵站出口步行約1分鐘

35 Boulevard de Courcelles,75008, Paris +33(0)142273956 07:00～21:00；夏季延長到22:00、冬季提早到20:00 從星辰廣場站地鐵站出口4出來，沿著Av.de Wagram往北，接Bd De Courcelles再繼續往前走約10分鐘到；蒙梭地鐵站出口沿著Bd. De Courcelles走約1分鐘就到

這座8.2公頃的蒙梭公園，離奢侈繁華的凱旋門不遠，周圍盡是古典的宮邸。每當太陽一露臉，就會看到整片草地上，躺滿享受陽光的巴黎人。這座公園原本屬於奧爾良公爵的公園，今天在園區內可以看到許多異國建築，如希臘半圓廊柱、小型版埃及金字塔、荷蘭風車以及中國的寶塔等。

莫內畫過許多巴黎的景物，其中光是蒙梭公園就有5幅作品；也有好幾部電影在這裡拍攝，例如《巴黎，我愛你》(Paris, je t'aime)、《3個男人的心》(Le Cœur des Hommes 3)。許多巴黎人喜愛在蒙梭公園野餐，天氣好時，不時會看到有人在這裡舉辦生日會。

春天花園賞花(圖片提供／Paris tourist office, Photographe：Amélie Dupont)

現代時髦的複合商場
Publicis Drugstore

DATA

MAP P.39／B2

1號出口步行約2分鐘

www.publicisdrugstore.com/fr 133 Av. des Champs-Élysées, 75008, Paris +33(0)144437507 08:00～02:00 地鐵站出口1出來後，沿香榭麗舍大道走約2分鐘就到

Publicis Drugstore是一間複合式商場，設有服飾店、餐飲店，還有電影城。建築的外觀使用玻璃材質打造，相當具有現代感。在巴黎，許多店鋪傍晚7點就打烊了，對住在附近的富豪來說，實在不方便，所以創辦人Marcel Bleustein-Blanchet在1958年有了一個想法，在此開一間什麼都買得到的大商城，就算半夜也可以購物，因此這裡天天營業，甚至營業時間到清晨2點才會打烊。

有甜點店，也有書店

━━━✦ Leta巴黎小站 ✦━━━

Publicis Drugstore門前翻轉人生

2015年，巴黎一位流浪漢Jean-marie Roughol在Publicis Drugstore門前乞討，碰到騎腳踏車來買東西的前憲法部長Jean-Louis Debré，流浪漢幫他看管腳踏車，換取一些金錢。前憲法部長和流浪漢熟識後，鼓勵法文有限的他，寫下自己在香榭大道上流浪乞討的故事，最後甚至還出版成《我的街頭人生》(Je Tape la Manche：Une Vie Dans la rue) 這本書，翻轉了他的人生。這個真實的故事，就始於Publicis Drugstore店門前。

購物血拼 法式低調性感內衣
Etam

DATA

http www.etam.com/accueil ✉118 Avenue des Champs-Elysées, Paris 📞+33(0)145612809 🕐週一～六10:00～21:30、週日11:00～21:00 ➡出口1出來，走香榭麗舍大道約2分鐘到達

法國女性針對各式場合、不同的穿著，都會仔細搭配內衣款式。Etam是一個百年法式風情的女性內衣品牌，它的內衣實用又精緻多樣、並且以平實的價格深深抓住法國白領階級女性的心。Etam的內衣輕薄有型，加上適度點綴的蕾絲，將法式性感詮釋得低調無痕；除了性感款、運動款、都會休閒風等內衣款式，Etam還售有絲絨睡衣、泳裝、慵懶居家服，產品選擇非常多元。

1 香榭麗舍旗艦店面 **2** Etam吸引成熟女性(以上圖片提供／Etam)

購物血拼 讓冬天也時尚
Eric Bompard

DATA

http www.eric-bompard.com/fr ✉91 Av. des Champs-Élysées, 75008, Paris 📞+33(0)153578960 🕐週一～四10:30～19:00，週五～六10:30～20:00 ➡地鐵站出口1出來後，走香榭麗舍大道約6分鐘到達

第一次看到Eric Bompard的服飾時，很訝異用喀什米爾毛編織出來的衣服會這麼有現代感。喀什米爾毛的名稱源自於西藏與尼泊爾，喀什米爾山區的山羊為了要禦寒，接近體表的地方擁有非常纖細的絨毛，其直徑大約是人類毛髮的1/6，所以用它來編織衣服，非常的輕盈柔軟、舒適保暖。目前喀什米爾毛最大的產地在中國蒙古，Eric Bompard的毛就來自於中國內蒙古。

Eric Bompard的服飾，每一季會推出40種半階層的色系，純天然染料，加上巴黎風的設計，完全讓人擺脫毛衣厚重、不時尚的感覺。除了毛衣，店裡還有賣圍巾以及保養喀什米爾毛料的產品。

1 毛衣的顏色像色盤一樣 **2** Eric Bompard店門口 **3** 不同其他服裝品牌的寶藍色(以上圖片提供／Erci Bompard)

米其林三星餐廳

特色美食

第五餐廳
Le Cinq

DATA

restaurant-lecinq.com ✉31 Avenue George V, 750078, Paris ☎+33(0)149527154 ⏰早餐平日07:00～10:00、週末07:00～10:30；午餐12:30～14:30；晚餐19:00～22:00 💲午餐4道菜約€145，6道菜約€210 ➡地鐵站出口1出來後，走香榭麗舍大道，右轉喬治五世大街Avenue George V，總共約9分鐘到達 ⓘ請穿著正式服裝及皮鞋，勿穿牛仔褲

　　第五餐廳位在四季飯店(Four Seasons Hôtel)裡面，是一間已經連續12年摘下米其林三星的餐廳。主廚克利斯秦．樂斯客(Christian Le Squer)善用新鮮食材，搭配現代的料理手法，重新創造出一款味道不變，但外型完全不同的菜。如菜單中的金黃洋蔥(Grantinée d'Onion)，味道就像法國傳統的洋蔥湯，但餐盤呈現出的是幾顆像水珠又像黃金粒般的食物。有人形容他是個「味道組合的作曲者」、「調香師」，米其林星級的廚師，都以這樣的目標自我要求。

　　餐廳中使用的青菜，來自一個神祕的供應商——日本人山下朝史(Asafum Yamashita)。他每年會飛到日本，尋找稀有青菜的種子，帶回到巴黎郊區的菜埔種植，再提供給這裡的主廚。

　　環境是否優雅也是米其林評比的重點，第五餐廳以古典法英風格為主調，空間擺設有路易十六世的櫃子、貼金箔紀念章式椅背的椅子。艾瑞克．布馬(Erice Beaumard)是第五餐廳的侍酒師，他在1998年獲得世界侍酒師比賽亞軍，同時也是協調餐廳外場與廚房的靈魂人物。

1 侍酒師艾瑞克．布馬(圖片提供／Le Cinq, Photographe：Stephane de Bourgies) **2** 兩扇宏偉的鑄花鐵門進去，就是第五餐廳(圖片提供／Le Cinq, Photographe：Gregoire Gardette) **3** 古典法英風的用餐環境(圖片提供／LeCinq, Photographe：Gregoire Gordette) **4** 糖漿裏奇異果鳳梨(Kiwi and Pineapple with iodized syrup and freshed with plants)(圖片提供／Le Cinq, Photographe：Jean-Claude Amiel)

一星米其林的奇幻樂章

L'Orangerie

MAP P.39／B3
1號出口步行約9分鐘

DATA

🌐 lorangerieparis.com 📧 31 Avenue George V, 750078, Paris
☎ +33(0)149 527224 🕐 早餐07:00～10:30；午餐12:30～14:00；晚餐19:00～22:00 💲 午餐套餐：前菜＋主餐約€75，前菜＋主餐＋甜點約€95 🚇 地鐵站出口1出來後，走香榭麗舍大道，右轉喬治五世大街Avenu George V，總共約9分鐘到達 ❗ 請穿著正式服裝及皮鞋，勿穿牛仔褲

1

這間在2017年得到米其林一星的L'Orangerie，同樣位在四季飯店，它的用餐環境吸引大批巴黎人，一年中隨著節慶有不同花藝裝飾的中庭區，環繞著中庭的則是用透明玻璃打造的溫室用餐區。

主廚大衛‧畢瑟(David Bizet)是個熱愛大自然的諾曼地孩子，在四季飯店工作了17年，跟過許多星級廚師。他用大自然的味覺和顏色，成為調色盤般的菜餚元素，傳統的法餐在他的詮釋之下，是視覺、味覺的極致享受。

4

1 烤干貝(Grilled Scallops)、耶路撒冷朝鮮薊(jerusalem artichokes)、栗子(chestnuts)、黑松露(black truffle)(圖片提供／Le Cinq, Photographe：Jean-Claude Amiel) **2** 主廚和甜點師麥辛‧菲德瑞克(Maxime Frédéric)在廚房工作中(圖片提供／Le Cinq, Photographe：Jean-Claude Amiel) **3** 對法國人來說，星級廚師的創作是一種藝術(圖片提供／Le Cinq, Photographe：Jean-Claude Amiel) **4** 可以想像這是在香榭大道附近的餐廳嗎？(圖片提供／Le Cinq, Photographe：Guillermo ANIEL-QUIROGA)

Leta巴黎小站

一場味覺的旅行──米其林

http restaurant.michelin.fr

米其林在1897年創建時，原先是一間輪胎工廠，20世紀初每年開始派出美食評論家，暗地品嘗各地料理，評選出一、二、三星級餐廳；摘星不容易，要有藝術家的創意、軍隊般的嚴謹，還要像偵探般挖掘食材，時有所聞有些大廚為了掉星而自殺。到米其林星級餐廳，不只是單純的用餐，更是一場特別的旅行體驗。

米其林餐廳用餐注意事項

1. 提早訂位。
2. 男士請穿襯衫、皮鞋、西裝褲、打領帶；女士請穿裙子、有跟皮鞋，並且化妝。
3. 一星餐廳約€40～155，二星餐廳約€85～210，三星餐廳約€210～390。
4. 午餐通常比晚餐便宜。
5. 請記得給小費，約€5～15/人。

1 精緻呈現的背後，是專業、紀律嚴謹的團隊(圖片提供／Le Cinq, Photographe：Jean-Claude Amiel)
2 米其林一星Le George餐廳，優雅的用餐環境(圖片提供／Le Cinq, Photographe：Gregoire Gardette)

電影名人、群星聚集的地方

Fouquet's

MAP P.39／B2

1號出口步行約5分鐘

 DATA

http hotelsbarriere.com/fr/paris/le-fouquets/restaurants-et-bars/fouquets.html 99 Avenue des Champs-Elysées,75008,Paris +33(0)140696050 07:30～23:30 正餐約€80，咖啡約€8 地鐵站出口1出來後，走香榭麗舍大道約5分鐘到達

Fouquet's這間自1899年就創建的餐廳，建築的門面是奧斯曼風格。每年凱薩獎(César)晚宴和莫內獎(Nuit des Molières)之夜，都在這裡舉行，也讓人只要談到Fouquet's，就會想到電影、戲劇、導演和製片。

2017年，餐廳裝修完成，整個裝飾以永垂不朽的第七藝術、電影和古典藝術呈現。餐點的部分，由三星米其林主廚Pierre Gagnaire帶領整個餐廳團隊，提供頂級傳統的法國佳肴。Fouquet's同時也是一間飯店，總統套房可以直接欣賞香榭麗舍大道。

1 慕名而來的觀光客 **2** 美麗的奧斯曼建築(圖片提供／Fouquet's)

馬卡龍裡的路易威登
Ladurée

MAP P.39／B2
1號出口步行
約7分鐘

DATA

http laduree.fr/jardin-laduree ✉75 Avenue des Champs-Elysées, 75008, Paris ☎+33(0)140750875 🕐週日～四07:30～23:00，週五～六 07:30～23:00 💲6顆裝馬卡龍禮盒約€17.10 🚇地鐵站出口1出來後，走香榭麗舍大道約7分鐘到達

Ladurée是間已經營上百年的法式甜點老店，在1862年開創的時候，是間小小的傳統店鋪，到了1993年被Holder集團買下，才把版圖擴張到全世界。Ladurée的馬卡龍堅持古法、手工製作，漸層色彩的產品和夢幻的甜美包裝，讓它深受女性朋友的愛戴。

這裡不只販售單顆馬卡龍，還有很多的鹹食餐飲，可以在這裡用完正餐後，再吃一道甜食，甜食除了馬卡龍也有蛋糕或巧克力。外賣禮品區則在旁邊另一個入口。

1 內用區的甜點櫃 **2** 外賣區的甜點櫃 **3** 甜美夢幻的2樓用餐區 **4** 店門口 (以上圖片提供／Ladurée)

巴黎最美的沙龍茶店

賈克瑪‧安德烈博物館咖啡廳
Le Café Jacquemart-André

http musee-jacquemart-andre.com/en/node/771
✉158 Boulevard Haussmann, 75008, Paris☎ +33(0)145621159🕐週一～五11:45～17:30；週一延長到19:00、週六11:00～17:30、週日11:00～14:30💲咖啡、熱巧克力約€3～6，蛋糕約€8～10，簡餐沙拉、火腿、義大利麵等約€16～20➡地鐵站出口1出來後，走Avenue de Friedland，然後接Boulevard Haussmann，總共路程約15分鐘

　　這是一間附設在賈克瑪‧安德烈博物館(Musée Jacquemart-André)內的下午茶店，因為在博物館的後面，所以鮮少人知道。愛德華‧安德烈(Edouard André)是19世紀初的一位銀行富人，他與他的畫家太太熱愛藝術品，有生之年收藏了許多法國及海外的藝術品；1912年，他們當年古典氣派的房子，也是今天的賈克瑪‧安德烈博物館，由法國藝術機構接管。

　　裡面有甜點櫃，可以直接去櫃前挑選想吃的甜點，他們的熱巧克力非常香醇，也很推薦；這裡不只販售甜點，也有鹹塔、每日特餐等鹹食，週日還提供很豐富的早午餐。

1 古典咖啡杯 **2** 廣大的沙龍庭園 **3** 都是內行人才會來的地方 **4** 和博物館同入口

1號線

巴黎金字塔的頂端

香榭麗舍站
Champs-Elysées-Clémenceau

Charles de Gaulle - Étoile 星辰廣場站

George V 喬治五世站

Franklin D. Roosevelt 法蘭克福站

Champs-Élysées-Clémenceau
香榭麗舍站

Concorde 協和廣場站

Tuileries 杜樂麗站

Palais Royal-
Musée du Louvre
羅浮宮站

Ⓜ ② ⑥
Ⓡ Ⓐ

Ⓜ ⑨

Ⓜ ⑬

Ⓜ ⑧ ⑫

Ⓜ ⑦

← La Défense

Château de Vincennes →

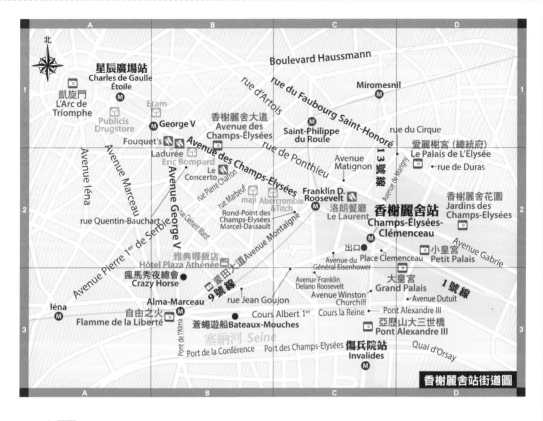

這一站像是露天的建築博物館，有大、小皇宮，以及亞歷山大三世橋這3個為了萬國博覽會建造的曠世建築鉅作，還有低調奢華的蒙田大道，充滿著高級訂製服的獨棟店面，Dior、Chanel、YSL在這兒都不缺席。可以漫步過橋參訪傷兵院，也可到Pont de l'Alma，去坐蒼蠅遊船飽覽塞納河美麗的景色。這裡也是法國總統府——愛麗榭宮(Palais de l'Elysée)的所在位置，星級的米林餐廳，沿著凱旋門過來一路無間斷，奢華是打造這裡成為金字塔頂端的主要元素。

3大推薦地

遊客必訪

小皇宮

　　金箔鑄鐵和玻璃組成的門，小皇宮如珠寶般鑲嵌在塞納河畔上，新藝術風格、裝飾藝術在它身上完美結合。(P.53)

作者最愛

Abercrombie&Titch

　　它有如豪宅宮邸的外表，走入綠色小徑後，卻發現裡面有艾菲爾鐵塔般的樓梯，穿梭在四面壁畫裡，賣著高貴不貴的服飾。(P.55)

巴黎人首推

洛朗餐廳

　　離總統府、愛麗榭宮只有500公尺的洛朗餐廳，吸引許多政商人士，一起探尋這間祕藏於樹林裡的米其林餐廳吧！(P.55)

遊賞去處

DATA

高級服裝秀展在此展現

大皇宮
Grand Palais

MAP P.51／D3
出口步行約
1分鐘

ⓗ grandpalais.fr/fr ✉ 3 Avenue du Général Eisenhower, 75008, Paris ☎ +33(0)144131717 ⏰ La Nef展廳：有展覽或活動時才有開放；其他展廳視當時的展覽而定 ⑤ 視當時的展覽而定 ⓜ 地鐵站出口出來後，往後轉，沿著Avenue Winston Churchill走，約1分鐘就到 ⓘ 平時如果沒有展覽或活動，大皇宮不會開放；附設的咖啡館，則是全年開放，可從側門進入

　　大皇宮是巴黎最具代表性的歷史建築物之一，遠遠就會看到它那用玻璃與鋼筋組成的半圓奇幻屋頂。它是1900年為了萬國博覽會所蓋的建築，分成三大廳：La Nef、國立展覽館以及發現大皇宮。La Nef這個長達240公尺的大廳，經常成為奢侈品牌服裝秀的秀場，年終時，這裡就會搖身一變成為勁歌熱舞的大溜冰場；國立展覽館會不定期展出知名藝術家的作品；發現大皇宮則是設置科學於文化的展覽活動，經常有學生在此看展學習新知。

大皇宮有展覽時才開放參觀

穿過金色雕花門，回到新藝術時代

小皇宮
Petit Palais

遊賞去處

DATA

http petitpalais.paris.fr ✉ Avenue Winston Churchill, 75008, Paris ☎ +33(0)153434000 🕐 週二～日10:00～18:00 休 週一休息 💲 永久展區免費，其他則依各個展而有不同票價 ➡ 地鐵站出口出來後往後轉，沿著Avenue Winston Churchill走，約3分鐘到

　　位在大皇宮對面的小皇宮，也是因應萬國博覽會而建造，博覽會結束後，成為永久性的博物館，如果只是參觀永久性展覽不用收費。小皇宮的正門金碧輝煌，跟不遠處亞歷山大三世橋上的金雕像相呼應。1樓展示許多法皇御用品，以及巴比松、印象派畫作，新藝術風格的旋轉樓梯，更是夢幻的極致。走進它的中庭花園，有一間咖啡廳，一瓶礦泉水約€2.5起，簡餐約€16起。

1 中庭咖啡花園 **2** 永久展覽區很寬敞 **3** 紀念品區

金箔閃閃，最有皇室氣質的一座橋

亞歷山大三世橋
Pont Alexandre III

遊賞去處

DATA

✉ Pont Alexandre III, 75008, Paris ➡ 地鐵站出口出來後往後轉，沿著Avenue Winston Churchill走，約6分鐘到

　　亞歷山大三世橋，是塞納河上裝飾最繁華的一座橋，橋上有32個玻璃鐵鑄燈雕塑，四端各有一個高聳的柱子，上面有一個金箔雕像，下方則是銅雕像；橋兩側面河的中間，又各有一個鑲金箔的雕像。橋寬40公尺，長150公尺，也是塞納河上最寬的一座橋。

　　橋的名稱是以俄皇——塔茲‧亞歷山大三世(Tzar Alexandre III)來命名，他當年與法國總統沙地‧卡農(Sadi Carnot)私交甚篤，所以此橋也代表著法俄之間的友誼。

1 從小皇宮這端望過去傷兵院 **2** 橋和大皇宮都是因為萬國博覽會而建，材質一致諧調(以上圖片提供／Paris tourist office,Photographe：Marc Bertrand)

遊賞去處

低調奢華的極致

蒙田大道、自由之火
Avenue Montaigne, Flamme de la Liberté

MAP P.51／B2、B3、C2

蒙田大道：出口步行約4分鐘；
自由之火：出口步行約14分鐘

DATA

蒙田大道：Avenue Montaigne；自由之火：Pont de l'Alma➡蒙田大道：從香榭麗舍站出來，走Avenue Champs Elysées往凱旋門的方向走約4分鐘，到了地鐵站Franklin D. Roosevelt，左邊的這條就是Avenue Montaigne。或著在地鐵站Franklin D. Roosevelt下車，出來就到；自由之火：從香榭麗舍站出來，走Rue Jean Goujon到底，碰到一個圓環，自由之火的金色雕像，就在過了圓環處，總共走約14分鐘。或著沿著Avenue Champs Elysées大道散步到底，也會碰到這個圓環，總共走約18分鐘

蒙田大道是一條比香榭麗舍大道還要低調奢華的大街。高級訂製服品牌，Chanel、Christian Dior、Sain Laurent、Louis Vuitton、Gucci、Chloé、Céline等在這裡都設有獨棟店面。

從蒙田大道一直走到底，會與喬治五世大道(Avenue George V)相接，可以順便走過交接圓環處，去看金色雕塑品《自由之火》，當年英國黛安娜王妃，為了躲避狗仔隊跟拍，在此處發生車禍而喪命，特別設立此碑。

1 自由之火的雕像 **2** 蒙田大道上，整排都是高級訂製品牌

購物血拼

上班族的輕奢時尚

maje

MAP P.51／B2

出口步行約7分鐘

DATA

fr.maje.com 35 Avenue des Champs Elysées, 75008, Paris +33(0)140750584 10:00～21:30 ➡從香榭麗舍站出來，走Avenue Champs Elysées往凱旋門的方向走，總共走約7分鐘

maje的設計不誇張，適合穿去公司、小酒吧或是正式餐廳，深受年輕族群喜愛。有特色又不讓人感覺正式的巴黎風格，在maje的設計上充分展現。

創辦人Judith Milgrom接受母親的薰陶，從小就開始學習布料和蕾絲的設計。2000年在巴黎開設第一間店面的時候，maje還只是一間新銳設計師小店，但背後有SMCP服裝集團提供資金和過往經驗，在2010年，maje很快就在全世界擁有175個銷售點。在香榭麗舍大道上，是CP值非常高的品牌。

1 maje店面 **2** 這裡也販售包包、鞋子等配件(以上圖片提供／maje)

購物血拼

高級拍賣會的外觀，美國T-Shirt的價錢

Abercrombie&Titch

MAP P.51／C2

出口步行約6分鐘

DATA

🌐abercrombie.com/shop/eu-fr 📧23 Av. des Champs-Élysées, 75008, Paris ☎+33(0)805111559 ⏰10:00～22:00 ➡從香榭麗舍站出來，走Avenue Champs Elysées往凱旋門的方向走，總共走約6分鐘

　　Abercrombie &Titch是一個美國品牌，幾年前買下了這間官邸豪宅，用艾菲爾鐵塔鐵架樓梯的概念，打造內部樓層空間，請美國藝術家在每面牆上畫上壁畫。豪宅式的裝潢，所賣的服飾以美式風格為主，有輕鬆的T-shirt、休閒褲、耳環配件、帽子，價格親民。裡面服務生年輕熱情，此外，也很適合進去拍照打卡。

特色美食

奢華區裡價格親民的餐廳

Le Concerto

MAP P.51／B2

出口步行約9分鐘

DATA

📧67 rue Pierre Charron, 75008, Paris ☎+33(0)145638581 ⏰12:00～22:30 💲主餐約€12～16 ➡從地鐵站出口出來，走Avenu Champs Elysées往凱旋門的方向走，左轉rue Pierre Charron找67號，總共走約9分鐘

　　如果你不想在香榭麗舍大道花太多錢用餐，Le Concerto是個好選擇。義大利香菇雞燉飯鮮嫩美味、麵包免費贈送，價格約€16，十分划算。這裡還有賣披薩，披薩的皮由自家製作，薄皮酥脆非常好吃，在這區要吃到這樣的價錢和品質，還有親切服務的餐廳，實在很難得。

1 義大利香菇雞燉飯 (Risotto au Poulet Champignons) **2** Le Concerto店門口

特色美食

17世紀的狩獵行宮，21世紀的米其林餐廳

洛朗餐廳
Le Laurent

MAP P.51／C2

出口步行約4分鐘

DATA

🌐le-laurent.com 📧41 Avenue Gabriel, 75008, Paris ☎+33(0)142250039 ⏰週一～五12:30～14:00，19:30～22:30，週六19:30～22:30 休週六中午、週日、12/23、1/3、國定假日 💲午餐、晚餐各有約€95、€159的季節套餐 ➡從地鐵站出口出來，過到Avenue des Champs-Elysée，右轉往前走Avenue de Marigny，往瑪西尼劇院Thêatre Marigny的方向走進綠樹花園，沿著劇院走約1/3，就會看到右前方洛朗餐廳的雙層獨棟別墅 💡請穿著正式服裝

花園的水池十分古典(圖片提供／Le Laurent)

　　洛朗餐廳在1670年時是路易十四的狩獵行宮，到了1847年，正式由Hitorff沿襲建築物遺留的貴族風，搭配古典花園，改建成洛朗餐廳。洛朗是米其林一星的餐廳，共有5個廳，藏酒豐富。主廚阿藍·古貝勒(Alain Pégouret)，2001年就已經入主洛朗餐廳，主張一盤菜不超過3種口味、巧用繽紛色彩的蔬菜做搭配，食材也很新鮮，讓視覺和味覺達到完美的結合。

1號線

從皇宮花園散步到奧塞美術館

杜樂麗站
Tuileries

Franklin D. Roosevelt 法蘭克福站

Champs-Élysées-Clémenceau 香榭麗舍站

Concorde 協和廣場站

Tuileries 杜樂麗站

Palais Royal-Musée du Louvre 羅浮宮站

Louvre-Rivoli 羅浮宮-里佛利站

Châtelet 夏特雷站

Ⓜ 9   Ⓜ 13   Ⓜ 8 12   Ⓜ 7   Ⓜ 4 7 11   14   RER A B D   CDG Orly

← La Défense   Château de Vincennes →

杜樂麗站街道圖

北

Avenue Gabriel
rue Boissy d'Anglas
rue Royale
rue Saint-Florentin
聖奧諾黑街rue Saint-Honoré
rue Cambon
rue de Castiglione
凡登廣場Place Vendôme
Place Vendôme
Place Vendôme
Place du Marché saint-Honoré
Place Saint-Honoré
7號線
14號線
Pyramides
Avenue Champs-Élysées
Avenue de l'Opéra
Gabriel
rue du Mont Thabor
Jean-Paul Hévin 巧克力
rue des Pyramides
rue d'Argenteuil
Place de la Concorde
Concorde
協和廣場 Place de la Concorde
摩天輪
rue de Rivoli
出口
1號線
rue d'Alger
rue du 29 Juillet
杜樂麗站 Tuileries
BARBARA RIHL
rue de Rivoli
rue Saint-Honoré
rue de l'Echelle
Place de la Concorde
橘園美術館 Musée de l'Orangerie
杜樂麗花園 Jardin des Tuileries
Palais Royal- Musée du Louvre
Pont de la Concorde
Quai des Tuileries
塞納河 La Seine
河岸陽台 Terrasse du Bord de l'Eau
騎兵凱旋門 L'Arc de Triomphe du Carrousel
Avenue du Général Lemonnier
Place du Carrousel
Quai Anatole France
Assemblée Nationale
李奧普行人徒步橋 Passerelle Léopole-Sédar-senghor
奧塞美術館 Musée d'Orsay
rue de Lille

在繁忙巴黎的第一區，在這裡你可以潛入擁有廣大綠意的杜樂麗花園，散步到奧塞美術館，一窺印象派藝術家們留下的珍世藝術品；另一邊則是聖奧諾黑街 (rue Saint-Honoré)、凡登廣場(Place Vendôme)等精品奢華的世界，法國皇室也在這裡留下過往的歷史痕跡。

散步杜樂麗花園的河岸陽台，這裡是巴黎典型的明信片風景，來這裡享受當年法國皇室般的花園時光風情吧！

巴黎達人 *Paris*
3大推薦地

Jean-Paul Hévin 巧克力

一片片的小金格，鋪滿牆壁和展示廊，會讓人聯想到什麼呢？這是Jean-Paul Hévin在聖奧諾街的巧克力精品店。(P.67)

遊客必訪

奧塞美術館

就像一個領我們穿越時空，去拜訪印象派大師的神奇火車站。館藏豐富驚人，此生必訪。(P.62)

作者最愛

BARBARA RIHL

Barbara這個曾在LVMH集團工作過的設計師，她集結自己手繪的天賦和對皮料的執著，打造BARBARA RIHL這個巴黎輕奢風的皮包品牌。(P.66)

遊賞去處

悠閒的皇室花園

杜樂麗花園
Jardin des Tuileries

DATA

MAP P.51／B2、B3 出站即達

http www.parisinfo.com/musee-monument-paris/71304/Jardin-des-Tuileries；橘園musee-orangerie.fr 113 rue de Rivoli, 75001, Paris 杜樂麗07:00～21:00(開閉園時間會隨季節而調整)；橘園週一、三、五、週末09:00～18:00(17:15最後入場，17:45清場) 週二、5/1、7/14(上午)、12/25(上午) 杜樂麗免費；橘園全票€9，18歲以下每個月的第一個週日免費 從地鐵站出口出來就到

　　以前當羅浮宮還是皇宮時，杜樂麗是它附屬的庭園，現在則是遊客、當地居民散步、休憩、慢跑的最佳後花園。1563年創建的杜樂麗花園，占地25.5公頃，往河岸陽台(Terrasse du Bord de l'Eau)走上去，就接塞納河畔，和奧塞美術館對望；公園正中間直走，可以經過協和廣場，直看凱旋門；而在杜樂麗地鐵站出來的那一邊，則是聖奧諾黑街。

　　杜樂麗花園裡有好幾個咖啡廳，在這裡喝杯飲料或用餐，可以順便做個日光浴；這裡還有一個相當有特色的付費廁所，掛著蒙娜麗莎的複製畫，同時販售紀念品。

　　往協和廣場方向走去的左邊角落，有一座橘園美術館(Musée de l'Orangerie)，展品以印象派的藝術品為主，奧塞美術館的展品常搬到此展覽，合稱為雙胞美術館。

Leta巴黎小站

散步路線建議：
杜樂麗花園→奧塞美術館

　　奧塞美術館雖然可以經由RE B Musée d'Orsay站直接抵達，但RER B有時會因為塞納河水高漲，因而關閉或其他因素減少班次。所以Leta建議各位旅客，從杜樂麗站下車，可以散步穿越杜樂麗花園，再走上河岸陽台，最後穿過Léopold Sedar Senghor行人橋，就可以抵達奧塞美術館，是一段很適合散步的路線。

橘園美術館

1 充滿文藝風的廁所 **2** 秋天走上河岸陽台，往羅浮宮的德農館方向望去，景色十分迷人 **3** 充滿綠意的花園，舒服悠閒 **4** 在兩旁氣派筆直的梧桐樹下散步，非常舒適

來自古老埃及的禮物
協和廣場
Place de la Concorde

DATA

✉Place de la Concorde,75008, Paris➡從地鐵站出口出來,穿過杜樂麗花園,往摩天輪方向走就可到達,總共約走9分鐘

協和廣場上最明顯的兩個地標,一個是埃及碑(Obélique de Louxor),另一個是摩天輪。協和廣場的命名源自於法國大革命年代的結束,象徵和平。

埃及碑來自於埃及Louxor廟,是19世紀埃及送給法國的禮物。埃及碑是3,000年前,在一整塊石頭上所做的雕刻碑,要把這個23公尺高,重達200噸的古董文物,從埃及Louxor廟完整運到法國,移送工程結合了科學家、人類學家的智慧,過程長達7年,是件艱難的挑戰,最後終於在1836年與巴黎人見面;摩天輪則靜靜看著巴黎繁忙的日常與童話般的夜晚。

1 埃及碑與摩天輪,象徵新舊結合 **2** 摩天輪下有販賣許多典型的法國小吃

聖奧諾黑街
rue Saint-Honoré

DATA

✉rue Saint-Honoré, 75001, Paris➡從地鐵站出口出來,穿過rue Rivoli街,沿者rue du 29 Juillet走,走到下一條垂直的街就到

奢侈品牌都想在羅浮宮旁的這條街上插旗,哪怕只有一點小小的面積,包括想要在餐飲界躍上一層樓的主廚,都會在這裡嘗試開店;原因除了大名鼎鼎的羅浮宮位於此,吸引來自全世界的遊客,另一個原因就是頂級珠寶凡登廣場(Place Vendôme)、Chanel的始祖工作室和店面也都在這附近,吸引更多的高級品牌進駐。來到此處,你可以感受到巴黎對百年工藝的堅持與執著。

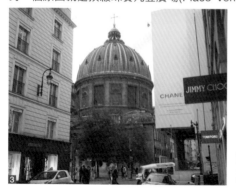

1 2 在聖奧諾黑街逛逛,可感受巴黎奢華的風情 **3** Notre-Dame-de-l'Assomption教堂,位在rue Saint Honoré和rue Cambon兩條精品始祖街的交接口,古典與現代的交匯點

巴黎的高貴珠寶盒

凡登廣場
Place Vendôme

MAP P.57／C1
出口步行
約7分鐘

遊賞去處 DATA

✉Place Vendôme ➡從地鐵站出口出來,沿著rue de Rivoli往協和廣場方向走,碰到rue de Castiglione右轉,就會看到廣場上的拿破崙柱,順著它走,總共約走7分鐘

凡登廣場處處是經營百年的珠寶品牌,頂樓則是珠寶工作室,製作獨一無二的頂級珠寶,Van Cleef、Chanel、Chaumet、Cartier、Dior等頂級珠寶品牌,都在這裡設有工作室和店面。造訪此處的客戶不是中東皇族,就是富豪。店裡的接待廳還有特別設計的密室,有時中東國王帶情婦來買珠寶,突然通報皇后到了,就會請國王女友躲進密室,避開尷尬場面。

這裡有許多稀世珍寶,自古以來神偷大盜層出不窮,因此維安規格特別高,但因為這裡是個開放的空間,仍會發生有詐騙高手能不著痕跡的得逞;幾年前,Cartier有顆罕見的6克拉黃寶鑽戒,被一對謊稱是母子的客人,來店裡試戴後掉包成假黃寶鑽戒。到了晚上,鑑定師要將珠寶收回保險箱時,才發現了是顆假鑽。不過鑽石早就在鑽石銀行登記了「身分證號碼」,而號碼就刻在細細的「腰圍」上,果然,半年後這顆黃鑽就被找回了。

1 廣場上的安全規格很高,行人與便衣監控混在一起 **2** 陽光灑在頂樓的珠寶工作室,像閃爍的皇冠般

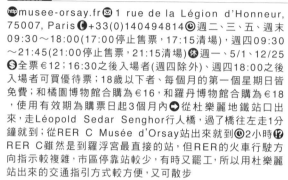

遊賞去處

印象派畫的寶藏窟

奧塞美術館
Musée d'Orsay

DATA

1

MAP P.57／C3

杜樂麗地鐵站口出來，步行約13分鐘；
RER C Musée d'Orsay地鐵站，出站即達

http musee-orsay.fr ✉ 1 rue de la Légion d'Honneur, 75007, Paris ☎ +33(0)140494814 🕐 週二、三、五、週末09:30～18:00(17:00停止售票，17:15清場)，週四09:30～21:45(21:00停止售票，21:15清場) 休 週一、5/1、12/25 💲 全票€12；16:30之後入場者(週四除外)、週四18:00之後入場者可買優待票；18歲以下者、每個月的第一個星期日皆免費；和橘園博物館合購為€16，和羅丹博物館合購為€18，使用有效期為購票日起3個月內 ➡ 從杜樂麗地鐵站口出來，走Léopold Sedar Senghor行人橋，過了橋往左走1分鐘就到；從RER C Musée d'Orsay站出來就到 ⏱ 2小時 ℹ RER C雖然是到羅浮宮最直接的站，但RER的火車行駛方向指示較複雜，市區停靠站較少，有時又罷工，所以用杜樂麗站出來的交通指引方式較方便，又可散步

　　在杜樂麗公園的塞納河岸，可以清楚看到奧塞美術館門面的2個大鐘，清楚展示它前身為火車站的歷史，奧塞美術館在1983～1986年經過大改造後，正式在此開幕；這座為了萬國博覽會而建造的火車站，在變成美術館後，也剛好成為本館的第一件藝術大作，充分展現那時的建築風格，館內展出以印象派、後印象派作品為主，以1848～1914年間的西方藝術品為典藏大宗。

　　印象派是指1860年法國展開的一種藝術風格，代表性的藝術家有克勞蒂・莫內(Claude Monet)、愛德華・馬內(Édouard Manet)、竇加(Edgar Degas)、皮耶・雷諾瓦(Pierre-Auguste Renoir)、保羅・高更(Paul Gaugin)、保羅・塞尚(Paul Cézanne)等。

2

奧塞美術館由拱形屋頂、正門以及玻璃片組成，挑高的屋頂和幾乎全部打通的展示空間，讓人一進去就有種豁然開闊的感覺；中間陳列許多雕塑作品，作品旁有座椅，可以悠閒坐著欣賞藝術品。畫大多在樓層上方兩側或者一些格間中，參觀者可以近距離欣賞作品。

館內的作品主要分布在第0(Rez-de Chaussée)、2樓、5樓這3層樓，館內的作品常有外借的情形，所以藝術品的位置不固定，想要確定作品位置可以在參觀前一晚上官網查詢；不過，奧塞美術館不像羅浮宮那麼龐大，所以到了現場，再拿館內地圖查詢也可以。

奧塞的展品常會外借到巴黎其他美術館，如羅丹、橘園美術館，所以購買門票時和這兩館有搭配划算的票價，請參考票價資訊。奧塞美術館裡有3個用餐地點，0樓的小熊咖啡館、2樓的餐廳、5樓的坎帕納咖啡廳(Le Café Campana)，特別推薦後面這兩間。

◀▶ Leta巴黎小站 ◀▶

近距離貼近大師畫作

第一次看到文森‧梵谷(Vincent Van Gogh)的畫作《夜空》(La Nuit étoilée)，距離不到50公分，感覺相當不可思議，奧塞美術館所有畫都是這樣展示，有一種貼近大師的親切感。

2樓的餐廳，以前是奧塞火車站裡的餐廳，裡面有水晶吊燈、天花板壁畫、鑲金箔的浮雕等華麗裝飾，這些都自1900年保存至今，目前登記在法國的歷史建築物裡。

5樓的坎帕納咖啡廳，由巴西名設計師坎帕納兄弟(Le frère Campana)所設計，靈感來自於新藝術，讓人感覺置身夢境般的水世界，因為它的所在位置，剛好就在印象派畫作一結束轉入的空間，啟發許多的想像。

1 奧塞美術館整館打通，可以一眼看穿到底 **2** 奧塞美術館2個舊火車站門面大鐘 **3** 坐在大鐘後方的坎帕納餐廳，有種搭上了穿越時空的火車，要去做趟奇幻旅程的感覺 **4** 2樓的餐廳、美麗的壁畫 **5** 5樓的坎帕納咖啡廳 **6** 0樓的盡頭有間小熊咖啡館

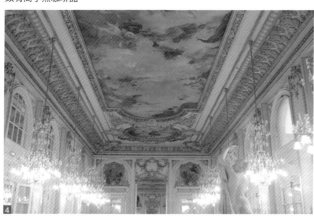

曠世巨作現場導覽

馬內(Edouard Manet)
《草地上的午餐》(Le Déjeune sur l'herbe),1863年

這幅畫描繪一個赤裸的妓女和兩位顧客在森林中野
餐,而這幅畫中出現的裸女,曾引起軒然大波。巴黎
在1863〜1870年建築大改造之後,出現階級混亂雜
居的狀態,因此當時在街上看到的女人,無法得知她
是否為良家婦女;人們對這種「難以辨認」的社會狀
態,感到焦慮,這就是莫內想要表達的意境。

莫內(Claude Monet)
《罌粟花》(Coquelicots),1890年

這幅畫是莫內留學歸國後,定居在阿久德省時的
創作,畫中描繪散步於夏日罌粟花田的情景,使用
印象派技巧畫出光線與花草互相交映,非常生動,
感覺光線與風景躍然紙上。當時一展出,立刻佳評
如潮,被封為經典之作。

莫內(Claude Monet)《草地上的午餐》
(Le Déjeuner sur l´herbe),1865〜1866年

莫內的這幅畫,深受馬內《草地上的午餐》的影響,
由於尺寸非常大,部分已損壞,目前僅剩這兩幅。由
於莫內當時正與他的太太卡蜜兒陷入熱戀,她便是
畫中左側第一位側身的女人。

莫內(Claude Monet)
《藍色睡蓮》(Les Nymphéas),1916〜1919年

莫內在他人生最後的31年生命,完全貢獻一系列以
睡蓮為主題的畫作,共250幅。

雷諾瓦(Auguste Renoir)
《煎餅磨坊的舞會》(Baldumoulin de la Galette),1876年

這是雷諾瓦的作品裡最重要的一幅畫作，描繪蒙馬特山丘上，人們歡樂舞蹈的熱鬧景象，他在人物上畫上朦朧的光點，把影子和人的動作表現得栩栩如生。

保羅·塞尚(Paul Cézanne)
《玩紙牌的人》(LesJoueursdecarts),1890~1895年

塞尚以「玩紙牌的人」為題，曾經畫過5幅不同結構的畫作。這幅只有兩位玩牌的人，平穩地坐在木桌兩旁，後面模糊的背景，讓人有多方的想像，比如可能是兩位玩牌者正在咖啡廳內。畫作的空間安排理性，人物主題鮮明，雖然主題平凡，但代表了塞尚當時對鄉村小人物的細膩觀察。

竇加(Edgar Degas)
《十四歲的小舞者》,1875~1880年

竇加出身在一個富有的銀行家族中，寬裕的經濟條件讓他可以盡情的創作，他以芭蕾舞者的主題做了許多畫作和雕像，其中這個《十四歲的小舞者》因為在神韻及比例上的捕捉都很好，成為他作品裡評價最高的一個。

梵谷(Vincent Van Gogh)
《星夜》(Lanuit étoilée),1888年

這梵谷在1888年移住到亞爾(Arles)時，畫了許多幅星空下的夜景，這幅畫就是其中之一。梵谷是荷蘭人，但他最著名的作品大多創作於他生前最後2年，那時他居住在亞爾和奧維(Auvers-sur-Oise)，而現在這兩個地方，也成了梵谷迷的熱門拜訪景點，奧塞美術館是收藏他最多重要作品的地方。

梵谷 (Vincent Van Gogh)
《自畫像》(Portaitde l'artiste),1889年

梵谷 (Vincent Van Gogh)
《保羅醫生》(Ledocteurpaul Gachet),1890年

連結杜樂麗花園和奧塞美術館的徒步橋

遊賞去處

李奧普行人徒步橋
Passerelle Léopold-Sédar-senghor

MAP P.57／B3
出口步行
約9分鐘

DATA

✉Passerelle Léopold-Sédar-senghor ➡從地鐵站出口出來，往塞納河方向穿花園，走上河岸陽台，就會看到橋

李奧普是一座只准許行人徒步通行的橋，連接左岸的杜樂麗花園，和右岸的奧塞美術館，橋上可遠眺好幾座塞納河的橋、大皇宮以及河岸的定置船塢。天氣好時，逛完羅浮宮或奧塞美術館，可以在橋上一邊吃三明治，一邊看塞納河遊船，獨具風情。

李奧普橋的命名，來自對塞內加爾的作家兼政治家，李奧普・色達・松閣(Léopold-Sédar-senghor)的致意，全長106公尺的拱型橋，中間沒有任何橋墩，建於1997～1999年這段新藝術綻放的年代。

🔳非常悠閒的塞納河畔船塢 🔳一邊看大皇宮 🔳一邊看聖母院

購物血拼

手繪巴黎輕奢風的包包

BARBARA RIHL

MAP P.57／C2
出口步行約
1分鐘

DATA

🌐barbararihl.com/fr ✉1 rue du 29 Juillet, 75001, Paris ☎+33(0)140150207 🕐週一～六10:30～19:00 休週日 💲€50～370 ➡出了杜樂麗站，過到rue de Rivoli的對面，左前方垂直就是rue du 29 Juillet，走1分鐘就到

BARBARA RIHL創立於2000年，Barbara在卡爾・拉格斐(Karl Lagerfeld)、吉爾・桑達(Jil Sander)等頂尖時尚設計大師身邊工作過多年，對於打造品牌風格非常拿手。Barbara的童年旅行的記憶以及她最擅長的插畫風格，就是這個品牌的兩大設計核心。

BARBARA RIHL使用義大利高品質皮料，全數在法國製造，除去不必要的製造細節，讓消費者可以用合理的價錢，買到兼具品質與設計的包包。包包上有許多巴黎風的元素，喜歡活潑時尚的人，千萬別錯過喔！

🔳4個拉錬款包包，靈感來自Barbara隨手作畫的草圖 🔳鐵圓釘、大包、旅行小袋、法國鬥牛犬、時尚女，是這牌子最常看到的元素

購物血拚

優雅的巴黎男時尚

Gabriel

MAP P.57／B2　出口步行約7分鐘

DATA

maisongabrielparis.com 📧26 rue du Mont Thabor, 75001, Paris📞+33(0)144159831🕐週一～六11:00～19:00🚫週日➡出了地鐵站，過到rue de Rivoli的對面，右轉rue d'Alger，再左轉rue du Mont Thabor，總共走約7分鐘

　　Gabriel是一家綜合法國、義大利、英國等國家的訂製男裝品牌，風格統一以男裝、圍巾、帽子、皮帶等男配件為主，走輕色彩、羽毛、條紋或圓點的優雅風格，取代了剛性的衣著。服裝材質以棉、麻為主，休閒辦公風，正是巴黎男性最流行的穿法。

　　搭配一條橘色毛編織的細領帶，就能讓你攫住眾人的目光；戴頂滾黑絨邊的帽子，保暖或遮陽都很時尚，甩開單調無型的男裝形象吧！

1 亮麗時尚的男配件 2 這個橘軟皮袋，也太有型了吧！

特色美食

小方格裡的甜美世界

Jean-Paul Hévin 巧克力

MAP P.57／C2　出口步行約5分鐘

DATA

www.jeanpaulhevin.com/fr 📧231 rue Saint-Honoré, 75001, Paris📞+33(0)155353596🕐週一～六10:30～19:00🚫週日、國定假日💲一盒12種口味約€15➡出了地鐵，過到rue de Rivoli的對面，往左前方垂直的rue du 29 Juillet走去，左轉rue Saint-Honoré，總共走約5分鐘

　　同時在國外與法國都受歡迎的巧克力師——Jean Paul Hévin，他在巧克力專業學校畢業後，跟隨過如侯布雄(Jöel Robouchon)等法國名廚，之後更在日本擔任好幾年的巧克力師傅；26歲時，他得到世界巧克力冠軍，3年後更一舉奪下法國頂級手藝家獎(Meilleur ouvrier de France)，這個象徵法國工藝的最高榮譽，讓他後來在巴黎、東京、台灣、上海的展店如虎添翼。

　　聖奧諾黑的店裡有一面牆，用金色馬賽克裝飾，就好像是成排的巧克力。在維持19度定溫的展示櫃裡，各有各種口味以及結合蛋糕的花式巧克力，適合當伴手禮，也可以自個兒享用。

1 店裡也有販售甜點和馬卡龍 2 店面在中庭內，寧靜清幽 3 經典方格巧克力

1號線

巴黎文化寶藏的核心

羅浮宮站
Palais Royal-Musée du Louvre

Champs-Élysées-Clémenceau 香榭麗舍站
Ⓜ 13

Concorde 協和廣場站
Ⓜ 8 12

Tuileries 杜樂麗站

Palais Royal-Musée du Louvrele 羅浮宮站
Ⓜ 7

Louvre-Rivoli 羅浮宮-里佛利站

Châtelet 夏特雷站
Ⓜ 4 7 11
14
RER Ⓐ Ⓑ Ⓓ
CDG Orly

Hôtel de Ville 市政府站
Ⓜ 11

← La Défense

Château de Vincennes →

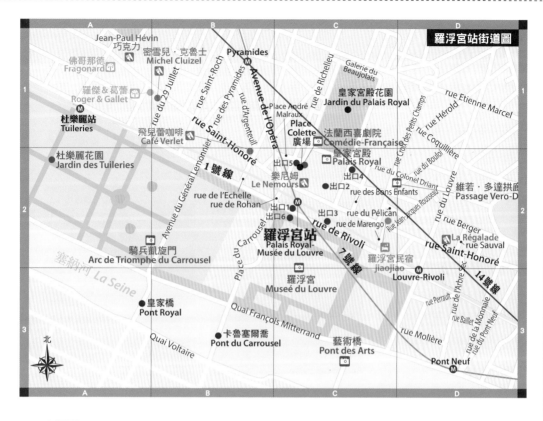

羅浮宮站街道圖

Jean-Paul Hévin 巧克力
密雪兒‧克魯士 Michel Cluizel
佛哥那德 Fragonard
羅傑＆葛蕾 Roger & Gallet
杜樂麗站 Tuileries
杜樂麗花園 Jardin des Tuileries
Pyramides
rue Saint-Roch
rue du 29 Juillet
Avenue de l'Opéra
rue des Pyramides
rue d'Argenteuil
rue Saint-Honoré
飛兒蕾咖啡 Café Verlet
Place André Malraux
Place Colette 廣場
法蘭西喜劇院 Comédie-Française
皇家宮殿 Palais Royal
1號線
rue de l'Echelle
rue de Rohan
Avenue du Général Lemonnier
樂尼姆 Le Nemours
出口5
出口4
出口2
出口1
出口3
出口6
rue de Richelieu
Galerie du Beaujolais
皇家宮殿花園 Jardin du Palais Royal
rue Etienne Marcel
rue Hérold
rue du Colonel Driant
維若‧多達拱廊 Passage Vero-D
rue des Bons Enfants
rue du Pélican
rue de Marengo
Rue Jean-Jacques Rousseau
rue Berger
La Régalade
rue Sauval
羅浮宮站 Palais Royal-Musée du Louvre
騎兵凱旋門 Arc de Triomphe du Carrousel
塞納河 La Seine
Place du Carrousel
7號線
rue de Rivoli
rue Saint-Honoré
羅浮宮民宿 jiaojiao
Louvre-Rivoli
14號線
皇家橋 Pont Royal
卡魯塞爾喬 Pont du Carrousel
羅浮宮 Musée du Louvre
Quai François Mitterrand
藝術橋 Pont des Arts
rue Molière
rue Perrault
rue de l'Arbre Sec
rue Baillet
rue de la Monnaie
rue du Pont Neuf
Pont Neuf
Quai Voltaire
北

這一站可以參觀羅浮宮、皇家宮殿、法蘭西戲劇院、巴黎精品始祖街──聖奧諾黑街；這裡是法國文化的精髓和奢侈品的聚集地。不過也因為羅浮宮這個高指標性的景點，讓此區地段變得相當昂貴。在羅浮宮旁，長達3公里一直延伸到協和廣場的里佛利街(Rue de Rivoli)，店家性質以紀念品、藝術品古董畫廊為主，穿插著一些高檔飯店。這裡逛街非常有巴黎古典風情，但如果要購物或用餐，則建議到與里佛利街平行的另一條街聖奧諾黑街。

巴黎達人 *Paris* 3大推薦地

遊客必訪

羅浮宮

羅浮宮的典藏，跟它入口的招牌金字塔一樣深邃；囊括35,000多件藝術品、古代到現代的人文精華，值得你花時間為它停留。(P.70)

作者最愛

佛哥那德 Fragonard

用€4～32就可以買到各種香氛產品，非常具有巴黎異國風的設計，送禮或自用都非常合適。(P.76)

巴黎人首推

La Régalade

超高CP值的法式餐廳，可點到極少數餐廳會提供的甜點現烤舒芙雷，只有道地的行家才會坐在裡面。(P.77)

遊賞去處

羅浮宮
Musée du Louvre

世界三大博物館，一生必朝聖

MAP P.69／C3
6號出口步行約1分鐘

DATA

louvre.fr rue de Rivoli, 75001, Paris +33 (0)14020 5317 週一、三～日09:00～18:00(17:30清場)，週三、五延長至21:45(21:30清場) 週二、1/1、5/1、12/25 現場購買成人票€15，官網預購成人票€17(可免除排隊時間)。票可當天多次進出羅浮宮永久展區及臨時展覽區；同張票可免費進入Eugène Delacroix博物館。10～3月每月的第一個週日，以及法國國慶7/14，免費進場。18歲以下不分國籍年輕人，及18～25歲居住在歐盟國家的青年，出示有效證明文件，可免費入場 地鐵站 Palais Royal Musée du Louvre。已預先買票者，請從出口6 Carrousel du Louvre出去，直接進入羅浮宮金字塔下方。還未購票者，或者想從金字塔主門進入者，請搭手扶梯上到地面1樓，往拱門右邊走去，半分鐘後就會看到金字塔，在金字塔前依照個別持有票別，排隊入場 3個小時以上 強烈建議訂09:00入場，因為10:00後陸續會有團體遊客入場，若要觀賞熱門作品，只會看到一堆人頭

羅浮宮是世界上最大的博物館之一，總面積有36萬平方公尺，其中72,735平方公尺為展覽館。在1793年成為博物館之前，它曾經長達2個世紀為法國皇室宮殿。16世紀法蘭西斯一世，把羅浮宮修建成華麗的宮殿，從凡爾賽宮搬來大量的藝術品，這時的羅浮宮，曾繁華了好一陣子，後來王室遷移到凡爾塞宮，羅浮宮形同廢墟。一直到1853年，拿破崙三世下令推動「巴黎大改造」，羅浮宮也搭了這個拉皮順風車，呈現出今日大致上的樣貌。

1981年，密特朗總統要進行羅浮宮大改造，因為羅浮宮的建造年代久遠，館內的光線嚴重不足，許多設施如電梯、動線都不夠現代化；當時羅浮宮內部的行政複雜，彼此互不溝通，而密特朗總統還請了一位華裔美籍建築師——貝聿銘(leoh Ming Pei)，為羅浮宮重新設計入口，引起各界強烈的反彈，當時有90%巴黎人不贊成；不過，最後在密特朗強力的主導下，貝聿銘的玻璃金字塔還是被接受了。今天，它的藝術價值值館內《蒙娜麗莎》、《米洛島的維納斯》幾乎是同等地位。

由603片菱形、70片三角形玻璃所組成的金字塔，是羅浮宮的主要入口；館內共有0樓、1樓以及2樓三個地面層，地下則有地下1樓和地下2樓，分成德農(Denon)，黎塞留(Richelieu)，敘利(Sully)三大館樓。收藏有東方、埃及、希臘、伊斯蘭、羅馬、伊特魯立亞等古文物。

1 大金字塔是羅浮宮的主要入口匯集點，從地鐵出口進入的人，也會先到達金字塔下方

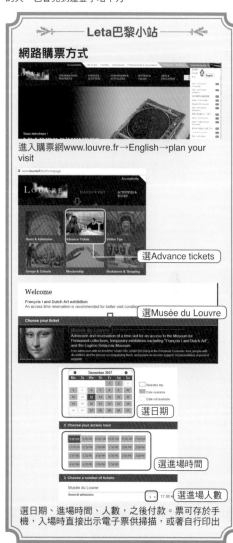

Leta巴黎小站

網路購票方式

進入購票網www.louvre.fr→English→plan your visit

選Advance tickets

Welcome
François I and Dutch Art exhibition
An access time reservation is recommended for better visit conditions

選Musée du Louvre

Choose your ticket

Musée du Louvre
Admission and reservation of a time slot for an access to the Museum for Permanent collections, temporary exhibitions excluding "François I and Dutch Art", and the Eugène Delacroix Museum

選日期

選進場時間

選進場人數

選日期、進場時間、人數，之後付款。票可存於手機，入場時直接出示電子票供掃描，或著自行印出

一進到羅浮宮，就是進到地下2樓，位於金字塔的下方。這裡設有接待廳、資訊櫃檯、置物櫃、餐廳等。典藏則分布在其他4層。黎塞留館的屋頂，由大量的玻璃組成，非常明亮，在館外沒買票也看得到裡面的展品。羅浮宮0樓、地下1、2樓全部都用來展示法國雕塑品，館內人潮較為稀散，讓人可以遠離集中在義大利繪畫館的團客，放緩腳步，慢慢欣賞。

羅浮宮因為曾經是法國皇室宮殿，所以天花板的皇室壁畫及雕塑，不時穿插在長廊之間。想參觀當年拿破崙三世的皇室寢宮，可以走到黎塞留館的1樓，這裡完整保留了法國皇室華麗的風貌。

館內有許多咖啡店、麵包店以及餐廳，可以在館內的用餐處用餐。門票是可以一天多次進出，所以也可以自由至館外用餐。其中Le Café Marly咖啡館，位在黎塞留館外側長廊上，坐在這兒可以看到廣場上的金字塔和水池，餐點的品質也很不錯，可列入考慮。

1 到了金字塔下方，這裡有免費自設密碼的寄物櫃，別忘了把大衣、帽子等都寄放在此，好輕鬆的逛館 **2** 在地鐵出口，進到羅浮宮的地下2樓有很多紀念品店 **3** 可快速用餐的麵包店 **4** 位在地鐵和館內出入口，有個小的倒掛金字塔，電影《達文西密碼》(The Da Vinci Code) 裡傳說的聖杯，就藏在這裡，吸引許多觀光客來和它合照 **5** 黎塞留館的雕像，大都是白色石材，空間高度都很闊氣

羅浮宮熱門典藏參觀路線

　　進入羅浮宮參觀，因為館內非常大，上下樓梯又多，最好事先規畫好路線。羅浮宮裡有3件最熱門的典藏作品，分別是《薩默特拉斯勝利女神》、《蒙娜麗莎》、《米洛島的維納斯》；因為它們的藝術價值連城，吸引了全世界的目光。參觀這三寶的路線，建議依下面幾個步驟逐一欣賞。

1 一進到羅浮宮金字塔下方，先到諮詢櫃檯拿羅浮宮平面圖(有中文版)；由於館內時常有維修或展品出借的情況，所以最好在現場拿最新的資訊。

Peintures italiennes

La Joconde (Monna Lisa)

順著這個指標，一路可以看到其他重要作品

金壁輝煌的雕塑和令人嘆為觀止的壁畫

2

《薩默特拉斯勝利女神》

(La Victoire de Samothrace，約公元前190年)

　　請先前往德農館，往上層樓梯去，順著《蒙娜麗莎》指標走，之後你就會在1樓樓梯正中間看到它。

　　這座雕像在1863年的薩默特拉斯被找到，學者認為應該是由羅迪安人雕刻。主要在描繪勝利女神，昂首站在船頭，宣布戰爭勝利。

《薩默特拉斯勝利女神》屬於敘利館古希臘文物的作品，但擺放位置，剛好在敘利館和德農館的中間樓梯。從樓梯往上看去，很有氣勢

在進入到《蒙娜麗莎》展畫室前，會經過的義大利繪畫館，可以坐在椅子上靜靜地欣賞作品

3 《蒙娜麗莎》

(La Joconde Monna Lisa，約1503～1519年)

《蒙娜麗莎》畫很小，前面總是有一堆人。最好一入館就先來看

看完上面的雕像，一樣順著《蒙娜麗莎》的指標，再往上一層，經過義大利繪畫作品展示長廊，就會進入這幅畫的主要展示區。

《蒙娜麗莎》是文藝復興時期，義大利天才畫家李奧納多·達文西(Leonardo da Vinci)的曠世名畫，他首創「暈塗法」來畫這幅畫，讓世人產生「錯視」。集藝術家、科學家、發明家一身的達文西，抱持獨身主義，當年他來到法國擔任皇室的顧問時，身邊唯一帶的就是這幅《蒙娜麗莎》，可見他也將此幅畫視為個人藝術上的最大成就。

這幅畫在1911年離奇失竊，更是將此畫的價值推上了最高峰。羅浮宮視之為鎮館之寶，參觀的人群與畫永遠須保持一段安全距離。

《蒙娜麗莎》被視為宮裡的鎮寶之物，參觀的人群與畫永遠隔著一段安全距離

《蒙娜麗莎》離奇失竊找回後，在這面強化玻璃牆裡；擁有自己獨立逃生門，左右隨時有4位保鑣

4 《米洛島的維納斯》

(Vénus de Milo，約公元前100年)

之後再下到0層，來到敘利館的古希臘文物區。就會看到這個兩手斷臂的維納斯雕像。

1820年，它從米洛島被挖掘出土時，作品本身已殘缺。雕像的臉與鼻子的比例是3：1，也就是人們常說「希臘式輪廓」的完美比例。

《米洛島的維納斯》為大理石雕，高204公分

黎塞留館的雕像，常吸引美術老師帶孩子來這素描

遊賞去處

連接羅浮宮和法蘭西學院的浪漫行人橋
藝術橋
Pont des Arts

MAP P.69／C3
6號出口步行
約9分鐘

DATA

✉Pont des Arts⊙自羅浮宮沿河畔Quai François Mitterrand往東步行約5分鐘即到

這是一座由金屬和木頭搭建成的橋，和塞納河上其他用石材搭建的橋非常不同。它也是少數塞納河上僅限行人通行的橋；它還有另一個稱呼是「鎖橋」。因為橋上的浪漫氣氛，讓許多世界各國的情侶們，喜歡在這裡掛上鎖頭，來見證彼此的愛情；經年累月下，橋上累積了近100多萬顆的鎖。但橋的結構，無法承受這麼多額外的重量。2015年，巴黎市政府終於決定拆下這些總重45噸的鎖，在橋面上裝上了玻璃，防止人再掛鎖上去。

1 從河岸看藝術橋 (圖片提供／Paris tourist office, Photographe：Jacques Lebar) **2** 橋的一邊緊連著法蘭西學院(Institut de France) (圖片提供／Paris tourist office, Photographe：Stéphane Querbes)

遊賞去處

音樂、戲劇隨時上演
法蘭西喜劇院
Comédie- Française

MAP P.69／C2
5號出口步行
1分鐘

DATA

🌐comedie-francaise.fr✉1 Place Colette, 75001, Paris☎+33(8)251 01680⊙幾乎天天都有表演，表演節目及購票，請上官網查詢⊙從羅浮宮站5號出口出來，就是Place Colette廣場，法蘭西喜劇院就在此

　　它是全法國唯一一間擁有私人劇團的國家級劇院，由路易十四世創立於1680年。當年出身商人家庭的戲劇大師莫里哀(Molière)，深受路易十四等皇室貴族喜愛；雖然在莫里哀死後7年，劇團才成立，但莫里哀始終被認定為隱藏版的老闆。莫里哀有「法國莎士比亞」之稱，是個寫作、演出、導演俱佳的天才。

　　劇院位在Place Colette廣場，這裡常有街頭表演；廣場上唯一一間咖啡廳──Le Nemour 在劇院旁，由藝術家Jean-Michel Othoniel用慕拉諾彩色玻璃和圓形鋁球打造地鐵出口，和一旁復古風的書報攤，如同對比鮮明的舞台布景。坐在Le Nemour的咖啡座，欣賞表演，是巴黎人最愛做的事之一。

1 一進法蘭西喜劇院，就可以看到莫里哀的雕像 **2** 法蘭西喜劇院外面的Place Colette廣場上，常有免費的現場表演

王宮貴族的小花園

皇家宮殿
Palais Royal

MAP P.69／C2
5號出口
步行約1分鐘

✉domaine-palais-royal.fr ⊠8 rue de Montpensier, 75001, Paris☎+33(0)147039216◷07:00～23:00➡從羅浮宮站出口5出來往後轉，皇家宮殿入口就在法蘭西喜劇院和Le Nemours咖啡館之間

　　皇家宮殿原先是法國皇室宰相黎塞留(Richelieu)的住所，他死後將此地獻給法國路易皇室，所以以長久以來是皇室宮殿的住所；一直到奧爾良家族接手後，才把此處打造為繁華的商業中心。到了19世紀，這裡又回歸國有，現在為法國文化機構入駐，四周的長廊多為古董級商店。廣場上還有藝術家丹尼爾‧布罕(Daniel Buren)於1986年在此設置的260個黑白條紋藝術裝置。

宮殿四周的長廊，透露著古典貴族氣息

輕奢的巴黎香氛旅行

佛哥那德
Fragonard

MAP P.69／A1
5號出口步行約5分鐘

🌐ragonard.com/fr⊠207 rue Saint Honoré, 75001, Paris☎+33(1)47030707◷週一～六10:30～19:30✖週日➡從羅浮宮站5號出口出來，往聖奧諾黑街rue Saint Honoré的西半段約走5分鐘到

　　聖奧諾黑街(Rue Saint Honoré)上滿是精品，店家的商品都不便宜；而Fragonard的價格可以輕鬆入手，以及年輕的禮盒包裝設計，是間好逛又好買的店家。Fragonard來自南法香水重鎮葛拉斯(Grasse)，擁有香水、服裝、繪畫三大工作室。店裡的香氛種類大約有50幾種，有許多來自南法的香草，例如含羞草(Mimosa)香水，立刻就能讓人想到溫暖的南法。

　　品牌以輕奢手繪風、潮族喜愛的小配件，並且以店裡員工為模特兒等親民形象，在昂貴香水品牌中，樹立出自己獨特的風格。佛哥那德家族在歌劇院區，還設有香水博物館——Musée du parfum Fragonard，每年有超過100萬的訪客，可免費參觀。

1佛哥那德的圍巾是自家織品繪畫工作室出產，抓住法國人熱愛手繪風格，也同樣展現在餐盤、靠墊、包包、服裝等產品上 **2**香水、居家香氛、香皂，超過50多種的香氣，任你選擇**3**以植物、手繪亮麗的禮盒風，佛哥那德大大贏得愛送禮的巴黎人心**4**一盒共4款香皂，手繪4個巴黎知名景點

歐洲皇室貴族最愛

羅傑&葛蕾
Roger & Gallet

DATA

MAP P.69／A1

5號出口步行約4分鐘

🌐roger-gallet.com/fr-fr✉195 rue Saint Honoré, 75001, Paris
📞+33(1)42601068🕐週一～六10:30～19:30🈺週日➡從羅浮宮站
5號出口出來，往聖奧諾黑街的西半段走，約4分鐘到

　　一走進羅傑&葛蕾這個金色鏤空花雕門面，就可以感受到它華麗的貴族氣息。1862年，亞曼‧羅傑(Armand Roger)和查理‧葛蕾(Charles Gallet)一起創建這個牌子，讓拿破崙也成為它的忠實粉絲，可算是最佳代言人。

　　產品系列從香水皂、沐浴露、身體乳液、護手霜到香水，非常齊全。一般在法國的藥妝店就可找到它的產品，不過這間專賣店，有它獨特的夢幻氛圍，值得逛逛。

1 鏤雕的金色花葉門，宛如皇宮般的門面 **2** 全系列的香水試噴瓶

€39法式全套超值午餐

La Régalade

DATA

MAP P.69／D2

3號出口步行約6分鐘

🌐www.laregalade.paris✉106 rue Saint Honoré, 75001,
Paris📞+33(1)42219240🕐午餐12:15～14:30，晚餐19:00
～23:00💲全套式午餐€39～55➡從地鐵3號出口出來，往rue
Saint Honoré的東半段走約6分鐘⏰最好兩週前訂位，除了電
話預約，網路預約也相當方便

　　在這個地價貴森森的地段，要找到一間物超所質，又具有法式優雅環境的餐廳，實在不易。La Régalard的主廚布農‧度榭(Bruno Ducet)在此開業前，已經在巴黎14區的餐廳執業許久，自從在聖奧諾黑街開了這間餐廳，立刻成為此區巴黎上班族的最愛。中午沒訂位的話，很難會有空位！

　　餐廳以舒芙蕾(Souffle)聞名，特別推薦約€39起跳的全套式午餐：包含前菜、主菜、甜點，每一道都很美味。在同地段要找到相同品質的餐廳，全套餐大約要€55以上，在巴黎可以以這種價位享有這樣的服務，真是難能可貴。

1 烤鴨片炒野菇(Magret de ca-
nard，Poêlée champignon)**2**
當我點的最後一道甜點舒芙蕾上
桌時，立刻吸引來左右兩旁的羨
慕眼光 **3** 主菜煎魚以鑄鐵鍋上
桌 **4** 後面的大長桌區，可看到
開放式的餐廳廚房正在做準備

特色美食

坐在這裡，像回到上個世紀

樂尼姆

DATA Le Nemours

MAP P.69／C2
5號出口步行約1分鐘

lenemours.paris 2 place colette, 75001, Paris +33(1)42613414 平日 07:00～00:00、週六08:00～00:00、週日09:00～21:00 肉醬乳酪三明治約€4.9，半熟的鵝肝半熟配烤土司約€22 從地鐵5號出口出來，就是Place Colette廣場，Le Nemours就在廣場上

跟法蘭西喜劇院(Comédie-Française)同在口樂特廣場(Place Colette)上，他們家的露天咖啡座，是欣賞街頭表演最好的地方。夏天座無虛席，冬天有室外暖爐，室內座位區也有大片的窗戶，可看到廣場。點杯咖啡、雞尾酒或小餐點，就可在此免費欣賞一場隨興的表演！這種有置身在古典建築環境，又可以坐在露天咖啡座上欣賞表演的咖啡廳，是巴黎人最喜愛的咖啡廳！

服務生白衣黑背心的專業穿著，非常有巴黎氣氛

特色美食

征服巴黎人味蕾的諾曼地巧克力師

密雪兒．克魯士

DATA Michel Cluizel

MAP P.69／B1
5號出口步行約5分鐘

cluizel.com 201 rue Saint Honoré, 75001 Paris +33(1)42441166 週一～六10:00～19:00 休 週日 €3～137 從地鐵站下車，從5號出口出來，往rue Saint Honoré的西半段走，約5分鐘即到

密雪兒．克魯士(Michel Cluizel)在年紀輕輕的時候，就從家族繼承了製作巧克力的手藝；他從1948年開始，長期供應許多店家巧克力，但他在1984年自創品牌後，大家才見到這位巧克力大師的廬山真面目；2004年，密雪兒在美國開了分公司，從此將品牌推向國際，至今全世界有6,000多個銷售點。密雪兒得過許多巧克力界的獎項，2011年，他們的巧克力得到英國巧克力學院(Academy of Chocolate Awards)的金牌獎。

傳統製法的胡桃糖巧克力醬(pâte tartiner praliné)及巧克力片，是店裡超人氣產品。如果你提著Michel Cluizel的袋子從它的門市走出來，會比提個精品包，讓巴黎人更認同你。

1 密雪兒．克魯士門面 2 250克含胡桃糖89%的巧克力醬，約€11.5 3 告訴服務員，大約要買幾顆，然後單顆挑選

特色美食　上百年超優質咖啡廳

飛兒蕾咖啡

DATA Café Verlet

🌐verlet.fr ✉256 rue Saint Honoré,75001, Paris ☎+33(1)42606739
🕐週一～六09:30～18:00(最後點餐17:30) 休週日 💲€3～15 ➡從地鐵5號出口出來，往rue Saint Honoré的西半段走3分鐘

　　這間傳承4代的咖啡廳，是在巴黎難得咖啡品質好、種類又多的一間，這裡還有供應簡單的午餐。它們有30多種經典莊園咖啡豆和100多種茶飲。第4代經營的老闆──艾瑞克‧度索(Eric Duchossoy)在世界各地尋找優質、有特色的咖啡豆已經20多年，店裡所有的咖啡都是自行烘培。客人在有點像古老中藥店的櫃檯前，採買外帶咖啡包或茶包。

　　走進1880年就在這裡開業的飛兒蕾咖啡，就像穿梭回到19世紀末，隱約感受到當年商人們來此談生意的活絡氣氛；桌椅、吊燈散發著古典但不浮誇的平實感。當我點的卡布奇諾來時，盛裝的咖啡杯，一看就知道不同於一般，果然，店內的咖啡杯，是請法國藝術家馬克‧帕辛尼(Marc J. Pasini)設計的，盤底有他的簽名。

　　上百年的咖啡優質店提拔出色工藝的藝術家，是我最敬重的店家，讓我出了咖啡店門，還真想拿起帽子跟飛兒蕾咖啡致意鞠躬呢！

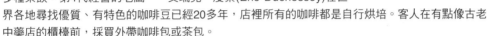

1 古典樸實設計風的咖啡杯，一杯€5的卡布奇諾，比起連鎖咖啡廳，這裡的消費，多了一份時光保存的美好 **2** 2樓還有很多位子，別忘了上樓，可以俯瞰聖奧諾黑街的行人及街景 **3** 結帳、外賣、蛋糕櫃都在店內的木頭櫃檯上，不知為什麼，感覺跟中醫藥鋪的櫃檯有點神似 **4** 樸實的店面，夾在各大精品的店面中，只有巴黎當地的行家，才知道這裡

1號線

巴黎文化龍頭

市政府站
Hôtel de Ville

Palais Royal-Musée du Louvre 羅浮宮站

Louvre-Rivoli 羅浮宮-里佛利站

Châtelet 夏特雷站

Hôtel de Ville 市政府站

Saint-Paul 聖保羅站

Bastille 巴士底站

Gare de Lyon 里昂火車站

Ⓜ 7 　　Ⓜ 4 7 11 　Ⓜ 11 　　Ⓜ 5 8 　Ⓜ 14

14

RER Ⓐ Ⓑ Ⓓ 　　　　　　　　　RER Ⓐ Ⓓ

CDG Orly

◀— La Défense 　　　　　　　　　Château de Vincennes —▶

市政府站街道圖

這裡是巴黎市的行政中心，面對著市政府的正門，往左過去接Rue du Temple走去，可以看到許多大批發的服飾店、咖啡餐廳，距離龐畢度美術館也很近；往地鐵聖保羅站方向走，會經過瑪黑區，有許多設計師小店。

市政府除了有行政功能，更多時候它肩負著巴黎文化活動的蓬勃發展，如創始的「巴黎海灘」(Paris Plage)活動，已經有10幾年的時間，每年7、8月，從外省運來幾百噸的沙子，鋪在塞納河岸，放上陽傘，讓巴黎人及世界各地的遊客，免費享受海灘上的活動。

巴黎達人 *Paris*
3大推薦地

遊客必訪

市政府廣場

　　美麗古典的建築外觀，竟然是巴黎市政府公務人員的辦公室。這裡經常舉辦文化活動，讓人很難想像它是市政府。(P.82)

作者最愛

BHV

　　想知道巴黎人最愛去哪家百貨公司嗎？來BHV就對了，除了時尚品牌外，還有一層販售居家零件，以及美術用品的樓層。(P.85)

巴黎人首推

瑪黑兄弟

　　如果想體驗經典的法國午茶空間、喝到品質優異的花茶，這間擁有溫柔服務生的茶館，你絕不能錯過。(P.84)

遊賞去處 | 巴黎市政府總管

市政府廣場
Place de l'Hôtel de Ville

DATA

MAP P.81／B2
5號出口
出站即達

🌐www.parisinfo.com/musee-monument-paris/71544/Hotel-de-Ville-de-Paris 📍Place de l'Hôtel de Ville, 75004, Paris ➡從地鐵5號出口出來就到

　　巴黎市有20個區，每個區都有一個市政府，而這個景點則是總管整個巴黎市政府的總部。自1357年這裡就是巴黎市政府所在，中間經過許多次翻修，才是今天看到的新巴洛克風格。裡面有與凡爾賽宮相似的大廳，只有在世界文化遺產日才開放參觀；像電影場景般的大眾圖書館，平日開放參觀。

　　巴黎市政府總管前的大廣場，總有許多活動。每年7、8月，巴黎市政府帶頭當孩子王，主導夏日沙灘足球活動；冬天有夢幻的旋轉馬車進駐在此，還有露天溜冰場可供嬉戲。和古典華麗的BHV百貨為臨，另一邊過了馬路就是塞納河。

1 冬季常有夢幻旋轉木馬在廣場上供民眾搭乘 **2** 廣場上總有許多人在這兒做活動

散步巴黎的精華

四座橋

遊賞去處

DATA

MAP P.81／A3

阿口爾橋Pont d'Arcole：5號出口步行約2分鐘；飛利浦橋Pont Louis Philippe：5號出口步行約7分鐘；諾特丹橋Pont Notre-Dame：5號出口步行約7分鐘；交換橋Pont au Change：5號出口步行約12分鐘

🌐馬窟內定船酒吧peniche-marcounet.fr ✉阿口爾橋：Pont d'Arcole,75004,Paris；路易·飛利浦橋：Pont Louis Philippe, 75004, Paris；諾特丹橋：Pont Notre-Dame, 75004, Paris；交換橋：Pont au Change, 75001, Paris ➡從地鐵5號出口出來，往塞納河方向直走2分鐘，到阿口爾橋；往阿口爾橋左邊方向再走5分鐘到路易·飛利浦橋；往阿口爾橋右邊方向，走5分鐘到諾特丹橋；往諾特丹橋右邊再走約5分鐘到交換橋

從市政府的河岸有4座橋可到西堤島和聖路易島，分別是路易·飛利浦橋(Pont Louis Philippe)、阿口爾橋(Pont d'Arcole)、諾特丹橋(Pont Notre-Dame)、交換橋(Pont au Change)。橋上可眺望西堤島上的聖母院、巴黎商業法庭和巴黎古監獄，橋上也會有街頭音樂家在此表演，陪伴著欣賞夕陽的遊客。

橋下整頓長達3.3公里的河岸公園，全區皆是徒步區禁止車輛通行，沿途有許多綠地，是每年夏天舉辦巴黎海灘季的重要據點。夏天河邊會有很多定船酒吧(Péniche)營業，提供酒類、軟性飲料和輕食，營業時間大多為10:00～01:00左右，是塞納河畔的一大特色，也是體驗巴黎生活的最佳地點；其中，我要特別推薦馬窟內定船酒吧(Pénich Marcounet)，它的風格和此區很契合，對岸就可看到聖母院大教堂，夏日夜晚來散步，特別舒服。

1858年建的交換橋，由拿破崙三世下令建造，橋身兩側可看到有大大的N字母。如果你在右岸夏特雷(Châtelet)一帶要到左岸，可以穿過交換橋，經過西堤島，再穿過聖米歇爾橋(Pont Saint-Michel)到達左岸的聖米歇爾廣場；如果是在市政府這一帶，可以走諾特丹橋、阿口爾橋，穿過西堤島，再接卡迪娜·露絲提橋(Petit Pont Cardinal Lustiger)或雙倍橋(Pont au Double)，到達左岸。

1路易·飛利浦橋(圖片提供／Paris tourist office, Photographe：Marc Bertrand) **2**交換橋上明顯的N字母(圖片提供／Paris tourist office, Photographe：David Lefrance)

在貴族的城堡中翩翩起舞

瑪黑舞蹈中心
Centre de danse du marais

 MAP P.81／C1
1號出口步行
約6分鐘

DATA

http centrededansedumarais.fr ✉41 rue du Temple, 75004, Paris ☎+33(0)142775819 🕐平日09:00～21:00、週六09:00～20:00、週日09:00～19:00 💲中庭免費參觀；舞蹈試跳票€75，任選5種不同種舞蹈試跳，可自選不同日期。要先繳付€12的註冊費，有效期限為1年 ➡從地鐵1號出口出來，過馬路到對面的rue du Temples，直走約6分鐘到

瑪黑舞蹈中心敞開的大門裡，露出古典城堡般的美麗建築，和各種熱鬧的音樂氣氛。這裡原來是17世紀貴族的私人別墅城堡，50年前變成一個舞蹈、音樂和戲劇中心。最棒的是這裡有販售試跳票，可以從34種舞蹈中，任選5種不同種舞蹈試跳。這裡有120位舞蹈老師，非洲舞、莎莎、佛朗明哥、探戈、森巴、街舞、中東舞、印度舞等舞蹈可選擇。

大門隨時敞開，進去中庭後有間小戲院Café de la Gare，以及一間平價的咖啡餐廳，周圍則是各個舞蹈教室；不跳舞的朋友，也建議進來中庭走走，或在咖啡廳喝杯咖啡，享受飄出的音樂和1樓佛朗明哥練舞的歡樂氣氛。

1 城堡式的入口 **2** 入口處的課程表演介紹 **3** 餐廳

法國百年經典茶

瑪黑兄弟
Mariage Frères

MAP P.81／C2
6號出口步行
約5分鐘

DATA

http mariagefreres.com/FR/accueil.html ✉30-32 rue du Bourg Ti-bourg, 75004 Paris ☎+33(0)144541854 🕐週一～六10:00～19:30 🈔週日 💲茶飲約€8，禮盒約€14～22 ➡從6號出口出來，沿著rue de Rivoli一直走到rue du Bourg Tibourg，左轉走約2分鐘就到

瑪黑兄弟是一間法國百年經典茶業品牌，它是由Henri Mariage和Edouard Marage兩位兄弟在1854年創立，起初是很一間很大的茶葉貿易商，時至今日販售的茶種多達600多種，也銷售多達36個國家。

直走進去是下午茶區，小而古典，蛋糕放在一個透明玻璃罩的櫃子上，如果在這裡用餐，可以等點好茶後，悠閒的在蛋糕櫃前慢慢挑選。建議避開週末，人多要排隊。2樓有個茶博物館，展示用來做茶的百年器具、茶壺和茶杯，還有19世紀時與中國清朝交易茶葉的文件。

1 法日混搭抹茶蛋糕 **2** 櫃檯後方就是一桶桶不同的茶葉

購物血拼

巴黎人的百貨公司

BHV

DATA

http bhv.fr ✉52 rue de Rivoli, 75004, Paris ☎+33(0)9774 01400
🕐週一～六09:30～20:00、週日11:00～19:30 ➡從地鐵1號出口出
來，過馬路到對面就到

　　這座1856年就出現在市政府旁邊的百貨公司，是繼便宜百貨
(Le Bon Marche)，在巴黎第二個出現的百貨公司。馮沙‧夏別
(François-Xaviel Ruel)和他太太，原本只是在條街上販賣針織品
的小販，有生意頭腦的他，很快就推出更多種類的商品，除了服
裝，還有五金等生活用品。1866年，馮沙在所有商品附上價錢標
籤，一律不二價，價格卻符合中低階級的消費能力，此舉在當時巴黎的百貨公司圈裡是個創舉。

　　20世紀初，BHV經歷了長達21個月的翻新，成了今天看到的樣貌——新古典主義的主建築，配
上新藝術風格的圓頂，讓它吸引更多遊客來此欣賞美麗的建築；今天在BHV仍然能看到它舊有販售
生活用品的樣貌：地下1樓全部是五金、家居修補的零件；2樓販售文具、美術用品，時常舉辦手作課
程；其他樓層仍不乏品牌服飾、皮包、餐廳等商品。

1時尚的文具、美術用品樓層 23家居、櫥具各一層 4BHV後方還有另一棟男生館，中庭有半露天美食區5多家流行
品牌服飾 6BHV後方

1號線

巴黎蘇活區，新銳設計師最密集的地方

聖保羅站
Saint-Paul

Louvre-Rivoli 羅浮宮-里佛利站　Châtelet 夏特雷站　Hôtel de Ville 市政府站　**Saint-Paul 聖保羅站**　Bastille 巴士底站　Gare de Lyon 里昂火車站　Reuilly-Diderot 荷衣-迪蝶合站

Ⓜ ④ ⑦ ⑪ ⑭　Ⓜ ⑪　　Ⓜ ⑤ ⑧　Ⓜ ⑭ RER Ⓐ Ⓓ　Ⓜ ⑧

RER Ⓐ Ⓑ Ⓓ
CDG Orly

← La Défense　　　　　　　　　　　　　Château de Vincennes →

1 號線

rue Rambuteau
rue des Archives
rue St-Claude
畢卡索博物館
Musée National Picasso
rue de Thorigny
Zadig & Voltaire
JAIM PUECH
rue du Temple
rue des Blancs-Manteaux
rue des Francs Bourgeois
rue Barbette
rue du Marché des Blancs Manteaux
rue des Hospitalières Saint-Gervais
rue du Parc Royal
rue de Turenne
rue Saint-Gilles
rue des Archives
rue Elzevir
猶太社區
瑪黑區特色街
rue de la Verrerie
L'as du Fallafel
rue Payenne
rue des Minimes
BHV
rue Vieille du Temples
Sacha Finkelsztajn
rue des Rosiers
卡納瓦雷博物館
Musée Carnavalet
rue de Sévigné
rue du Foin
1 號線
rue de Rivoli
rue des Écouffes
rue Ferdinand Duval
rue Pavée
Ekyog
皇后的後花園
Le Pavillon de la Reine
rue de Béarn
rue du Roi de Sicile
rue François Miron
rue de Tiron
rue Malher
Carette
Place des Vouges
7 號線
14 號線
rue des Nonnains d'Hyères
聖保羅站
Saint-Paul
黛瑪兄弟茶
Dammann Frères
浮日廣場
Place des Vouges
rue du Marché des Blancs Manteaux
rue du Prévot
聖保羅村
Village Saint-Paul
旭麗官邸
Hôtel de Sully
雨果故居
Maison de Victor Hugo
茱立安的家
Chez Julien
rue Geoffroy l'Asnier
rue Charlemagne
Passage Charlemagne
rue St-Paul
rue Saint Antoine
rue de Birague

北

1 號線地鐵上，從聖保羅站到市政府站，這裡稱為瑪黑區。瑪黑的法文Marais是沼澤地的意思，所以這裡無法進行大規模的建築改造，也因為如此，保留了古老的矮房舍。

這裡有許多新銳設計師的店面，類似美國的蘇活區(SoHo)，而且有不少品牌成功發展到國際市場，使得原先不是在此發跡的高階品牌服飾，也爭相進駐此區。

這裡是同性戀朋友相當活躍的地方，有許多同性戀的咖啡、酒吧；還有猶太社區，小小的區域，文化多源，是瑪黑區創意不絕的重要動能。

巴黎達人 *Paris*
3大推薦地

遊客必訪

浮日廣場

這個仍然留有往日法國皇室風華的浮日廣場,今日紅磚廊道下,充滿了典雅的下午茶店和藝廊。(P.88)

作者最愛

Ekyog

環保也可以時尚,Ekyog一推出以有機棉料織品的品牌,就大受巴黎人喜愛。(P.92)

巴黎人首推

L'as du Fallafel

瑪黑區裡的猶太社區,L'as du Fallafel的周圍,總有排隊的人潮和拿著吃猶太三明治的人,熱鬧的景象,成了另一種風景。(P.93)

皇族宮殿的遺產下,活力四散

MAP P.87／D3

浮日廣場
Place des Vouges

遊賞去處

出口步行約7分鐘

DATA

✉Place des Vouges ➡從地鐵出口出來,右轉rue de Rivoli,然後左轉rue de Sévigné,再右轉rue des Francs Bourgeois走約4分鐘,就可看到廣場的入口之一 ⏰旭麗官邸開放時間為09:00～19:00 💰免費入場 ❌1/1、5/1、11/1、12/25

浮日廣場在1559年以前是法國皇室的宮殿住所,當時這裡日夜笙華,舉辦各種舞會和比賽;一直到法皇亨利二世(Henri II)過世後,皇室遷移到羅浮宮,這裡才消沉了下來。這個巴黎最古老的皇室宮殿,四周有著美麗的紅磚圓拱廊道,中間則是大片草地綠樹和噴泉。

今天在拱廊下新入駐的是人文咖啡館、活躍的藝廊、皇室私人別墅轉變成的5星級飯店──皇后的閣樓(La Pavillon de la Reine)、米

其林3星餐廳 l'Ambroisie；夏天時，中間的花園草地，則是年輕人和遊客最愛的野餐、曬太陽場所。

1 皇后的閣樓飯店 **2** 浮日廣場迴廊下的雨果咖啡(Café Hugo) **3** 幾世紀前蓋的皇宮，至今風采不減

━━ Leta巴黎小站 ━━

浮日廣場建議散步路線

　　四周拱廊的下方及4個角落，都有出入口。下面建議2條散步路線：

1. 從Ma Bourgogne餐廳旁的出口走出去，可以接上rue des Francs Bourgeois街，一直到rue du Vieille du Temple，可隨意在相鄰的巷弄尋寶，探訪充滿設計師小店的瑪黑區。

2. 從Galaxie des Arts藝廊旁的門，走進旭麗官邸(Hôtel de Sully)，穿過它的花園中庭，來到熱鬧的rue Saint-Antoine，這裡有許多商店和時髦咖啡廳，可在這裡小憩一下；或著再繼續右轉rue Saint-Antoine，左轉進rue Saint-Paul，走到聖保羅村(Le Village Saint-Paul)逛逛(P.90)。

從旭麗官邸出來，左轉rue Saint-Antoine，走約8分鐘可直達，沿途也有很多可逛的商店。

1 Ma Bourgogne餐廳 **2** 拱廊下的出入口 **3** Galaxie des Arts藝廊旁，進出浮日廣場和旭麗官邸大門

遊賞去處

DATA

遺世獨立的小村落

聖保羅村
Village Saint-Paul

MAP P.87／C3
出口步行約3分鐘

🖂rue Charlemagne➡從地鐵出口出來，右轉rue de Rivoli，然後右轉rue Saint-Antoine，再右轉rue Charlemagne

聖保羅村是介於RueSaint-Antoine和塞納河之間的一群建築，巴黎市政府在1979年修復這區，當時有大約80個商家進入此區，自成一座獨立的小天地。這裡的商家大都販賣古董、復古玩意兒，還有許多設計小店和咖啡廳。雖然現在人潮大多往RueSaint-Antoine另一邊的瑪黑區走去，讓這區顯得有點蕭條，但更因為如此，才顯現出村落式的安逸閒散。

━━ Leta巴黎小站 ━━

聖保羅村建議散步路線

入口請由Rue Saint Paul進入，右轉Rue Charlemagne，左手邊看到有中庭入口，都可進去逛。

1 村裡也有中學 **2** 散布著小店的寧靜中庭

遊賞去處

DATA

大文豪

雨果故居
Maison de Victor Hugo

MAP P.87／D3
出口步行約8分鐘

httpmaisonsvictorhugo.paris.fr/fr🖂6 Place des Vosges, 75004, Paris📞+33(0)142721016🕐週二～日10:00～18:00休週一、1/1、5/1、12/25💲參觀雨果故居免費；參觀臨時展€6～8➡從地鐵出口出來，右轉rue de Rivoli，接rue Saint-Antoine，左轉rue de Biragne，走約3分鐘後到浮日廣場，走右邊的圓拱郎道，走到角落就到🕐約30分鐘

這裡在1832～1848年，曾經是法國大文豪維克多‧雨果(Victor Hugo)的住所。他在這裡完成許多重要的文學作品，其中包括最有名的《悲慘世界》(Les Misérable)。第一次進去2樓雨果的故居，還以為是中國古董家具展，這是因為雨果本身很喜愛中國文化，所以當年自家所用的家具都充滿中國風。雨果也是個畫家，故居裡也展示多幅這位才子的畫作。

1 雨果非常喜愛中國式的家居裝飾 **2** 從雨果的窗往外看浮日廣場，《悲慘世界》就是在這裡創作出來的 **3** 房內展示不少西方畫作

多元文化小區

猶太社區、瑪黑區特色街

遊賞去處

MAP P.87／B1、B2、C2

A Rue Ferdinand Dumal：出口步行約2分鐘

DATA

✉rue des Rosiers、rue des Ecouffes、rue Ferdinand Dumal、rue des Hospitalières Saint-Gervais、rue Vielle du Temple、rue des Francs -Bourgeois➡從地鐵出口出來，過到對面馬路，沿著rue Pavée走進去，第一條與它垂直的路，就是rue des Rosiers；左轉rue des Rosiers，直走碰到第一條左邊的巷子是rue Ferdin and Dumal；第二條左邊的巷子是rue des Ecouffes；第三條右邊的巷子是Hospitalières Saint-Gervais；走到底與它垂直的是rue Vielle du Temple；右轉rue Vielle du Temple，走約3分鐘，右邊巷子就是rue des Francs Bourgeois🕐30分鐘

來到瑪黑區，有幾條街是你絕對不能錯過的。設計師小店和猶太區是這裡的兩大特色，下面列出幾條街，散步發掘瑪黑區的魅力吧！

- **猶太社區街**：rue des Rosiers、rue des Ecouffes、rue Ferdinand Dumal、rue des Hospitalières Saint-Gervais。這幾條街充滿猶太人、以色列、黎巴嫩的熟食店、麵包店、書店、猶太教堂以及新潮品牌服飾店。
- **設計師店街**：rue Vielle du Temple、rue des Francs Bourgeois。這裡因為有許多新銳設計師的店面及工作室，使該區以設計而聞名，也使許多高級品牌入駐插旗，讓瑪黑區成為創意時尚的代名詞。每年9月的巴黎時裝週，這裡隨時可補捉到來自世界各地的模特兒身影。

1 各有特色的服飾設計店
2 壞男孩餐廳(Les Mauvais Garçon)，位在瑪黑同性戀區，令人玩味的名字

搖滾、文學、輕柔，穿出能代表你的服飾

Zadig & Voltaire

購物血拼

MAP P.87／B2

出口步行約7分鐘

DATA

🌐zadig-et-voltaire.com/eu/fr✉42 rue des Francs Bourgeois,75003, Paris📞+33(0)144540060🕐11:00～20:00➡從地鐵站出來，過到對面馬路，沿著rue Pavée走進去，第二條與它垂直的路，是rue des Francs Bourgeois，左轉rue des Francs Bourgeois，一直走到與rue Vielle du Temple交接口，店面就在此

Zadig & Voltaire這個品牌，對創始者Thierry Gillier來說，不只代表搖滾流行，更希望把文學的情境也帶入品牌中；伏爾泰(Voltaire)是他最愛的作者，而Zadig則是伏爾泰小說中的主角名字。

品牌服飾以喀什米爾針織毛衣起家，服裝上常可以看到一雙翅膀，代表Zadig&Voltaire搖滾音樂的元素。它的設計路線走的是前衛、低調細緻、一點巴黎女人慵懶的隨興調調。在巴黎大受歡迎後，品牌很快就走向國際。這間位在瑪黑區的創始店，外觀像個小城堡，所在的位置就是瑪黑區的金三角。

1 小城堡般的店面外觀 **2** 天使翅膀大受女性客戶的喜愛

購物血拼 粗曠又華麗精緻的時尚包

JAIM PUECH

DATA

MAP P.87／B1 出口步行約9分鐘

http jamin-puech.com 68 rue Vieille du Temple, 75003, Paris +33(0)148878487 週一～六10:00～19:30，週日11:00～19:30 地鐵出口出來，右轉rue de Rivoli，然後左轉rue malher，再右轉rue Pavée，左轉rue des Francs，找68號

1989年，當伊利莎白(Isabelle Puech)和貝儂(Benoit Jamin)還是設計院的學生時，就幫巴黎歌劇院設計戲服，之後在蔚藍海岸舉行的國際流行大賽獲得首獎後，更進一步在1992年開創了自有品牌JAIM PUECH。

兩個設計師在開店之前曾幫法國奢侈品牌香奈兒(Chanel)、Balmain設計過皮包。伊利莎白小時候，曾經跟父母搭船去北非旅行，這些回憶今日都可以在產品設計中找到痕跡。所以你可以在JAIM PUECH的店面裡，看到華麗的宴會包，也有帶著細緻粗獷的個性包。

1 化妝包 **2** 大量非洲元素的設計款 **3** 黑色包永不退流行

購物血拼 有機棉的時尚

Ekyog

DATA

MAP P.87／C2 出口步行約5分鐘

http ekyog.com 23 rue des Francs Bourgeois, 75003, Paris +33(0)142782260 週日～一11:30～19:30、週二～六10:30～19:30 地鐵出口出來，右轉rue de Rivoli，然後左轉rue de Sévigné，走道與rue des Francs的交接口，店面就在街口三角窗

這個來自法國布列塔尼的品牌，除了用對人體最舒服的有機棉為材質，設計的款式也很時尚，Ekyog一直是我心中經典的永搭款。今天它已擁有多家店面，不過這間在瑪黑區的店面特別不同。它的店面沿用以前舊麵包店的彩陶牆面，店內的彩陶天花板還寫著18世紀的製作年分，這些彩陶牆面裝飾，如今都已列入古蹟，所以來這逛服飾，還可順便看古蹟。

1 舒適的現代哲學穿著 **2** 店面寫Patisserie(法語：麵包店)，但可不是賣麵包的喔

吃過中歐、東歐、俄國的猶太食物嗎？

特色美食

Sacha Finkelsztajn

MAP P.87／B2
出口步行約5分鐘

DATA

🌐laboutiquejaune.fr ✉27, rue des Rosiers, 75004, Paris 📞+33(0)142727891 🕐週三～四10:00～19:00、週五～日10:00～19:30 休週一、二、不定時的節慶日期 💲€4～6 ➡出口出來後左轉rue de Rivolie，然後右轉rue Ferdinand Duval，再左轉rue des Rosiers走約2分鐘就到

自1946年就在這裡開店的Sacha Finkelsztajn，是間父子相傳的猶太熟食甜點店，賣的是猶太熟食、蛋糕及麵包。在瑪黑區的猶太社區裡，這間猶太食物很有特色，老闆的家族來自波蘭，屬於波蘭的猶太裔，販售中歐、東歐、俄國的猶太食物。裡面的服務人員清一色是傳統婦女，很有媽媽的味道。

這裡販售的甜食很多，其中起司蛋糕很受歡迎，大約有5～6種口味可供挑選。店裡有幾張高腳椅座位，可以買猶太熟食或蛋糕坐在這兒小歇一下，做個暫的猶太食旅。

1 店面外觀是可愛的小黃屋 **2** 波菜甜椒包

猶太三明治

特色美食

L'as du Fallafel

MAP P.87／B2
出口步行約4分鐘

DATA

🌐l-as-du-fallafel.zenchef.com ✉(1)32-34,rue des Rosiers, 75004, Paris (2)42, rue des Rosiers, 75004, Paris 📞+33(0)148876360 🕐週日～四11:30～00:00、週五11:30～16:00 休週六 💲€6.5～15 ➡地鐵出口出來後左轉rue de Rivoli，右轉rue Ferdinand Duval，左轉rue Rosier，再走約1分鐘就到

L'as du Fallafel可以說是拜訪瑪黑區必到的小吃店。這間猶太人的三明治店最有名的就是法拉菲(Falafel)，這是用自家烘烤的匹塔麵包(Pita)，包裹著脆酥的鷹嘴豆泥球、沙拉、白醬或辣醬所製成的三明治。

1979年，來自以色列的Isaac和Daisy夫妻，在這條街上開了第一間猶太食品雜貨店，他們製作的法拉菲逐漸變成這個餐廳裡的金雞母。店家每天清晨，會去巴黎郊區批發市場採買新鮮食材，平均一天賣出1,500～3,000個法拉菲。

1 餐廳內的開放廚房 **2** 窗口販賣台上豐富的沙拉配菜 **3** 有名的法拉菲三明治

特色美食

DATA

用親民的價位，也能享受古蹟餐廳風情

茱立安的家
Chez Julien

MAP P.87／A3
出口步行約6分鐘

http chezjulien.paris 1 rue du Pont Louis-Philippe, 75004, Paris +33(0)142783164 平日08:30～23:30、週末09:00～23:30 休5/1、國定假日不定期休 €57～82 地鐵出口出來後左轉rue de Rivoli，再左轉rue du Pont Louis-Philippe，走到最後面一間就是這家餐廳

茱立安的家創始於1780年，牆面及室內的彩陶天花板，都是19世紀麵包店時的裝飾，如今已登記在法國的古蹟名冊下。夏天時，門口左手邊大片的露天座位，是最受客人歡迎的位置，前方可直眺西堤島。

餐廳除了在用餐時間有正式法餐，其他時間也都全天開放，可單點飲料或下午茶，價位也很親民，以這樣的古蹟建築環境來說，算是相當實惠的咖啡廳。2樓還有多人長桌。

1 餐廳外門面登記為古蹟 **2** 可愛小巧的吧檯

特色美食

DATA

甜點沙龍天堂

Carette

MAP P.87／D3
出口步行約8分鐘

http carette-paris.fr 25 Place des Vosges, 75003, Paris +33(0)1488 79407 07:00～23:00 外帶€5.3～7.2、內用€7.7～9.7 從出口出來，右轉rue de Rivoli，然後左轉rue de Turenne，再右轉rue des Francs Bourgeois走約4分鐘走進浮日廣場，走左手邊的拱廊，再走約1分鐘到

如果說瑪黑區裡，要找一間最好吃、最多樣的法式甜點，還可以入座享受店內氛圍的甜點店，那一定非Carette莫屬。這間成立於1927年，裡面販售各式蛋糕及鹹塔，他們還有一口大小的蛋糕，不論獨自一人前去或與友人共享，都可以挑選2～4種口味，不會有一次只能嘗大份甜點的掙扎。

茶具經典，服務又親切，在巴黎一些老牌甜點沙龍店裡實屬難得，這也是為什麼我和甜點師朋友，常喜歡約在Carette喝下午茶的原因。

1 白朗峰蛋糕 **2** 一長排吸引人的甜點 **3** 一進門的蛋糕櫃台

特色美食

百年經典茶

黛瑪兄弟茶
Dammann Frères

DATA

MAP P.87／D3

出口步行約6分鐘

🌐dammann.fr/fr ✉15 Place des Vosges, Paris☎+33(0)144540488🕐平日11:00～19:00，週末10:00～20:00💲100克約€6～16.50➡從出口出來，右轉rue de Rivoli，然後左轉rue de Turenne，再右轉rue des Francs Bourgeois走約4分鐘進入浮日廣場，立刻右轉走進圓拱廊道，再走約半分鐘就到

黛瑪兄弟茶在1692年，獲得法王路易十四(Louis XIV)授權獨家壟斷全法國的茶葉銷售權，不過一直到了2007年，加入了意利集團(Illy)，才開始如火如荼的展開零售品牌市場。目前有200多種單品、混合、無咖啡因等茶種的選擇。包裝上有一般散裝茶葉、小茶包包裝、多樣茶組禮盒包裝，茶壺及泡茶器皿也有很多選擇。

1 整排的聞茶香櫃 **2** 250克的黛瑪兄弟茶包裝 **3** 有機店的花茶
4 庫斯米茶在Monoprix超市可買到 **5** 有美感的茶具配件，讓喝茶有好心情

✦—— Leta巴黎小站 ——✦

巴黎茶品的特色

　　也許你會問，亞洲已經出產這麼多茶，而且法國茶有許多來自亞洲，為什麼還要到法國買茶呢？因為法國的老品牌茶商，通常是世界各地的茶葉貿易商，他們會採購印度、中國、台灣、斯里蘭卡、歐洲等各地的花草茶、北非的國寶茶，然後再調配出上百種不同香氣、方便現代人使用的小茶包，加上美麗會說故事的包裝，實在讓人無法抗拒。

品牌名	店家特色
黛瑪兄弟茶(Dammann Frères)	茶種類多，店面大多提供外賣
瑪黑兄弟茶(Mariage Frères)	有多種茶葉，較多店面有附設下午茶區，自家做的蛋糕甜點也非常棒，適合下午茶兼買外帶茶葉(P.84)
艾迪亞爾(Hédiard)	精品食物雜貨店，除了多種優質茶款，也賣其他食物雜貨
庫斯米(Kusmi Tea)	有俄羅斯血統，包裝走俄法混合風格，香榭大道上店面有下午茶區 ✉71 avenue des champs, 75008, Paris
購買地點	**注意事項**
有機超市Naturalia Biocoop Bio C'Bon	現在法國的超市都有有機櫃，或是至有機超市，都可以買到對健康較好的有機茶。購買時，請挑選有歐盟的有機認證標誌AB。

1號線

青春設計力十足，工作室百花齊放

巴士底站
Bastille

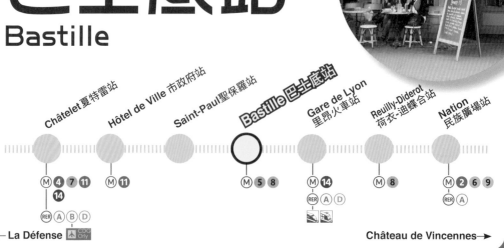

Châtelet 夏特雷站	Hôtel de Ville 市政府站	Saint-Paul 聖保羅站	Bastille 巴士底站	Gare de Lyon 里昂火車站	Reuilly-Diderot 荷衣-迪蝶合站	Nation 民族廣場站
Ⓜ④⑦⑪ ⑭	Ⓜ⑪		Ⓜ⑤⑧	Ⓜ⑭	Ⓜ⑧	Ⓜ②⑥⑨
ⓇⒺⓇ Ⓐ Ⓑ Ⓓ				ⓇⒺⓇ Ⓐ Ⓓ		ⓇⒺⓇ Ⓐ

← La Défense 🚋 CDG Only

Château de Vincennes →

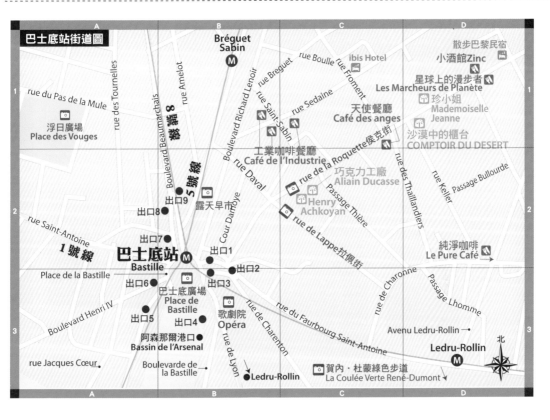

巴士底站街道圖

Bréguet Sabin Ⓜ
rue du Pas de la Mule
rue des Tournelles
rue Amelot
8號線
Boulevard Beaumarchais
Boulevard Richard Lenoir
rue Saint-Sabin
rue Breguet
rue Boulle
rue Froment
rue Sedaine
ibis Hotel
散步巴黎民宿
小酒館Zinc
星球上的漫步者
Les Marcheurs de Planète
天使餐廳
Café des anges
珍小姐
Mademoiselle Jeanne
沙漠中的櫃台
COMPTOIR DU DESERT
浮日廣場
Place des Vouges
5號線
工業咖啡餐廳
Café de l'Industrie
rue Daval
rue de la Roquette候克街
巧克力工廠
Aliain Ducasse
rue des Thallandiers
rue Keller
Passage Bullourde
出口9
露天早市
Cour Damoye
Passage Thière
Henry Achkoyan
rue de Lappe拉佩街
出口8
出口7
rue Saint-Antoine
1號線
巴士底站
Bastille Ⓜ
出口1
出口2
純淨咖啡
Le Pure Café
Place de la Bastille
出口6
出口3
rue de Charonne
Passage Lhomme
Boulevard Henri IV
出口5
巴士底廣場
Place de Bastille
出口4
歌劇院
Opéra
rue de Charenton
rue du Faubourg Saint-Antoine
Avenu Ledru-Rollin
阿森那爾港口
Bassin de l'Arsenal
rue de Lyon
rue Jacques Cœur
Boulevarde de la Bastille
Ledru-Rollin
Ledru-Rollin Ⓜ
北
賀內‧杜蒙綠色步道
La Coulée Verte René-Dumont

巴士底廣場是以前皇室所在的外圍區，所以歷史上，這裡聚集了許多皇室的工匠，今天在這裡還可以看到傳承的痕跡，有許多家具、衛浴店面、木工、床、椅匠的工作室在此設立；還有許多電影後製工作室在這裡陳立，在這裡的咖啡廳，瞥見電影製片人、劇作家、明星是常有的事。這裡還有一間現代歌劇院，眺望著Port de l'Arsenal港口。

熱鬧年輕的酒吧餐廳，一路連接古老麵包店、設計店，逛逛最大露天市場，散步到瑪黑區，在這裡感受巴黎日常的生活。

巴黎達人 *Paris*
3大推薦地

遊客必訪

巴士底廣場

1789年7月14日，法國人民攻陷了原本的監獄，7月14日成了法國國慶日。廣場上有著金色天使的7月圓柱，象徵自由。(P.98)

圖片提供／Paris tourist office, Photographe：Amélie Dupont

作者最愛

小酒館

巴黎人下班後，喜歡去喝開胃酒，和人聊聊天。鋼琴、古井、木條天花板、銅製吧檯，是最受巴黎人喜愛的溫馨酒吧。(P.104)

巴黎人首推

珍小姐

它不是大連鎖店的牌子，而是典型巴黎人喜愛的特色小型服飾店，「珍小姐」教你穿出自己的品味。(P.103)

遊賞去處　民主廣場，熱鬧市集

巴士底廣場、歌劇院、露天早市
Place de la Bastille・Opéra

DATA

MAP P.97／B2、B3
歌劇院：3號出口出站即達；巴士底露天市場：1號出口步行約3分鐘

operadeparis.fr/en◎巴士底廣場、巴士底歌劇院：Place de la Bastille, 75011, Paris；巴士底露天市場：始於8 Boulevard Richard Lenoir, 75011, Paris巴士底歌劇院+(33)171252423巴士底歌劇院10:00～表演節束；巴士底露天市場週四、週日07:00～14:30地鐵3號出口出來，就是歌劇院，同時可以看到中間的金色天使碑；巴士底露天市場：1號出口出來後往後轉，碰到的第一條大道，就是Boulevard Richard Lenoir，市場從此開始巴士底歌劇院和哥尼歌劇院，兩者同一官網，訂購票時請看清楚演出是哪一間；露天市場最好在中午12點半前去，之後很多攤販就開始收攤了

以前法皇時代，這裡是一座監獄，1789年法國大革命的時候，人民將位在此的巴士底監獄摧毀，從此巴士底成為法國最重要的民主象徵地之一，每當有民主訴求遊行時，這裡是必經之地。廣場上有一座巴士底國家歌劇院(Opéra Bastille)，是法國大革命200週年，於1979年落成。這座用大量的玻璃

帷幕蓋成的新穎建築，和位在地鐵站歌劇院的哥尼歌劇院(Palais Garnier)的古典風格，形成強烈的對比。內部設備新穎，大部分的芭蕾舞和歌劇表演都移至此。兩間歌劇院各有特色，都屬於國家歌劇院，如果你不想看表演，可以在白天的時間，買票進去參觀。

從廣場中間的金色天使碑，放射出去有10條路，週四、日在Boulevard Richard Lenoir大道的中間有露天市場，是巴黎市最大的露天市場之一，週日的攤位比週四多，有生鮮蔬果，法國各省熟食如可麗餅、乳酪，東歐北非的香料、芝麻茄泥、炸餃子等。天氣好時，可以直接買了就隨意坐在廊道中間享用，後方還有賣服飾配件的攤位，附近的居民都來這裡買菜，對遊客來說，可以感受道地巴黎生活氣息。

1 安排一天的午餐在露天市場吧 **2** 市場後段是賣生活用品 **3** 露天市集攤位超多 **4** 有時可在魚攤直接買生蠔當場吃喔

專題 巴黎露天市集

要感受當地人的生活氣氛，逛市場是最直接的，巴黎的市場周圍社區，常形成一個村落商圈，是巴黎中產階級、喜歡文化創意的人最愛的區域，下面列出幾個巴黎市有特色的市場。

1 有AB綠色標誌，就是有機認證商標 **2** 逛市場，也算做一場異國之旅 **3** 逛花攤，大概是巴黎女人最愛的休閒

市場名	特色	地點	時間
阿利格市場 (Le Marché d'Aligre)	擁有非常大的鮮果熟食市場，還有老建築的室內市場區，外部還有舊貨跳蚤市場	地址：3 place d'Aligre, 75012, Pairs 地鐵站：Ledru Rollin (8號線)	週二～日07:00～14:00
哈斯派市場 (Marché Raspail)	巴黎市中心，最大的有機市場	地址：Boulevard raspail,75006, Pairs 地鐵站：Rennes (12號線)	週二、五07:00～14:30 有機市場：週三 09:00～15:00
紅孩兒市場 (Le Marché des Enfants Rouges)	巴黎最古老的菜市場	地址：39 rue de Bretagne, 75003, Paris 地鐵站：Art et Metiers (3、11號線)	(P.222)

(製表／俞敏慧)

遊賞去處

穿過巴黎市天空中的綠洲

賀內·杜蒙綠色步道
La Coulée Verte René-Dumont

DATA

🌐 綠色步道 en.parisinfo.com/paris-muse-um-monument/71237/Coulee-verte-Rene-Du-mont；下方拱形店面綜合官網：leviaducdesarts.com ✉ 離巴士底最近的入口：38 rue de Lyon, Paris 🕐 冬天08:00～17:00(週末09:00開門)，夏天08:00～21:30(週末09:00開門) ➡ 從巴士底出口4出來，沿者rue de Lyon的方向，走約6分鐘會看到左邊有面紅磚牆上寫「la viaduc des arts」，這邊就有一個入口樓梯，可上去這條散步道路 ⓘ 每個入口，都有寫每個季節的開關門時間，記得看一下；全長約4.5公里，不一定要全程走完，大約每15分鐘就有上下出口

賀內·杜蒙綠色步道是巴黎市政府非常成功的廢棄空間改造計畫，這裡原先是條拱形高架鐵道，廢棄後，市政府在1988年跟鐵路公司買下來，請建築師菲力普(Philippe Mathieux)和傑克(Jacques Vergely)改造成綠地。從巴士底歌劇院再走過去一點的入口，一直到凡森森林(Bois de Vincennes)，從朵明尼樂大道(Avenue Daumesnil)到賀利花園(Jardi de Reuilly)，高高的綠色長廊看去，猶如一條畫過空中的綠洲。

總長4.5公里，有水池、攀藤的玫瑰、蘋果樹、各種椴樹，常有人在這兒做瑜伽、慢跑。這條高空中的綠洲公園，每走一段就會有上下樓梯或電梯的出口，旁邊就是住宅公寓，有些社區公寓還有可直接進出的密碼門，有時還連接散步道路的橋，還從社區公寓中間穿過，很奇特。紅磚拱橋下方則是開創成商家，引進多達60間高級手藝工作室及店面，很值得對空間改造有興趣的旅人一遊。

─── Leta巴黎小站 ───

空中綠洲路線圖

巴士底4號出口景象

走約6分鐘，會看到左邊紅磚牆上寫la viaduc des arts

牆上寫38號，請左轉上樓梯

入口之一，右邊有寫開放時間，請注意看一下你來的月分

1 可以高空靜靜觀賞兩旁奧斯曼的古典建築 **2** 在下面可看到舊鐵架痕跡 **3** 高架鐵道下面，改高級工作室 **4** 其中還有一段有長水池，很消暑 **5** 是不是很難想像，這是一條在半空中的散步道路？ **6** 像不像茱麗葉的窗台？

專題 空間改造計畫，陳舊翻新大變革

　　在巴黎還有2個將舊鐵道空間轉換再利用的地方，它們曾都是巴黎的舊鐵道，因多年不再使用，便將改造成親民的綠意之地。

1 回收La Recyclerie **2** 珮禾散步之路綠意花瀑

名稱	地點	改造後
珮禾散步之路 (Promenade Pereire)	地鐵站：3號線的 Pereire	這個占地約14,000多平方公尺的鐵路線，已經看不到當年的鐵軌，但是特殊的長條形公園，仍可以看得出是鐵路的空間，這條長形公園裡有綠樹、櫻花樹、花圃、木頭坐椅、孩童公園、乒乓桌，公園兩側是單向車道，旁邊則是美麗的矮樓房，或奧斯曼建築
回收 (La Recyclerie)	地鐵站：4號線的克里雍庫門站	廢棄鐵路變成餐廳、創意市集、小農場 (P.165)

遊賞去處 巴黎村裡的時髦咖啡餐廳區
侯克街、拉佩街
rue de la Roquette、rue de Lappe

MAP P.97／C1、C2、D1
A rue de la Roquette：1
號出口出來就到；rue de
Lappe：1號出口步行約
1分鐘

DATA

✉rue de la Roquette、rue de Lappe ➡rue de la Roquette：從巴士底站出口1出來，左轉就是；rue de Lappe：從地鐵站出口1出來，左轉rue de la Roquette，第一條右轉的街就是rue de Lappe

侯克街是一條巴黎年輕上班族，下了班愛相約去喝一杯或晚餐的街道。它分成兩段，建議可以從巴士底廣場這頭的侯克街，逛到Place Léon Blum廣場，這段約850公尺的路段，有華麗搖滾音樂人愛去的酒吧、電影工作者愛去的天使餐廳Café des anges、三星主廚Alain Ducasse在此街40號，改造舊倉庫成巧克工廠、以及超人氣的Zinc小酒館，在最熱鬧的路段；和它垂直的拉佩街，裡面有勁舞音樂酒吧，氣氛非常熱絡，有「酒吧一條街」的稱號。

1拉佩街 2侯克街傍晚永遠熱鬧

購物血拼 特級師傅打造的高級訂製鞋
Henry Achkoyan

MAP P.97／C2
1號出口步行
約2分鐘

1

DATA

🌐henryachkoyan.com ✉38 rue de la Roquette, Paris ☎+33 (0)147007868 🕐平日11:00～13:00、14:00～19:30、週六11:00～19:30 🚫週日 ➡從地鐵站出口1出來，左轉rue de la Roquette走約2分鐘到

Henry Achkoyan在巴黎市有自己的手工鞋工作室，它也是許多巴黎高級訂製服，如Jean Paul Gautier鞋款委託製作的工作室。店裡有賣自家鞋牌，也有代理其他鞋款，目前已經是父子兩代相傳的店家。

1自製鞋 2小而精緻的鞋店空間 3靴子款式都很優雅

Henry Achkoyan的鞋穿上之後，出乎意料的舒適，適合像我這樣常要走很多路，有時又需要去正式場合的人，因此穿過後，我立刻變成他們的忠實粉絲。它的鞋款樣式設計也會有自己的巧思，但又不會太誇張，很適合許多場合穿搭，皮料品質也很好，而且也接受個人訂製。

時髦平價的巴黎時裝風

沙漠中的櫃檯
COMPTOIR DU DESERT

DATA

MAP P.97／D1
1號出口步行約6分鐘

☎72-74 rue de la Roquette, 75011, Paris ☏+33(0)14700 5780 🕑週一～六11:00～19:30，週日16:00～19:30

　　這是一間歷久彌新的綜合品牌店，在此區開店超過25年，現在的老闆Delphine Ribot Franck在十幾年前在這間店擔任店員，前任老闆要退休去南法時，將店面轉讓給她。沙漠中的櫃檯分成女裝店和男裝店，兩間店面對面，Delphine與先生分別各自掌管一間店。

　　店內永遠是巴黎當季流行的色彩和樣式，搭配時尚的項鍊、包包、皮帶等配件，價錢親民。巴士底這一區，有一條聚集巴黎時裝批發店的Rue Popincourt街，雖然不零售但可以看出當季流行的步調，如果在批發店櫥窗看到喜歡的樣式，可以到沙漠中的櫃檯找找看。

1架上永遠是近年流行的色系 **2**女裝店內部，很有工業風

巴黎時尚bobo風

珍小姐
Mademoiselle Jeanne

DATA

MAP P.97／D1
1號出口步行約6分鐘

🌐mademoisellejeanne.com ☎55 rue de la Roquette, 75011, Paris ☏+33(0)143380070 🕑週一～六11:00～19:30，週日15:00～19:00 ➡從巴士底站出口1出來，左轉rue de la Roquette走約6分鐘到

　　這家複合式女裝店，推出以Mademoiselle Jeanne品牌為主的皮包、鞋款，寬敞明亮的展示間、鳥籠裝飾、定期換手工折紙壁飾，吸引巴黎「bobo」一族。它的價位比對面的沙漠中的櫃檯高一等，但設計感跟瑪黑區相當，價位又比瑪黑區稍低一些，所以假日總吸引許多內行的巴黎人，來此尋寶。

　　他們家的鞋子和衣服，在細節上會與大眾款做出差別，這是巴黎風的一種設計技巧，顏色不用正色，用色票上的漸層色系，加點局部細蕾絲或點綴金邊，再配上長細項鍊等不搶風頭的配件，就可以讓人與眾不同。

1除了鞋款，飾品也是它們的強項 **2**一進去就會看到裝飾的鳥籠

特色美食

最巴黎風的小酒館

小酒館
Zinc

MAP P.97／D1
1號出口步行約7分鐘

DATA

http lesmarcheursdeplanete.com ✉73 rue de la Roquette, 75011, Paris ☎+33(0)143489098 ⏲週二～日17:30～02:00，9～5月的週日，11:00開始提供早午餐 休 週一 $ 一杯酒約€3～6，晚餐約€13 ➜從巴士底站出口1出來，左轉rue de la Roquette走約7分鐘到

這是一間巴黎人下班後非常愛去喝杯酒放鬆的小酒館。店門是木板門，鑲有鐵鑄字幕和木招牌。第一次發現它時，我很懷疑這是間酒吧嗎？店內有木頭鋅片覆蓋的吧檯、2、3桌復古貴妃椅座位、一台鋼琴。

小酒館的老闆Yann來自諾曼地，出身餐飲專業學校的他，熱愛這個能夠聚集人群的行業，餐廳裡的食材直接跟小農訂購，新鮮直送到餐廳。這裡藏酒400多種，來這裡請酒保幫你推薦口味，配當天鏡子上寫的小菜，有切片香腸、炸乳酪或魚等等，絕對是最道地的巴黎體驗。每週四晚上，有現場音樂演奏，氣氛非常熱絡，且服務生都會講英文喔！

1 餐廳的酒窖 2 豬肉商直接送食材到餐廳 3 最棒的吧檯

特色美食

小莊園經典藏酒

星球上的漫步者
Les Marcheurs de Planète

MAP P.97／D1
1號出口步行約7分鐘

DATA

http lesmarcheursdeplanete.com ✉106 rue de la Roquette, 75011, Paris ☎+33(0)157408970 ⏲週一17:00～21:00、週二～六11:00～21:00、週日10:00～19:00 $ 單瓶酒約€6.5～350 ➜從巴士底站出口1出來，左轉rue de la Roquette走約7分鐘到

1 美妙的品酒姿勢 2 店門口，天氣好時就可以在這喝一杯

這間酒類專賣店也是小酒館老闆開的，白天有專業侍酒師Jordi在這掌店，獲選進入法國最佳侍酒師決賽的他，每週三晚上，在這裡和Yann開品酒課，每個月會開一次以英文為主的品酒課，也可與店家包品酒課程，一次費用約€350。

這家店的酒多是向小莊園酒農購買，因此可以買到比連鎖酒店更棒的好酒，價錢範圍從€6.5～50的香檳，到€350的奢侈酒類都有。他們的強項還是在小莊園的祕藏酒，與酒師聊聊，肯定會有更豐富的收穫。店裡也有每天開瓶的酒，可在現場點一杯酒，配小菜試酒。

特色美食
DATA

電影後製人最愛的咖啡餐廳

工業咖啡餐廳
Café de l'Industrie

MAP P.97／B1、C1
1號出口步行約7分鐘

cafedelindustrieparis.fr/fr ◎15, 16, 17 rue Saint Sabin, 75011, Paris ◎+33(0)147001353 ◎08:30～02:00 ◎主餐約€11～19，酒精飲料約€8、無酒精或咖啡飲料約€1.8～5 ◎從巴士底站出口1出來，左轉rue de la Roquette，然後左接上rue Saint Sabin，走到與rue Sedaine交接口就到，總共約走7分鐘

來這裡吃飯，常會碰到電影明星或後製人員，因為巴士底這一帶有許多電影工作室，工業咖啡餐廳及同區的天使咖啡大概是他們最愛相約的地點，感覺像是現代的「花神咖啡館」。

室內的裝潢，就像法國電影的場景，掛滿畫作或復古照片。餐廳有兩個空間，紅色這間店面專賣咖啡，早上有一些SOHO族，會帶電腦來這兒工作，可以感受到個人工作室的活躍。

1 紅色咖啡廳早上會有許多SOHO族帶電腦來這裡工作 2 咖啡色咖啡廳內部空間很大

特色美食
DATA

巴黎文青、設計師最愛的咖啡餐廳

天使咖啡餐廳
Café des anges

MAP P.97／C1
1號出口步行約5分鐘

cafedesangesparis.com ◎66 rue de la Roquette, 75011, Paris ◎+33(0)147000063 ◎07:30～02:00 ◎主餐約€8～13 ◎從地鐵站出口1出來，左轉rue de la Roquette走約5分鐘到

天使咖啡跟工業咖啡，都是巴黎人很喜愛的咖啡餐廳，同樣是電影工作者愛相約的地方，至少都有25年以上的歷史。天使咖啡提供一系列的漢堡餐，漢堡主餐最便宜的大約€8，漢堡肉請告訴服務生要幾分熟，餐點必含新鮮沙拉和炸薯條。服務生都會講英文。

餐廳用的紅方格圖案紙桌巾，是19世紀來自法國鄉村的典型圖案，1959年，法國超紅女星Brigitte Bardot用紅方格圖案來做她的洋裝、餐巾、窗簾，因此紅方格頓時成為當時最潮的圖案，天使咖啡就是以這種60年代的復古和工業風，來做為它整體的裝潢。

1 露天座位區，不分季節，永遠是最熱門的位子 2 最熱門的漢堡餐，放在招牌的紅格子桌巾上 3 中午常滿座

特色美食
DATA

常上影視鏡頭的咖啡館

純淨咖啡
Le Pure Café

MAP P.97／D2
1.從巴士底站1號出口步行約18分鐘
2.從地鐵Charonne站出口，步行約5分鐘

lepurecafe.fr ✉14 rue Jean-Macé, 75011, Paris ☎+33(0)143714722 🕐平日07:00～01:00、週六08:00～01:00、週日09:00～00:00 💲主餐€11～20 ➡從巴士底站出口1出來，左轉rue de la Roquette，右轉rue de Lappe，左轉rue de Charonne，左轉rue Faidherbe，再右轉rue Jean-Macé，咖啡廳就在三角窗口，總共走約18分鐘。或是搭地鐵到Charonne站走過來

　　這間咖啡店，曾出現在巴黎旅遊局的影片中，以及2004年上映的《愛在日落巴黎時》（Before Sunset），男女主角光在這間咖啡廳聊天，就花了至少15分鐘；還有，金城武為長榮航空拍的廣告中，一排帥哥服務生也是在此店門口取景。純淨咖啡的位置在一個三角街頭，三面都有光線打入，門面由復古的陶瓷畫和木頭組成，非常受當區居民喜愛。影片中的男主角，喜歡騎腳踏車來這吃早餐，體現了巴黎的生活，去咖啡廳吃早餐是道地的巴黎風格。

1 很有型的吧檯服務生 2 半條長棍麵包加咖啡 3 卡布奇諾 4 巴黎人喜歡靠著吧檯喝咖啡 5 超正點的門面

專題 巴黎風味早餐

巴黎咖啡廳的早餐，有哪些可點呢？以下是我的推薦。

中文	法文
可頌麵包	Crassant
半條長棍麵包(會附奶油、果醬)	Tartine
現榨柳橙汁	Orange pressé
巧克力麵包	Pain au chocolat
濃縮咖啡	Café
淡咖啡(濃縮咖啡多加約1倍的水)	Café allongé
加少奶咖啡	Café noisette
加多奶咖啡	Café au lait、Grand crème
卡布奇諾(這個法國人比較少點，但外國人點比較多)	Cappuccino
半生水煮蛋 (將蛋水煮3分鐘，放在蛋狀器皿裡，敲開蛋上的殼，加點鹽進去，切一條長條麵包，沾著蛋汁吃，這是法國獨特的吃蛋方法)	Oeuf à la coque
炒蛋、荷包蛋	Oeuf brouillé、Oeuf à la plat

1 蘋果麵包、葡萄麵包及可頌，都是常見的早餐麵包 2 巴黎人大多是早上去麵包店外帶麵包回家吃早餐 3 有些麵包店，會出自家特色的麵包，建議嘗嘗看喔 4 這間老牌麵包店有早午餐，有機會來，不要錯過喔

1號線

富人區的後花園 & 巴黎小紐約

樂沙伯隆站&
拉德芳斯站
Les Sablons & La Défense

La Défense
拉德芳斯站

Esplanade de La Défense
拉德芳斯廣場站

Pont de Neuilly
那衣橋站

Les Sablons 樂沙伯隆站

Porte Maillot
馬約門站

Ⓣ ② ⓇⒺⓇ Ⓐ

ⓇⒺⓇ Ⓒ

← La Défense

Château de Vincennes →

拉德芳斯廣場商城
Place de la Défense

拉德芳斯站
La Défense

新凱旋門
Grand Arche
de La Défense

Esplanade de La Défense

D913

rue Louis Pouey

Avenue Jean Moulin

rue de la République

rue Jean Jaurès

Pont de Neuilly

Avenue Charles de Gaulle

樂沙伯隆站
Les Sablons

rue d'Orléans
rue Louis Philippe

Avenue de Madrid

Avenue Charles de Gaulle

Boulevard des Sablons

Boulevard Maurice Barres

Boulevard Maillot

Seine

馴化園 Jardin d'Acclimatation

Boulevard du Commandant Charcot

Avenue du Mahatma Gandhi

Route de la Porte des
Sablons à la Porte Maillot

rue de Verdun

路易威登基金會
Louis Vuitton Fondation

北

樂沙伯隆站是高級住宅區，附近有一座非常適合親子遊的馴化園(Jardin d'Accclimatation)、路易威登基金會和布洛涅森林(Bois de Boulogne)。沿著馴化園方向走去，可以看到典雅的法式樓房及高級社區的花圍。想要離開人群，找尋一些可以親子同樂，又有自然與藝術景觀的地方，記得規畫進你的路線中。

樂沙伯隆站再往西邊坐3站地鐵，就會到達與古典巴黎完全不同，商業為主的拉德芳斯站(La Défense)，不妨順遊一下。

遊賞去處 DATA

巴黎西區隱藏版的小型迪士尼

馴化園
Jardin d'Acclimatation

MAP P.109／C3 樂沙伯隆站2號 出口步行約6分鐘

http jardindacclimatation.fr ✉rue du Bois de Boulogne,75116, Paris✆+33(0)140679085◷平日10:00～19:00，週末、國定假日10:00～20:00。遊樂設施在關閉前半個小時，不再接受排隊(公園開閉館，會隨季節而有所調整，請以官網公布為準)$入園票3歲以上€5，3歲以下免費；一項遊樂設施€2.5，15張優惠票€35；入園票加遊樂設施無限制次數€29；入園票加3種遊樂設施€11➡從地鐵樂沙伯隆站出口2出來，沿著Boulevard des Sablons走，約6分鐘就到🎫票可以在官網上事先購買，免除排隊時間◷2小時

馴化園是親子遊客不可錯過的景點，裡面有40種遊樂設施、兒童劇場、動物園、小農場、孩童親子廚房工作坊、18公頃的散步綠地、地上噴水的消暑設施。這個屬於巴黎高級住宅區旁的森林公園，儼然是巴黎市的小型迪士尼。

它與布隆尼森林的北部交接，有兩個主要入口，一個是公園的正門，裡面有歐式、日式庭園，穿過樹上攀岩區來到中國庭院，3間庭園咖啡餐廳分散在各區，其中還有安潔莉娜咖啡館(Angelina)，另一個入口是從路易威登基金會進入。

1 大型夢幻旋轉椅 **2** 馴化園是巴黎西邊的肺

遊賞去處 DATA

五彩雲船藝術展覽館

路易威登基金會
Louis Vuitton Fondation

MAP P.109／C3 樂沙伯隆站2號 出口步行約8分鐘

http fondationlouisvuitton.fr✉8 Avenue du Mahatma Gandhi, 75116, Paris✆+33(0)140699600◷週一、三、四12:00～19:00，週五12:00～21:00，週末11:00～20:00✖週二、1/1、5/1、5/8、12/25$路易威登票連同馴化園套票：全票€14，18歲以下€5，18～26歲€10；全家福票€32(含1～2位大人、最多4個18歲以下的兒童)➡從樂沙伯隆站出口2出來，沿著Boulevard des Sablons走，經過馴化園，右轉Avenue du Mahatma Gandhi，就會看到巨大的五彩基金會建築；在凱旋門，有環保電巴士接駁車，票價來回€2◷40分鐘

路易威登基金會(Louis Vuitton Foundation)，是邀請美國解構主義建築大師法蘭克‧蓋瑞(Frank Gehry)所建造，這個用五彩玻璃打造而成的多雲形建築，在2014年開幕，裡面有7,000平方公尺的展場、11個展廳，定期舉辦藝術展、一個可容納350人的大型表演廳。

走到頂層，可眺望馴化園、拉德芳斯，1樓的咖啡餐廳旁邊出去，就是馴化園。若是親子遊，可以連同馴化園的套票一起購買，想多玩遊樂設施，可以進去後再現場加購。

1 館內光影互映，非常有趣 **2** 有飛魚在的地方就是咖啡餐廳

新時代的歷史地標

遊賞去處
新凱旋門
Grand Arche de La Défense

DATA

lagrandearche.fr ⊠1 Parvis de la Défense, 92800, Puteaux ☎+33(0)140905220 ⊙新凱旋門前廣場，沒有時間限制；新凱旋門10:00～19:00(最後進場時間18:30) ⑤上新凱旋門頂樓全票€15，3～18歲€7，3歲以下免費 ⊙從地鐵拉德芳斯站A出口出來即到

　　拉德芳斯是巴黎市西邊一個重要的商業中心，它從1960年開始，就被規畫為新興大樓辦公區，目前大約有2,500間公司、18萬名上班族、71棟巴黎市少見的摩天大廈。堪稱巴黎的「小紐約」，占地16公頃，是歐洲腹地最廣的商業中心，新凱旋門位在占地31公頃的徒步商辦區。

　　新凱旋門(Grand Arche)是1989年，由丹麥建築師約翰·奧圖(Johan Otto Von Spreckelsen) 以及保羅·安德烈(Paul Andreu)所建造，高110米，中間中空處還用鐵纜線懸掛了一朵「意象雲」，它是拉德芳斯的地標，只要一出地鐵，就會看到它。前面的台階上，常常坐著等候前來赴約的人。

　　從香榭大道上的凱旋門，可以筆直望到新凱旋門，這是巴黎城市建築的巧思，似乎希望這裡肩負起新時代意義的「商業勝利」。在新凱旋門裡，可搭乘電梯到頂樓，這裡搭了一座100公尺的橋；橋的直線方向望過去可看到凱旋門、協和廣場、杜樂麗廣場、羅浮宮，這條歷史軸線的筆直大道，兩旁矗立著挺直的梧桐樹，非常壯觀。頂樓有1,200平方公尺的展覽館，定期更換藝術展，以及一間「La City」餐廳，在此用餐，可免費使用專屬電梯上頂樓觀景。

　　露台上常辦一些活動，像是屋頂瑜伽、冬季溜冰場等，儼然是拉德芳斯上班族的休閒活動區。新凱旋門的兩側是大商場，超市、餐廳、服飾品牌眾多，方便巴黎西區住家採購。每年大約在11月底～12月底時，新凱旋門前的拉德芳斯徒步廣場，會舉辦聖誕市集，有上百攤的小木屋攤位。

1中間巷雲朵的裝置藝術 2重要商業中心，與凱旋門筆直相望(以上圖片提供／Paris tourist office, Photographe：Jocelyne Genri)

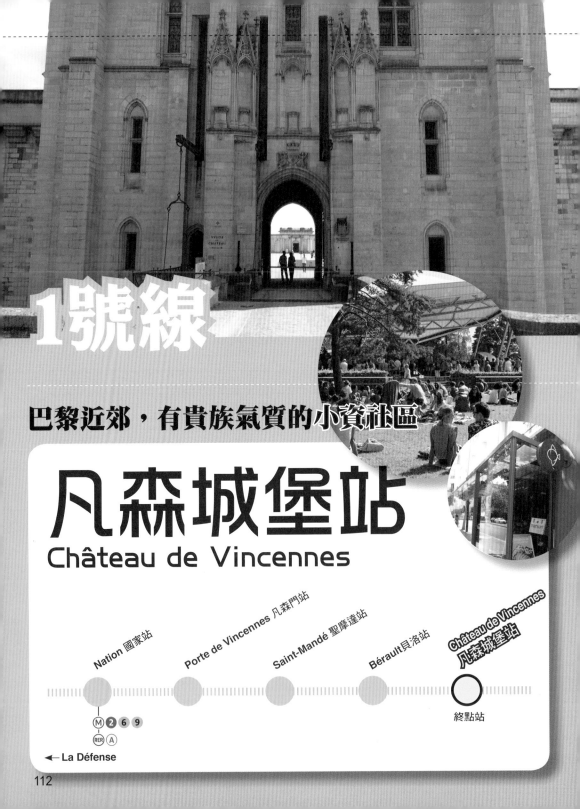

1號線

巴黎近郊，有貴族氣質的小資社區

凡森城堡站
Château de Vincennes

Nation 國家站　　Porte de Vincennes 凡森門站　　Saint-Mandé 聖摩達站　　Bérault貝洛站　　Château de Vincennes 凡森城堡站

終點站

Ⓜ ② ⑥ ⑨
Ⓡ ⒺⓇ Ⓐ

← La Défense

遊賞去處

坐地鐵就可以到的城堡

凡森城堡
Château de Vincennes

DATA

Château de Vincennes
出口出站即到

http chateau-de-vincennes.fr ✉1 Avenue de Paris, 94300, Vincennes ☎+33(0)148083120 ⊙5/21～9/22 10:00～18:00，9/23～5/20 10:00～17:00 ⊙1/1、5/1、12/25 ⑤成人€9，18歲以下並且與家人同行者免費 ➡從凡森城堡站的Châtea de Vincennes出口出來就到 ⊙1小時

1 Avenu de Paris餐廳街 **2** 歐洲最高塔樓

凡森城堡曾經是法國重要的軍事城堡，原先是法皇路易九世的狩獵屋，經過歷屆國王擴建成現在的城堡規模。凡爾賽宮蓋好了，皇室全都移走，這裡也跟巴黎大監獄的命運一樣，流為關犯人的監獄。拿破崙一世把它改建成軍事堡壘後，在19世紀及第二次世界大戰時，都為巴黎提供最佳的防禦保護。城堡裡有座高52米，歐洲最高的塔樓。

法國大多的城堡，都集中在中部的杜爾(Tour)，車程頗遠，如果時間不夠，坐地鐵就可以到達的凡森城堡，剛好可以彌補這個缺憾。城堡門口外面的Avenue de Paris街，整排都是矮房餐廳，在這兒用餐，浪漫又悠閒。

遊賞去處

巴黎東郊綠地天堂

凡森公園
Parc Floral de Vincennes

DATA

Parc Floral出口
步行約10分鐘

✉Route de la Pyramide, Parc Floral, 75012, Paris ☎+33(0)149572550 ⊙09:30～19:00(隨著季節，開關門的時間會有所調整) ⑤€2.5 ➡從凡森城堡站的Parc Floral出口出來，沿著凡森城堡旁的cours des Maréchaux走到底約10分鐘，就可以看到公園入口

這個圍著凡森城堡的森林公園，占地9.95公頃，大約有紐約中央公園的3倍大，與西邊的布洛涅森林(Boisde Boulogne)，堪稱是巴黎的兩扇「肺葉」。以前原先是皇室的狩獵之地，後來演變成軍事操練場，一直到19世紀，才改為市郊的森林公園。

裡面有4座湖泊、遊樂園、動物園、賽馬場，甚至還有一座西藏廟宇。除了是巴黎人日常運動、野餐、散步的綠地，春夏還會舉辦大大小小的音樂會、文化活動，是巴黎市東郊最大的戶外生活區。天氣好的時候，湖泊可划船，非常適合親子之旅。

五彩繽紛的「花塊」鋪地 (圖片提供／Paris tourist office, Photographe：Christian Boyer)

4號線

巴黎最大的地鐵轉運站

夏特雷站
Châtelet

Réaumur-Sébastopol 黑歐木站

Étienne Marcel 黑甜馬爾站

Châtelet-les-Halles 夏特雷-勒阿樂站

Châtelet 夏特雷站

Cité 西堤島站

Saint-Michel 聖米歇爾站

Odéon 歐德翁站

Ⓜ ③

ⓇⒺⓇ Ⓐ Ⓑ Ⓓ
✈ CDG Orly

Ⓜ ① ⑦
⑪ ⑭
ⓇⒺⓇ Ⓐ Ⓑ Ⓓ

ⓇⒺⓇ Ⓑ Ⓒ

Ⓜ ⑩

← **Porte de Clignancourt**

Mairie de Montrouge →

夏特雷-勒阿樂站街道圖

rue Hérold
A.SIMON
rue de Palestro
吧檯高級料理 Le Comptoir de la Gastronomie
G.DETOU
大鹿拱廊 Passage du Grand Cerf
rue Coquillière
rue Tiquetonne
La Bovida
棉花櫃台 Comptoir des Cotonniers
rue du Boulot
rue Louvre
rue Jean-Jacques Rousseau
MORA
Manoush
rue Française
rue Française
rue de Turbigo
蝸牛 L'escargot
rue Mauconseil
rue du Colonel Driant
rue du Jour
rue Montmartre
Caldo Freddo
Étienne Marcel
Passage Molière
教堂Eglise Saint-Eustache ●
rue Montorgueil
Impasse Saint-Eustache
Allée André Breton
rue Rambuteau
rue aux Ours
rue de Viarmes
Boulevard de Sébastopol
rue Quincampoix
rue Beaubourg
Rambutea
夏特雷-勒阿樂站 Châtelet-les-Halles
rue de l'Arbre Sec
rue Saint-Honoré
rue Sauval
rue des Prouvillers
rue Pierre Lescot
rue Saint-Denis
rue de la Cossonnerie
教堂Eglise Saint-Merry ●
rue Beaubourg
rue Berger
Louvre-Rivoli
里佛利街rue de Rivoli
rue du Roule
rue du Pont Nef
rue des Bourdonnais
無邪噴泉 Fontaine des Innocents
龐畢度中心 Centre Pompidou
rue Baillet
rue de la Monnaie
rue des Halles
司達明思克噴水池 Fontaine Stravinsky
空餐廳 Restaurant Kong
rue Saint-Martin
rue du Renard
北

夏特雷站(Châtelet)和夏特雷-勒阿勒站(Châtelet-les-Halles)有地下轉運街道相連，兩站是巴黎市的中心點，總共有5條地鐵線及3條RER在此交接；經過的地鐵線有1號、4號、7號、11號、14號、RER A、B、D。

而夏特雷－勒阿樂同時也是一個很大的商城，有128間店家、24間餐廳和電影院；在法國，週日多數的商店會關門，而這裡則是天天營業；還有藥局，可應付週日有急需的人。這兩站總共有19個出口，視出口所在，很難不經過大商城。

從地鐵出來，一邊可以接到龐畢度美術館，另一邊則是大片的遊憩公園，並且與夢投閣街(rue Montorgueil)商圈相接。

巴黎達人 *Paris*
3大推薦地

 遊客必訪

龐畢度中心

顏色鮮豔的水管蓋成的美術館、紅色大嘴巴裝置藝術的噴水池、總是充滿街頭藝術表演的廣場，龐畢度中心就是要激起你的創意！(P.117)

作者最愛

Manoush

輕都會風加上精細刺繡工藝，在台灣的百貨公司也看得到這個的品牌，這間庫存打折店，讓你可以用更輕鬆的價錢帶它回家。(P.118)

 巴黎人首推

蝸牛餐廳

從傳統的香菜大蒜奶油口味，到佐松露、鵝肝醬，甚至還可以體驗金箔口味，你在這裡可以嘗試到各式各樣的蝸牛料理。(P.122)

 遊賞去處

中價位品牌服飾大街

里佛利街
rue de Rivoli

DATA

MAP P.115／A3、B3
**11號出口
出站即達**

➡從地鐵11號出口出來，就是里佛利街

里佛利街總長約3公里，從這裡到頌鐵站是巴黎傳統的服裝加工區，而許多大品牌都會在里佛利街上有個店面，而且多半超過2層樓以上。這裡較多販售中、低價位的品牌，如Forever 21、H&M、綜合香水品牌連鎖店Sephora以及IKKS。

建議如果要買服裝、鞋子等商品，可以繼續逛介於夏特雷和市政府這兩個地鐵站之間的里佛利街，這裡算是巴黎人日常買衣服的地方，品牌集中、價位中等，有別於香榭大道等奢侈品牌區。想知道巴黎人如何穿搭，這裡是個好地點。

1 夏特雷－勒阿樂是一個每天營業的大商城
2 里佛利街充滿年輕品牌服飾店

現代藝術品美術館

遊賞去處

龐畢度中心
Centre Pompidou

DATA

http centrepompidou.fr ☒Place Georges-Pompidou ☎+33 (0)144781233 ⏰11:00～21:00 休週二 💲1.參觀博物館和臨時展成人€14，優待票€1。2.「眺望巴黎」(Vue de Paris)一律€5 3.每個月第一個週日免費 4.適用博物館套票 ➡從地鐵站上來，請找到3號出口，出來後直走rue de la Cossonnerie，左轉Place du Châtelet，右轉rue Rambuteau，左轉rue Saint-Martin，之後就會看到龐畢度美術館 ⏱1～2小時

龐畢度中心是個收藏20、21世紀藝術品的美術館。由建築師亨佐‧皮阿諾(Renzo Piano)和理查‧羅傑(Richard Rogers)所打造，外觀有好幾條彩色的水管，跟一條長長的電梯，造型特殊，讓人過目不忘。

法國前總統喬治‧龐畢度(George Pompidou)熱愛現代藝術，他任職期間，極力促成這棟專門展出現代藝術的美術館。中心的作品分成兩部分：一邊展出1905～1960年代如馬諦斯、畢卡索等名家作品；另一邊是1960年之後的藝術品。

美術館6樓可俯視巴黎景色；中心入口前有個大廣場，天氣好時，大家會坐在廣場上看街頭表演，這裡還有一座司達明思克噴水池(Fontaine Stravinsky)、有色彩鮮豔的裝置藝術以及活潑的大型壁畫。

1 室內1樓可免費進入 2 常有免費的展廳，可向櫃檯詢問 3 廣場上有許多水管的裝飾藝術 4 司達明思克噴水池 5 龐畢度廣場後方，有許多彩色水管

購物血拼 輕民族華麗風，手工精緻 MAP P.115／B1

Manoush

9號出口步行約3分鐘

DATA

manoush.com/e-boutique 12 rue du Jour, 75002, Paris +33(0)144882808 週一～六10:30～19:30 休週日 請從地鐵9號出口出來，沿著rue Rambuteau走到rue Montmartre，走大約2分鐘就會看到Manoush

　　每次經過Manoush，總會被它亮麗的色彩以及多元的民族風格所吸引。有次我去逛，裡面剛好有一組客人，正在試僅剩一件的晚宴服；一位剛結束時裝週走秀的模特兒，來這兒找搭配的靴子；一位從紐約回來的法國記者，正在試一件民族風的毛衣。

　　Manoush在巴黎有許多分店，而這間專賣上一季的庫存貨，所以永遠有折扣。會被Manoush吸引的客層，就像上面敘述的，大多是文化流行業界的朋友，想要尋找小晚宴服，也很適合來此挖寶。Manoush是設計師Frédérique Trou-Roy的小名，她熱愛旅行，在她的設計裡，處處可見異國元素，她在一次摩洛哥的旅行中，啟發她無限的靈感，於是在2002年誕生了這個品牌。

1 STOCK庫存的字樣，表示這不是當季的樣款 **2** 晚宴服由手工細緻縫製

購物血拼 廚具、甜點烘焙模具專業店家 MAP P.115／B1

A.SIMON

9號出口步行5分鐘

DATA

48 rue Montmartre, 75002, Paris +33(0)142336825 平日09:00～19:00，週六10:00～19:00 休週日 從地鐵9號出口出來，沿著rue Rambuteau走到rue Montmartre，過了rue Etienne Marcel就到了

　　A.SIMON是專門賣西餐廚具用品、甜點模具等料理相關配件的商店，店面很大，有大量餐盤系列可供選擇，Creuset鑄鐵鍋、銅鍋、平底鍋、餐具、刀具……對廚藝及甜點製作有興趣的人，可以在這裡逛上幾個小時。

　　A.SIMON在1884年時就已創立，2010年由湯姆(Thomas Jean Claude)接手，店員帶我去找他時，60幾歲的湯姆，坐在堆滿廚具用品的倉庫辦公室中。近年來，越來越多亞洲旅人，來法國買廚具或甜點製作的器具，跟湯姆聊起這件事，他也頻頻點頭，顯然已經碰過不少亞洲的客人了。這裡也是許多餐廳業者來採購配備的地點。

蒙特閣街(rue Montorgueil)剛好就在隔壁，屬於同一個商圈，這裡是傳統食品及相關配備的批發區。法國大文豪埃米爾‧左拉(Emile Zola)，曾形容這一區是「巴黎的肚子」，的確，在蒙瑪特街上就有3家老字號廚具商，其中一家就是A.SIMON。

1 專家最愛的銅鍋 **2** 銅製的可麗露甜點模具 **3** 餐飲業的各種專業餐盤 **4** 各種大小的原木砧板，不厚重，帶回國輕巧方便 **5** A.SIMON櫥窗 **6** Creuset鑄鐵鍋

⊱— Leta巴黎小站 —⊰

老字號廚具商

除了**A.SIMON**，在蒙瑪特街還有另外**2**家老字號廚具商。

La Bovida
`DATA`

🌐labovida.com ✉36 rue Montmartre, 75002, Paris 📞+33(0)142360999 🕐平日09:30～19:30，週六10:00～19:30 ❌週日 🗺9號出口步行約4分鐘

1921年創立，較多廚具小配件，如裝蝸牛盤，小型外帶包裝等。

La Bovida店面在一個三角窗街口，有兩層樓

MORA
`DATA`

🌐mora.fr ✉13 rue Montmartre, 75001, Paris 📞+33(0)145081924 🕐平日09:00～18:15、週六10:00～13:00，13:45～18:30 ❌週日 🗺9號出口步行約3分鐘

1814年創立，專攻麵包、甜點、烘焙配備的店家。

Mora的櫥窗擺了許多甜點專業用具

甜點食材天堂小店鋪

G.DETOU

MAP P.115／B1
9號出口
步行約4分鐘

DATA

✉56 rue Tiquetonne, 75002, Paris ☎+33(0)142390804 ⏰週一～六08:30～18:30 休週日 ➡從地鐵9號出口出來，沿著rue Rambuteau走到rue Montmartre，過了rue Etienne Marcel，右轉rue Tiquetonne

G.DETOU是巴黎甜點部落客最愛採買原料的店鋪之一，它跟A.SIMON是同一個老闆。店鋪雖小，但食材幾乎從地板排滿到天花板，讓人一進門，就會完全忘了自己原先要買什麼，總是被那些琳瑯滿目的食材吸引。

G.DETOU可買到許多品質很好，但價格卻比零售價低的好物。店員總是非常熱情地為客人解說，如果已經很確定要買什麼食材或是需要一些建議的人，最好在早上8點半，店一開門就進去，那時店家就專屬你一人了。

以下列舉推薦食材：1.巧克力專業品牌Valrhona、Du Barry 2.布列塔尼食品色素 3.翻糖品牌Renshaw 4.法國芥末醬。有許多口味，蜂蜜口味適合不吃嗆辣味道的客人。

1 老闆藏在櫃檯下請人試吃的巧克力，實在太美味 **2** 法國芥末醬有各式口味 **3** 乾燥菇類、醃漬灌頭食品、油醋類

懂得低調優雅，時尚才會持久

棉花櫃檯
Comptoir des Cotonniers

MAP P.115／B1
9號出口
步行約3分鐘

DATA

✉35 rue Etienne Marcel, 75001, Paris ☎+33(0)142335770 ⏰週一～六11:00～20:00、週日13:00～19:00 ➡從地鐵9號出口出來，沿著rue Rambuteau走到rue Montmartre，碰到rue Etienne Marcel，店就在左手邊的三角窗

棉花櫃檯在法國非常受小資族歡迎，以天然素材、簡潔的設計、修身的剪裁等因素，讓它在法國迅速擴張，擁有多家分店。8年前被日本集團收購之後，國際版圖更加擴大。

這個品牌給人溫暖的感覺，因為它請素人母女當廣告模特兒，它的母女裝不呆板，不知道的人，還會以為是姊妹穿搭風。也因為它這種低調的設計，外國遊客時常會忽略它。我自己買過它的風衣，幾乎搭配什麼都很好看，質感非常舒適，可以考慮在衣櫃裡，增添一件它們的衣服。

1 風衣是它的招牌產品 **2** 充滿時尚感讓它迅速受到巴黎人的愛戴

特色美食

時尚摩登的玻璃鐘罩酒吧

空餐廳
Restaurant Kong

DATA

kong.fr ⊠1 rue du Pont Neuf, 75001, Paris +33(0)140390900 週一～四12:00～18:00、19:00～23:45、週五～六12:00～18:00、19:00～01:00、週日12:00～18:00、19:00～23:45 前菜＋主餐€51～78 從地鐵12號出口出來，沿著rue de Rivoli走，左轉rue de Pont Neuf，與Samaritaine百貨在同一大樓，入口不同

空餐廳10幾年來，在面對塞納河的一棟奧斯曼樓頂駐足，半圓頂全玻璃鐘罩式的空間，讓你可以欣賞巴黎夜景，直眺新橋以及兩旁老巴黎風的門樓。

空餐廳我去過兩次，一次白天，坐在透明窗最尾端的位子，直看塞納河和新橋；另一次則是夜晚，眺望在奧斯曼大樓裡面的LV總部辦公室；白天和夜晚各有不同的風情，以價位來說，能欣賞到這樣的景色，算是非常值得。空餐廳的室內設計和菜肴走混搭風，空間裡充滿了西方與亞洲面孔的結合影像，菜色有偏日系混搭風料理，例如壽司配煎鵝肝。

空間是由法國知名設計師菲利浦·史塔克(Philippe Starck)所設計，菲利浦設計的範圍包括建築、家具，生活用品及空間設計，他擅長運用令人驚喜的手法，讓空間多一份無法取代的價值。幾乎只要請菲利浦設計的潮餐廳，都能立刻受到巴黎人及國際的青睞。4樓的沙發酒吧(Lounge bar)有很棒的雞尾酒，每個週末有DJ挑選快舞音樂，晚間11點後，這裡搖身一變成為年輕活潑的巴黎派對舞廳。

1 直接眺望新橋 2 5樓玻璃鐘罩廳 3 前菜可挑多種小菜兩人分享 4 視覺結合味覺，蛤蠣看起來很新鮮

特色美食

百年蝸牛老店

蝸牛
L'escargot

DATA

MAP P.115／B1
9號出口步行
約3分鐘

🌐www.escargotmontorgueil.com ✉38 rue Montorgueil, 75001,Paris ☎+33(0)142368351 🕐週一～日12:00～23:00 ❌每年11月6、7號 ➡從地鐵9號出口出來，沿著rue Rambuteau走到rue Montorgueil，在Caldo Freddo的隔壁

法國的食物屬於拉丁風，傳統以來烹調的食物種類，比英美相對豐富，對英美國家的人從沒烹調過的食材，在法國可能早就傳承百年。蝸牛就是英國人典型嘲笑法國食物的一種。

蝸牛本身肉質其實不太有味道，讓它能征服法國人及國際老饕味蕾的重點，在於醬料配方。

蝸牛餐廳，創建於1832年，它提供的醬料配方非常多樣，還有鵝肝、金箔、松露等貴重食材來佐料入醬，吸引許多遊客。

1 香蒜奶油醬的蝸牛，挖出來後放在烤土司條上吃 2 冷盤淡菜 3 餐廳門面上有隻招牌金蝸牛 4 溫馨的入口玄關處 5 百年老店的古典裝潢

❧ 蝸牛餐廳菜單解讀 ❧

蝸牛數有6、12、36顆等不同選擇，每道菜下面都有推薦配酒。如果把點的蝸牛當前菜，菜單上還有很多很優質的主餐可以一起點。

Escargots Tradition
蝸牛香菜蒜味奶油醬

Succulents Bourgogne au beurre truffé
勃根地蝸牛佐松露奶油醬

Escargots Montorgueil au foie gras de Canard
夢投閣蝸牛佐鵝肝醬

L'Escargot d'Or estampillé 24 carats
鑲24k金箔的蝸牛佐香菜醬

特色美食 最棒的義大利速食
Caldo Freddo

MAP P.115／B1
9號出口
步行約2分鐘

DATA

caldo-freddo.zenchef.com 34-36 rue Montorgueil, 75001, Paris +33(0)144760421 11:00～24:00 €4.5～15 從地鐵9號出口出來，沿著rue Rambuteau走到rue Montorgueil

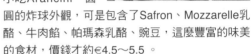

這一區有很多好吃的義大利餐廳，在競爭激烈的夢投閣街上，要能生存，絕對要做出特色、價錢又親民的菜色。來自托斯卡尼的老闆Sandro，開這間義式餐廳已經14年了，店裡有來自西西里的特色小吃Arancini，圓圓的炸球外觀，可是包含了Safron、Mozzarelle乳酪、牛肉餡、帕瑪森乳酪、豌豆，這麼豐富的味美的食材，價錢才約€4.5～5.5。

熱情的Sandro常拿剛出爐的松露披薩切片，請過路或進門買食物的客人試吃，因此吸引許多饕客上門。樓上還有座位木梁的座位區，外帶或內用都可以。

1 Arancini **2** 單點一片披薩，加顆烤熱過的Arancini，好吃又快速的一餐解決了 **3** 1樓點餐外帶區

特色美食 回到百年前的繁忙餐館
吧檯高級料理
Le Comptoir de la Gastronomie

MAP P.115／B1
9號出口
步行約3分鐘

DATA

comptoirdelagastronomie.com 34 rue Montmartre, 75001, Paris +33(0)142333132 店鋪週一～09:00～20:00、週二～六08:00～20:00；餐廳週一～六12:00～23:00 週日 主餐€15～25 從地鐵9號出口出來，沿著rue Rambuteau走到rue Montmartre

巴黎店家的招牌都很有特色，常會以自家的招牌商品，訂製一個屬於自己店鋪的招牌，這家的招牌是隻鵝，再貼近它的生鮮玻璃櫥窗看，你會看到大大小小的真空包裝鵝肝，是的，鵝肝醬就是這家的招牌商品。

1894年成立至今，櫃檯還維持結帳人員在小木門房裡的那種老風格。店裡分成兩部分，進門左邊屬於外賣精緻食品，有鵝肝、魚卵、燻鵝肉以及香菇等；右邊則是用餐區。平常店裡常常高朋滿座，到了冬天推出生蠔料理，鵝肝又是聖誕節必備菜肴，因此經常一位難求。

1 鵝招牌配新藝術風格的門窗 **2** 各種大小的鵝肝醬

(圖片提供／Paris tourist office, Photographe：Daniel Tier

4號線

巴黎起源地的搖籃

西堤島站
Cité

Étienne Marcel 黑甜馬爾站

Châtelet-les-Halles夏特雷-勒阿樂站

Châtelet 夏特雷站

Cité 西堤島站

Saint-Michel聖米歇爾站

Odéon歐德翁站

Saint-Germain-des-Prés
聖哲曼德德佩站

(RER) (A) (B) (D)

CDG
Orly

(M) (1) (7)
(11) (14)
(RER) (A) (B) (D)

(RER) (B) (C)

(M) (10)

← Porte de Clignancourt

Mairie de Montrouge →

地圖標示：

- Pont Neuf
- 瓦爾嘉朗廣場 Square du Vert-Galant
- 新橋 Pont Neuf
- Quai de la Mégisserie
- 夏特雷站 Châtelet
- 聖賈克塔 Tour Saint-Jacques
- 11號線
- 市政府 Hôtel de Ville
- 太子廣場 Place Dauphine
- Quai de l'Horloge
- 交換橋 Pont au Change
- Quai de Gesvres
- 巴黎市政廳 Hôtel de Ville
- rue de Rivoli　1號線
- rue de Harlay
- 巴黎古監獄 Conciergerie
- 諾特丹橋 Pont Notre-Dame
- 聖保羅站 Saint-Paul
- 聖米歇爾橋 Pont Saitn-Michel
- 聖禮拜堂 Sainte-Chapelle
- 西堤島站 Cité
- rue de Lutèce
- 阿口爾橋 Pont d'Arcole
- 7號線
- rue de l'Hôtel de Ville
- rue de Fourcy
- 塞納河 La Seine
- Quai des Orfèvres
- 4號線
- 出口
- 西堤島 Île de Cit
- rue d'Arcole
- 14號線
- 聖米歇爾站 Saint-Michel-Notre-Dame
- rue des Grands Augustins
- Quai du Marché Neuf
- 卡迪娜．露絲提橋 Petit Pont Cardinal Lustiger
- rue du Cloître-Notre-Dame
- 聖路易橋 Pont Saint-Louis
- 路易菲利浦橋 Pont Louis Philippe
- Quai de Bourbon
- Pont Marie
- rue Séguier
- 聖米歇爾廣場 Place Saint-Michel
- 莎士比亞書店 Shakespeare and Company
- 聖母院 Cathédrale Notre-Dame de Paris
- rue St.-Louis en l'île
- Quai d'Anjou
- Boulevard St.-Germain
- 10號線
- 雙倍橋 Pont au Double
- Quai de l'Archevêché
- rue des Deux Ponts
- 聖路易島 Île St.-Louis
- rue Poulletier
- Quai de Bourbon
- Cluny-La Sorbonne
- 長了翅膀的螞蟻 La Fourmi Ailee
- 阿舍斐社單 Pont de l'Archevêché
- Quai de la Tournelle
- 貝蒂永冰淇淋店 Berthillon
- Boulevard du Palais
- rue St.-Jacques
- Maubert-Mutualité
- Pont de la Tournelle
- Quai de la Tournelle
- 北

巴黎地鐵：4號線

磊阿勒站　艾汀馬歇爾站　夏特雷站　**西堤島站**　聖米歇爾站　歐德翁站　聖哲曼德佩站　聖許畢斯站　蒙帕那斯站　克里雍庫爾門站

西堤島是位在塞納河上的一個島，在巴黎的正中心，西元12世紀就在這裡安頓的聖母院，幾乎是這個占地約22公頃小島的重心。它的左右兩邊總共有10座橋，連結塞納河左岸與右岸，有時不經意走過，根本忘了它是座島。塞納河的蒼蠅遊船在聖母院旁有個停靠站，這裡一年四季都是遊客。

旁邊還有一個聖路易島（île-Saint-Louis），同為天然島，它是法國第一批城市化的地區。島上只有一條街，大部分的屋主長期住國外，這裡還有些咖啡餐廳和家庭式經營的老牌冰淇淋店。

巴黎達人 *Paris*
3大推薦地

 巴黎人首推
貝蒂永冰淇淋店

巴黎到處都看得到的貝蒂永冰淇淋，誕生在只有一條街的聖路易島上，堅持高品質用料的老店，吸引全世界的目光。(P.131)

遊客必訪
聖母院

即便因為2019年4月的火災造成內部毀損，重建過程在短時間內無法對外開放參觀，但這裡仍是最具指標性的景點，每天有許多的旅客到此朝聖。(P.126)

 作者最愛
新橋

如果搭乘塞納河遊船，從羅浮宮方向駛向聖母院，會看到一條橋橫跨過西堤島，它高雅的12個橋墩，是情人、畫家的最愛(P.128)。

(圖片提供／Paris tourist office, Photographe：Sarah Sergent)

遊賞去處

大文豪雨果《鐘樓怪人》小說的場景 MAP P.125／B2

聖母院
Cathédrale Notre-Dame de Paris

出口步行約5分鐘

DATA

聖母院notredamedparis.fr；聖母院塔tours-notre-dame-de-paris.fr 6, Place du parvis de Notre-Dame, 75004, Paris +33 (0)142345610(電話服務時間09：30～18：00) 2019年4月19日，一場大火燒掉了聖母院的尖塔，內部嚴重毀損，目前正在重建，不對外部開放參觀

聖母院是一間天主教堂,從1163年就已經坐落在西堤島上,因為當時人口急速擴張,在莫利斯·述利(Maurice de Sully)的強力主導下,展開約87年密集的擴建工程,但之後在14、17、18世紀都有陸續更改加建,所以整體建築並沒有完整性,最明顯的風格是哥德(Gothique)式建築風。

聖母院的歷史意義對巴黎市來說永遠排在第一位;多位法國總統,如戴高樂(Chartle de Gaulle)、喬治·龐畢度(Georg Pompidou)、密特朗(François Mitterrand) 辭世的儀式都在這裡舉行。有一次我去的時候剛好碰到大彌撒,看見穿著白袍、紅袍的修士、神父,由前方拿長白蠟燭的人引領成排走出來,上百個人安靜無聲,光線透過四面八方的彩繪玻璃灑進,有種進入了時光隧道,但不知道身在那個年代,感覺非常奇幻。

每年拜訪聖母院的遊客達到2,000萬人次,是法國及歐洲最多人造訪的地點。2019年4月15日傍晚,一場因工程引起的大火,燒掉了聖母院幾乎全部的屋頂、尖塔及15%的梁柱,這裡的梁柱都是西元1200年時所砍下的整顆大樹,非常耐用,若不是這麼大的災難,不會輕易被摧毀。大火之前的聖母院外觀非常有趣,側邊屋簷處有像野獸般橫跳出的雕像,在下雨的時候,屋頂上的積水會從野獸的口中噴流出來,登頂鐘樓也會看到人獸雕像。維克多·雨果(Voctor Hugo)的小說《巴黎聖母院》,又譯為《鐘樓怪人》,整個場景就是以1482年的聖母院為背景的,這本小說被改編過電視、電影。

大火燒了聖母院,不僅法國人心疼,全世界愛好古蹟的人,都甚感遺憾。法國政府承諾至少投入10億歐元來重建聖母院,這裡將匯集世界各地古蹟修復高手。

1 彩繪窗 2 聖母院的外觀 3 莊嚴美麗的大廳 4 教堂的雕塑,裝飾繁複而美麗 5 穿白、紅袍的神職人員進場做彌撒 6 啟發了小說《鐘樓怪人》的場景(圖片提供／Paris tourist office, Photographe:Amélie Dupont)

遊賞去處

連接聖米歇爾區和聖母院的古銅花橋

雙倍橋
Pont au Double

DATA

MAP P.125／B3
出口步行約6分鐘

✉Pont au Double ➡地鐵出來後，左轉走rue de lutèce，然後右轉rue de La Cité，順著聖母院前廣場旁Prom Maurice Carême這條路約走2分鐘，就會看到右手邊塞納河上的雙倍橋

雙倍橋建於1881～1883年之間，當初建造的目的，主要連接西堤島上神的醫院Hôtel de Dieu的兩棟大樓。它是座徒步橋，整座橋身用鑄鐵打造，然後覆蓋上紅銅，酷似一座古董橋，在塞納河眾多橋裡，是非常特別的材質。

天氣好時，許多人喜歡在橋下野餐、散步、閒坐，然後順便欣賞聖母院的側邊建築。塞納河遊船通常行駛到這裡，都一定會暫停一下，讓遊客好好欣賞聖母院的外觀建築。這座橋連接了聖米歇爾區到西堤島，因為西堤島的面積小，地段昂貴，許多人會走雙倍橋到聖米歇爾拉丁區用餐或購買生活用品。

1 記得下橋看橋身精美的銅雕花 **2** 雙倍橋連接聖母院和聖米歇爾(圖片提供／Paris tourist office, Photographe：Daniel Thierry)

遊賞去處

因為電影《新橋戀人》紅遍全世界的一座老橋

新橋
Pont Neuf

DATA

MAP P.125／A1
出口步行約8分鐘

✉Pont Neuf ➡地鐵出來後，右轉走rue de Lutèce，到底左轉Boulevard du Palais，然後右轉Quai des Orfèvres走約6分鐘就會看到新橋

新橋其實一點都不新，而且是巴黎最古老的一座橋，建造時間從16～17世紀。名為新橋是因為橋上沒有蓋住所、兩側有保護行人和馬的走道，這兩個元素在當時非常新潮，它也是塞納河上第一座全部用石頭打造的橋。

1991年法國鬼才導演李歐‧卡霍(Leos Carax)，拍攝的電影《新橋戀人》(Les Amants du Pont-Neuf)以新橋為背景，描述有眼疾的富家千金和流浪漢的愛情故事，這部電影因為法令的限制，只能在其他地方搭了一座跟新橋一模一樣的橋來拍攝。這部法國史上花費最高的愛情文藝片，從此讓新橋成為全世界戀人必訪的聖地。目前它已列入世界文化遺產。

橋上半圓形的橋墩可坐人(圖片提供／Paris tourist office, Photographe：Jaques lebar)

遊賞去處

彩繪玻璃鋪成的教堂

聖禮拜堂
Sainte-Chapelle

MAP P.125／A1

出口步行約
4分鐘

DATA

http sainte-chapelle.fr ✉ 8 Boulevard du Palais, 75001, Paris ☎ +33
(0)153406080 🕐 1/2～3/31 09:00～17:00，4/1～9/30 09:00～
19:00，10/1～12/31 09:00～17:00 🚫 1/1、5/1、12/25 💰 全票€10，
18歲以下免費，和巴黎古監獄票聯合套票買為€15 ➡ 地鐵出來後，左轉
走rue de Lutèce，右轉Boulevard de Palais就到 ❓ 法院和聖禮拜堂
共用一個入口，所以入口的檢查更加森嚴，通常會分兩邊，一邊進入法
院，另一邊進入禮拜堂，最好先問清楚是哪一邊是聖禮拜堂的方向，不
過，通常排隊隊伍較長的就是了

　　法國國王路易九世在1248年，蓋了這座擁有最美麗彩繪玻璃的教
堂，有15扇15公尺高，1,113個與耶穌有關的故事場景，花了7年的
時間才完工。當初專門用於保存耶穌基督受難時戴的荊冠和十字架，今天，這兩件寶物已經移到聖
母院的寶物室。

　　聖禮拜堂分成上下兩層，下層是給平民與奴僕做彌撒，上層則是給貴族皇室使用，雖然下層較陰
暗，但對角拱柱、裝飾，都可以看得出濃濃哥德式的建築。尤其天氣好，陽光透進彩色玻璃所產生
的炫麗色彩，更是讓人覺得身處另一個時空。

1 各地遠來的遊客，對著目不暇給的彩繪玻璃猛拍照(圖片提供／Paris tourist office, Photographe：Daniel Thierry) **2** 聖
禮拜堂的外觀 **3** 美麗的彩色玻璃(圖片提供／黃碧嬌) **4** 雖然參觀的人多，教堂還是頗寧靜(圖片提供／黃碧嬌)

瑪麗・安東尼皇后最後的囚房監獄

巴黎古監獄
Conciergerie

MAP P.125／B1

出口步行約3分鐘

DATA

paris-conciergerie.fr/en 2, Boulevard de Palais, 75001, Paris +33(0)153406080 1/1～12/31 09:30～18:00 1/1、5/1 全票€9，26歲以下免費，和聖禮拜堂聯合套票合買為€15 地鐵出來後，走左邊的rue de Lutèce，右轉Boulevard de Palais，過了聖禮拜堂就到

巴黎古監獄屬於巴黎法院區的一部分，原先為皇宮，14世紀法國皇宮紛紛遷移到凡爾賽宮外圍，這裡變成巴黎的第一間監獄。法國大革命期間，這裡關進許多犯人，要送上斷頭台的人，都被先送來這兒的「斷頭台前廳」審判。

其中最有名的囚犯，就是皇后瑪麗・安東尼(Marie Antoinette)，她奢侈成性，放蕩不羈，最後在這裡過著簡樸的生活，這裡仍保留她當年住過的單人囚房；在紀念品處，有很多以她編成的故事書、香氛用品，以一個歷史重囚的角度來看，頗耐人尋味。古監獄面對塞納河，有3座宏偉的古塔，在交換橋(Pont au Change)的轉角，有一面巴黎最古老的鐘樓，建於1370年。

1囚犯放風的中庭戒備森嚴，插翅難飛 **2**監獄內部簡樸，但仍能感受老建築的古典美 **3**最古老的鐘樓 **4**從阿口爾橋(Pont d'Arcole)望巴黎古監獄

巴黎最原汁原味的冰淇淋、冰沙

貝蒂永冰淇淋店
Berthillon

http berthillon.fr ✉ 29-31 rue Saint-Louisen l'Île, 75004, Paris
☎ +33(0)143543161 ⏰ 週二～日10:00～20:00 休 週一，大約每年的7/22
～8/28會休約1個月年假 $ 外帶2球約€4 ➡ 地鐵出來後，走到聖母院後面，
走過聖路易橋，右轉rue Saint-Louis，走約5分鐘就到。或是坐到地鐵站Pont
Marie出口出來，過Pont Marie橋，左轉rue Saint-Louis就到

這個幾乎所有人都會來的貝蒂永冰淇淋店，在1954年由Raymond Berthillon開創，到今天已經是第五代相傳的冰店。貝蒂永的冰淇淋小攤，你在巴黎許多大街小巷，或是百貨公司，都可以看到它的身影，最難得的是，他們的冰淇淋，目前都還是在聖路易島上的這間老店生產。

他們的產品，有分加高品質鮮奶和各種季節性水果的冰淇淋(Glace)，以及清爽的冰沙(Sorbet)，他們家最經典的是草莓冰沙，從開店以來，一直是熱門冠軍口味，我曾經嘗過，冰沙一入口，香氣十足、非常消暑。老店有外賣店鋪，也有座位區，不然rue Saint-Louis這整條街，也都有貝蒂永的代理販售店喔！

1 清爽的冰沙 2 rue Saint-Louis街上，到處都是貝蒂永的代售點 3 典型有質感的巴黎老店門面 4 老店無論何時，都是大排長龍 5 如不想排隊，在rue Saint-Louis，只要看到Berthillon，就可以買他們的冰淇淋

4號線

年輕藝文的拉丁區

聖米歇爾站
Saint-Michel

Châtelet-les-Halles
夏特雷-勒阿樂站

Châtelet 夏特雷站

Cité 西堤島站

Saint-Michel 聖米歇爾站

Odéon 歐德翁站

Saint-Germain-des-Prés
聖哲曼德佩站

Saint-Sulpice
聖許畢斯站

(RER) (A) (B) (D)
🚄 CDG
Orly

(M) (1) (7)
(11) (14)
(RER) (A) (B) (D)

(RER) (B) (C)

(M) (10)

← Porte de Clignancourt

Mairie de Montrouge →

聖米歇爾站街道圖

聖米歇爾在西堤島的左邊，慣稱為左岸。以聖米歇爾廣場為中心，往盧森堡公園的方向，一路會經過索邦大學拉丁區；往塞納河過了橋，就到西堤島、聖母院。巴黎典型明信片風景的綠盒子書攤、獨立書店、獨立電影院，還有學生或遊客都愛的餐廳，都在這裡。這一帶拉丁區，最早一批移民來自希臘，所以這一帶希臘餐廳特別多，由於就在聖母院對面，遊客整年絡繹不絕，非常熱鬧。在左岸的塞納河岸，有許多咖啡廳、餐館，可直接眺望聖母院，西堤島上的餐廳選擇較少，逛完西堤島的人不妨直接過橋，到人文風情濃厚的左岸用餐，再繼續逛下去，可輕鬆連到盧森堡公園以及聖哲曼區。這裡典型的「左岸」風情，百年不變。當年海明威旅居巴黎，這裡的莎士比亞書店，陪伴他渡過當記者的窮日子。

 遊客必訪

聖米歇爾廣場

這裡是左岸文青最愛約見面的地點，往下走去拉丁餐廳區、索邦大學、獨立電影院，左岸的人文風情，就從這裡開始。(P.134)

作者最愛

莎士比亞書店

與其說它是個書店，不如說它是個對文學熱愛的精神象徵。連1921年旅居巴黎的海明威，都曾來這借過書。(P.135)

巴黎人首推

歐蝶特

童話般的屋子，賣著鮮豔色彩的泡芙。它在一條安靜的石鋪小巷中，坐在這裡喝下午茶，直看聖母院。(P.136)

遊賞去處 | DATA

拉丁區的胃

聖米歇爾廣場
Place Saint-Michel

MAP P.133／A2
3號出口出站即達

✉Place Saint Michel ➡從出口3出來，聖米歇爾廣場就在左邊

如果你和巴黎人相約，聖米歇爾廣場應該是其中一個最常約碰面的地點。它中間有一座噴泉，建於1860年，屬於奧斯曼(Haussmann)建築風格，整棟建築體成燕尾狀，廣場直直對過去就是一條開往西堤島的橋。

建議由聖米歇爾廣場往Gibert Jeune書店方向，走進這個充滿法國薩法省(Savoie)及希臘的餐廳小區。為什麼這裡會有這麼多的同類型餐廳呢？因為和巴黎市的歷史有關。此區在巴黎剛開始發展時，最先來此定居就是薩法省及希臘人；這裡餐廳大多提供起司火鍋，對沒有機會去阿爾卑斯山嘗試這種雪地佳肴的人來說，來這兒就對了。

以下幾條街，很適合逛逛：rue de la Harpe、rue Saint-Séverin、rue de la Harpe、rue Xavier Privas。

1 聖米歇爾廣場 **2** 拉丁區的這個餐廳聚集地，是個不夜城 **3** 小巷子裡，希臘餐廳很多

遊賞去處

擁有世界文化遺產頭銜的綠色書攤

舊書攤
Les Bouquinistes

DATA

☒左岸從Quai de la Tournelle到Quai Voltaire這兩個河堤段；右岸從Pont Marie橋到Quai du Louvre河堤為止◎原則上是每天早上到傍晚➡從出口1出來，右轉到Quai Saint Michel河岸，就可以看到一部分書攤

　　這些在塞納河兩岸的綠色書攤，專賣古書、二手舊書、名信片、舊海報，是典型的巴黎風景之一，起源可以上溯到16世紀。全部約有900個綠色盒子書攤，200多個書商。

舊書攤、聖母院，都是上了世紀的文化產物

　　這個特殊的人文景象，已經在2011年註冊為世界文化遺產。擁有光環的書商，其實經營並不容易，書攤還必須要符合一定的開業日數，否則執照會被取消。隨著網路書店的發達，一般的書店都必須要全力已赴的生存，更何況這些還看看天氣，賣舊書的書攤呢？下次經過，記得買張明信片或舊書，讓老巴黎風景能繼續存在。

購物血拼

旅人、作家相遇的地方

莎士比亞書店
Shakespeare and Company

DATA

http shakespeareandcompany.com ☒37 rue de la Bûcherie, 75005, Paris ☏+33(0)143254093 ◎10:00～22:00 ➡從出口1出來，右轉沿著Quai Saint-Michel走，過了rue du Petit Pont，往右前方走進rue de la Bûcherie，經過兩間餐廳就到 ❓Tumbleweeds的申請郵件news@shakespeareandcompany.com

　　喬治‧懷門(George Whitman)一生中旅行多國，所到之處，受到陌生人慷慨招待得以有暫時的落腳之處，為了回報自己受到的幫助，他在1951年創立了這間書店，接受旅人、作家、藝術家在書店裡免費住宿。住宿者每天必須在書店付出幾個小時的工作時間、每天讀一本書、寫一頁自傳，存進喬治的文件檔案；這就是書店裡所稱的Tumbleweeds(類似台灣打工換宿的制度)，所以書店中藏有13個床位供人住宿，白天則看不到。喬治是美國人，店裡賣的都是英文書。50年代，有許多美國作家在此居留，至今，已有超過30萬人在此做過Tumbleweeds。

　　1921年海明威帶著新婚妻子來到巴黎，沒什麼錢的他，喜歡到莎士比亞書店賒帳借書，在海明威的巴黎回憶錄裡，多次提到這間書店。喬治的女兒希比亞‧懷門(Sylvia Whitman)接手後，常在書店內辦文化活動，例如2年一次的美國當紅作家交流會FestivalandCo，以及Paris Literary Prize文學獎；老書店的歷史與新店主的創新，讓這間獨立書店成為巴黎特殊的風景，也因此常成為影視媒體的拍攝地點。

　　書店旁還自營一間咖啡廳，天氣好時，坐在戶外露天座，有櫻花樹的遮蔭，可以欣賞聖母院全景。

1 書店的2樓有著樸實的人文氛圍 **2** 天氣好時擺出書攤，賣書也趁機曬書

人文餐廳

MAP P.133／B3
1號出口步行約7分鐘

長了翅膀的螞蟻
La Fourmi Ailee

DATA

✉8 rue du Fouarre, 75005, Paris ☎+33(0)143294099 🕐12:00～00:00 💰主餐約€12～17 ➡從出口1出來，右轉沿著Quai Saint-Michel走，越過rue du Petit pont，繼續沿著Quai de Montebello，然後沿著rue Lagrange，接rue du Fouarre，找8號即到達本餐廳

這間非常溫馨可愛的餐廳，一進去就會被它兩旁陳列的書架所吸引，這些書籍不止是裝飾，更敘述著它的歷史；25年前，餐廳老闆要接手這裡時，它是一間女性主義圖書館，在這個充滿人文氣息的區域，繼續沿用它前身的故事來點綴現在的餐廳，是最好的賣點。

店裡提供的餐點價位非常親民，配合多樣的茶款及自家烘焙的蘋果派甜品，受到上班族及內行巴黎人的喜愛。我每次只要到聖母院附近，接近午餐時間，一定會選這間，不用預約，價錢平實，又可以吃到一般的法國家常菜。

1 法國家常菜番茄燉小羊排 **2** 餐廳內非常有書香氣息

祖母的甜點

MAP P.133／B3
1號出口步行5分鐘

歐蝶特
Odette

DATA

✉77 rue Galande, 75005, Paris ☎+33(0)14326106 🕐平日12:00～20:00、週末10:00～20:00 ➡從出口1出來，右轉沿著Quai Saint-Michel走，右轉rue du Petit Pont，左轉rue Galande約半分鐘就到

歐蝶特是老闆菲德瑞克・貝弟(Frédéric Berthy)祖母的名字。在他小時候每週三回祖母家時，泡芙是祖母必定準備的甜點，這個孩時的甜美滋味，到他35歲時，決定把它變成一個實際品牌。

泡芙是法國的家常甜點，不過對一般家庭主婦來說，有點小難度，但對甜點師來說卻是輕而易舉。它的大小，剛好一兩口就可吃完，大受孩童們的喜愛。近幾年，越來越多只賣泡芙的專賣店，口味多樣，顏色討喜的外型，讓泡芙成為熱門甜點。

這裡的泡芙有9種固定口味，偶爾推出季節性的口味。這間店面位於一間可愛的獨棟巴黎老房子中，有露天座，和2、3樓座位區。

1 多顏色多口味的一口泡芙 **2** 可愛的露天座位區

木屋裡的火鍋

特色美食

聖米歇爾木屋
Le Chalet Saint-Michel

DATA

MAP P.133／B2

2號出口步行約3分鐘

✉43, rue de la Harpe, 75005, Paris ☎+33(0)144070728 ◷12:00～22:45 $主餐€13～25 ➡從出口2出來，往後走，左轉進rue de la Huchette，右轉rue de la Harpe，再走約1分鐘就到

記得剛來巴黎時，很想去阿爾卑斯山感受一下山木屋的氣氛，還有品嘗久聞的起司火鍋，不過，當時時間上的考量，無法一下去到那麼遠的地方；而位在聖米歇爾廣場附近幾條充滿起司火鍋的餐廳街上，滿足了我當年的願望。

這個餐廳提供兩類法國傳統菜色，一種是山區寒冷區域所吃的食物，如起司火鍋(Fondue)、法國亞爾薩斯的薄披薩(Tartiflette)；另一種是一般法國家常菜，如鴨腿、雞、魚等主餐；前菜有洋蔥湯、6粒勃根地蝸牛、沙拉；甜點有翻轉蘋果派(Tarte Tatin)、烤布蕾(Crème Brûlée)等可選擇，想要品嘗典型的法式家常菜，或是外省的特殊菜肴，這裡是個好選擇。

1昏黃溫暖的燈光 **2**門口就有菜單和標價

起司火鍋、石頭烤肉、法國薄披薩，盡在國王農田

特色美食

國王的農田
Le ferme du Roi

DATA

MAP P.133／B2

2號出口步行約3分鐘

✉7 rue Saint-Séverin, 75005, Paris ☎+33(0)142384722 ◷11:30～23:00 $起司鍋€15～18 ➡從出口2出來，往後走，左轉進rue de la Huchette，右轉rue de la Harpe，再左轉rue Saint-Séverin走1分鐘就到

法國山區寒冷的地方，以起司入菜的佳肴非常多。國王的農田專門提供法國各山區的菜肴，如起司火鍋(La fondue aux fromages)，通常會提供3種不同的起司，以及一大盤小方格麵包。叉著麵包，沾附正由酒精燈加熱熔化的起司一起吃，配杯白酒會更好消化。

還有薄吉牛火鍋(La fondue bourguignonne)，店家會提供新鮮切塊的牛肉、蒜、各種香料，以及一鍋滾熱的小油鍋，讓客人用叉子插入小牛肉下鍋炸，然後沾料吃；或者可以試試近年來流行的熱石片烤肉(La Pierrade)，把肉片、馬鈴薯等放在個人份的熱石盤上烤，非常有趣。另外法國亞爾薩斯省聞名的薄披薩(Tartiflette)，放上起司、醃豬肉等食材，適合不想吃太多分量的人。

1起司台 **2**餐廳內部

4號線

左岸文藝薈萃之地

歐德翁站
Odéon

Châtelet 夏特雷站　Cité 西堤島站　Saint-Michel 聖米歇爾站　Odéon 歐德翁站　Saint-Germain-des-Prés 聖哲曼德佩站　Saint-Sulpice 聖許畢斯站　Saint-Placide 聖皮拉許站

Ⓜ ① ⑦
⑪ ⑭
RER Ⓐ Ⓑ Ⓓ

RER Ⓒ

Ⓜ ⑩

← Porte de Clignancourt

Mairie de Montrouge →

歐德翁站街道圖

地圖標註（A-D / 1-3）

雙叟咖啡 Les Deux Magots
聖傑曼德佩教堂 Eglise Saint Germain des Prés
狂野之家 Maison Sauvage
rue de l'Ancien Comédie
rue André Mazet
rue des Grands Augustins
Allison
Cour du Commerce Saint-André
聖米歇爾站 Saint-Michel
4號線
Boulevard Saint-Germain
聖哲曼德佩站 Saint-Germain des Prés
rue de Buci
rue de Seine
rue Grégoire de Tours
rue Saint-André des Arts
賈蔻斑 La Jacobin
波蔻布 Le Procope
rue Suger
聖米榭爾廣場 Place Saint-Michel
rue du Dragon
rue du Four
Mabillon
Regis
喬治‧拉尼可之家 Maison Georges Larnicol
歐德翁小棧 Le Relais Odéon
rue de Rennes
rue Mabillon
rue Clément
歐德翁站 Odéon
出口1
聖安德烈中庭 Cour du Commerce Saint-André
Boulevard Saint-Michel
rue de Montfaucon
rue Guisarde
出口2
rue des Écoles de Médecine
10號線
Cluny-La Sorbonne
Pierre Hermé
rue Lobineau
rue Saint-Sulpice
rue de l'Odéon
聖許畢斯站 Saint-Sulpice
rue Bonaparte
聖許畢斯教堂 Eglise Saint-Sulpice
rue Palatine
Place Saint-Sulpice
rue de Tournon
Monsieur le Prince
rue de Condé
巴黎醫學院 Faculté de médecine de Paris Descartes
rue Racine
rue Férou
rue de Servandoni
盧森堡公園 Jardin du Luxembourg
歐德翁廣場 Place de l'Odéon
歐德翁劇院 Odéon Théâtre de l'Europe
北
rue de Vaugirard
安潔莉娜 Angelian

這一站和聖哲曼德佩兩站，合稱聖哲曼區。歐德翁站後面連著占地廣大的盧森堡公園、盧森堡博物館、醫學院，大眾或特殊專題書店、獨立電影院、歷史性咖啡館，還有非常多的熱門酒吧，自古就是文化薈萃之地。

　　沿著波寇布名人咖啡館的 rue de l'Ancienne Comédie街，順著一整條都是酒吧餐廳的布希街，這是來到巴黎一定要感受的青春之地，然後，再轉到聖哲曼大道，輕鬆散步，接到另一個充滿設計師店面的聖哲曼站。

巴黎達人 *Paris*
3大推薦地

遊客必訪
盧森堡公園

巴黎人最愛的公園，介於最熱鬧的聖哲曼和人文索邦學區，藝文活動不斷，有人說它就像紐約的中央公園。(P.141)

(圖片提供／Paris tourist office,
Photographe：David Lefranc)

作者最愛
波寇布

巴黎最古老的文人咖啡館。穿過18世紀蓋的Cour du Commerce St. André，彷彿又看到了伏爾泰和其他高級知識分子，在高談思辯。(P.144)

(圖片提供／Procope)

巴黎人首
喬治‧拉尼可之家

隨時經過這間店，都有令人流連忘返的造型巧克力，得過法國最佳甜點師獎的喬治，在他吸睛的店裡，也賣布列塔尼甜點。(P.142)

穿過時光隧道，來到美麗年代

MAP P.139／C2
1號出口出站即達

遊賞去處
聖安德烈中庭
Cour du Commerce Saint-André

DATA

✉入口1：130 Boulevard Saint-Germain, 75006, Paris；入口2：49 rue Saint-André des Art, 75006, Paris；入口3：19 rue de l'Ancienne Comédie, 75006, Paris🕐00：00〜18：00➡從地鐵出口1出來，就會看到刻有Cour du Commerce Saint-André的排樓門面

這是1737年開通的通道，長約143公尺，寬3.5公尺，不長的通道，但進到裡面，彷彿進入了時光隧道，兩旁盡是有歷史古蹟的咖啡館，如下午茶甜點店Un Dimanche à Paris，裡面還保留著18世紀的古蹟塔樓；餐廳Rélais Odeon還保有美麗年代(La Belle Époque)的外牆、世界聞名的咖啡館波寇布(Procope)的另一個門口、Cour de Rohan由3個小天井庭園連著，除星期日沒開，其他時間都可進入。

這裡的咖啡廳，很多在另一條車子行駛街面也有入口，但大家都最愛在這個無車的人行步道找露天座椅喝開胃酒，有種遺世獨立的感覺。每次來這區，通道上的咖啡廳是我的首選。

1 大家最愛的露天座 **2** 名人咖啡館Procope

巴黎的綠色天堂

盧森堡公園
Jardin du Luxembourg

遊賞去處

DATA

MAP P.139／C3
2號出口步行
約7分鐘

✉Jardin du Luxembourg ◷春季07:30～18:30，夏季07:30～21:00，秋季07:45～17:15，冬季08:15～16:30 ➡從地鐵出口2出來，左轉過rue de Condé，然後右轉rue Saint-Sulpice，再左轉rue de Tournon，直走就會到盧森堡參議院處的公園入口，總共約走7分鐘

盧森堡公園像是個大的綠色肺部，鑲嵌在巴黎市中心。這座在1612年就建造的公園，一開始屬於王族府邸，今天，除了在公園正中間看到的奧斯曼的建築物，作為參議院所始用之外，其他都開放給民眾使用。

占地25公頃的大公園裡，有個大水池，天氣好時，會有小型手動帆船出租給孩童，周圍到處都是綠色的椅子，綠色草皮上及樹林裡，常有瑜伽團體、太極拳的練習活動、慢跑者。巴黎的冬天長，只要一到4～5月，春天太陽就開始露臉了，到盧森堡公園，就會看到許多人半裸或穿泳衣躺在草地上曬太陽，對總是躲避太陽的亞洲遊客來說，令人印象深刻。

公園裡有個頗大的涼亭，時常有音樂會，樹林裡有一間咖啡廳，是運動過後或散步時最愜意的暫歇地點，還有各式雕像林立在花園中、水塘旁。春天時，總是可以欣賞到園丁用心栽種的花圃，秋天時，綠黃漸層的落葉，這裡像幅水彩畫，冬天樹葉落盡，頗有哲人的氣質。

公園的外圍鐵欄，常有攝影展，裡面也常辦音樂會。盧森堡一邊接索邦大學人文區，一邊接聖哲曼時尚區，繁忙的大都會裡，能保留一塊大家都能享用的心靈綠地，實在是不容易，我剛到巴黎時，最愛和朋友相約在這裡，獨自來，也很棒喔！

1 避暑的小水塘(圖片提供／Paris tourist office, Photographe：David Lefranc) **2** 中間有個大水池，周圍有許多雕塑品(圖片提供／Paris tourist office, Photographe：Amélie Dupont) **3** 春天時一定要來這裡欣賞它的花圃(圖片提供／Paris tourist office, Photographe：David Lefranc)

熱情洋溢

Allison

MAP P.139／C2
1號出口步行約4分鐘

DATA

httpallison-shop.com☑3 rue de Buci, 75006, Paris
☎+33(0)143268882◷週一～六10:00～19:30，週日
11:00～19:00➡從地鐵出口1出來，沿著rue de l'Ancienne
Comédie，左轉rue de Bouci，總共約走5分鐘

Allison是間綜合品牌女裝店，開店已超過25年，販售的都是可持續流行好幾年的款式，以異國風搭配巴黎的低調風，加上親民的價格，在巴黎聖哲曼高檔服飾區，屹立不搖。

店裡有各式樣款的頭巾、非洲圖騰樣式的手提袋、摩洛哥風簡約化的涼鞋，抓住巴黎女人喜歡運用異國風來點綴衣著，又不會過重的設計。不過，隨著巴黎流行風的轉換，誰知道下一季它又會換上什麼風格呢？總之，在這裡你永遠可以找到一款容易入手又時尚的單品款。

■異國風的包包、鞋子 ■色彩豐富，但適可而止

造型甜點店

喬治·拉尼可之家
Maison Georges Larnicol

MAP P.139／C2
1號出口出站即達

DATA

httplarnicol.com☑132 Boulevard Saint Germain, Paris☎+33(0)143
263938◷週日～一09:30～21:30、週二～五09:30～23:00、週六09:30
～00:00⑤€2～50➡從地鐵出口1出來就到

■

喬治(Georges)出生在一個與糖分不開的家庭，父親是甜點師，母親則在甜點店當販售員。喬治在年輕時，拿過甜點學校的畢業證書，之後卻轉行到建築業，直到有一陣子他身體不好住院，出院後他才想重回甜點界，並且在1993年拿到最佳甜點師(Meilleur ouvrier de France Pâtissier)的榮耀；至今，店門就印著這個光榮的徽章。

來自布列塔尼的喬治，店裡有許多布列塔尼特色的甜點，如甜、鹹口味的庫內特(Kouignette)、焦糖(Caramel)、用彩繪鐵盒裝著的布列塔尼餅乾(Galette)。他還跟巧克力師合作，櫥窗總有吸晴的造型巧克力，如高跟鞋、烏龜、金龜子、旋轉木馬等口味多樣的單顆巧克力。

■庫內特(Kouignette) ■已經幫你想好送禮的包裝盒 ■店內有許多特色甜點

特色美食

巴黎第一間女性下午茶沙龍店

安潔莉娜
Angelian

DATA

angelina-paris.fr/fr 19 rue de Vaugirard, 75006, Paris；始祖店：226 Rue de Rivoli, 75001, Paris +33(0)146343119 10:30～19:30 1塊蛋糕約€4.5～9、熱飲約€5.5～8.2 從地鐵出口2出來，左轉rue de Condé，然後過右轉rue Saint-Sulpice，再左轉rue de Tournon，走到rue de Vaugirard右轉，總共走約10分鐘

　　安潔莉娜是1903年由一位來自奧地利的糖果師安東尼(Antoine Rumpelmayer)，用他繼女的名字所創立的。在當時女性出來喝下午茶，並不被社會所接受，所以店面設計了許多隱密的沙龍包廂，大受高階名流人士所愛戴，大膽開創女性褲裝的Coco Chanel，和一些其他高級定製服設計師，這裡是他們最愛逗留的場所。

　　這間上百年的下午茶店，提供經典、時令性、節慶型的法國甜點。其中經典甜點裡最有名的是l'Africain，它是用3種來自非洲的可可豆，加上獨家祕方所調製成的熱巧克力；另一個則是白朗峰(Le Mont-Blanc)，這款自創店就存在，以栗子為基底的蛋糕，是這裡的鎮店之寶。

　　鹹食的選擇也很多，像傳統法國三明治(Croque Monsieur)，夾有火腿、Comte起司，再配上沙拉，之後再點一份甜點，分量剛好。巧克力外帶瓶、栗子奶油塗醬、用古典風盒子裝的可麗餅乾。它的始祖

店位在226 rue de Rivoli，浮雕壁畫、典型老巴黎風，不過，慕名而去的國際遊客很多，常大排長龍，反到這間位在盧森堡公園裡的沙龍店，清靜多了。在盧森堡散步，就可以來這兒喝下午茶，品味真正的優雅。

1 招牌白朗峰 2 時節性的覆盆子蛋糕 3 優雅的法式包裝 4 入口處在盧森堡博物館旁 5 甜點櫃

特色美食 DATA

文人咖啡館始祖店

波寇布
Le Procope

http procope.com ✉13 rue de l'Ancienne Comédie, 75006, Paris；另一個入口在Cour du Commerce Saint-André ☎+33(0)140467900 ⏰週一～三12:00～00:00、週四～六12:00～01:00、週日12:00～00:00 💰經濟套餐，中午到傍晚的價位約€21.9，晚上7點後價位€31.5起跳。可純粹喝咖啡，座位在戶外露天區，建議點花式咖啡 ➡從地鐵出口1出來，沿著rue de l'Ancienne Comédie走約2分鐘

　　這間可以算是「古董級」的文人咖啡館，創始於1686年，比花神、雙叟咖啡都還古老。1670年Francesco Procopio dei Coltelli這位來自西西里島的年輕人，來到巴黎的聖哲曼區擔任服務生，不久，他自己買了一間咖啡館，裝潢得古典高雅，吸引巴黎的高端人士，這間命名為波寇布的咖啡館，很快地吸引了許多的知識分子，像是大文豪伏爾泰(Voltaire)、狄德羅(Diderot)、盧梭(Rousseau)。餐廳牆壁和廁所門，都留有當年為提倡人權所留下來有「Citoyen」字樣的海報。

　　波寇布不只是間咖啡館，也像博物館，拿破崙當年曾在這兒用餐，留下他的帽子來付餐費，今天這頂帽子，像國王般的寶物被珍貴的展示在入門處的玻璃櫃中；咖啡廳的屋頂和2樓鐵鑄花的陽臺，都入籍歷史古蹟。

　　餐點的部分，有分正式法國菜餐點和咖啡甜點下午茶；正餐部分，有大量豐富的海鮮菜單可選，其中波寇布(Signature Procope)綜合海鮮盤，含有布列塔尼3號生蠔、綴錦蛤、冰鎮熟蝦、生蝦，一人份價錢約€39；沿用古法烹調的經典歷史名菜鑄鐵鍋悶煮小牛頭(Tête de veau en cocotte comme en 1686)，價錢約€28。

1 沿用1686年古法烹調的鑄鐵鍋燜煮小牛頭 2 內部美麗鑄花的樓梯 3 甜點Profiteroles、Tiramisu (以上圖片提供／Le Procope) 4 面對另一個入口的門面，2樓陽臺是古蹟

特色美食 新鮮生蠔專賣餐廳
Régis

DATA

MAP P.139／B2
2號出口步行約5分鐘

🌐huitrerie-regis.com ✉3 rue de Montfaucon, 75006, Paris
📞+33(0)144411007 🕐平日12:00～14:30，18:30～22:30，週六12:00～22:45，週日12:00～22:00💲12顆生蠔約€34.5➡從地鐵出口2出來，直走Boulevard Saint Germain，然後左轉rue de Montfaucon，總共走約5分鐘

1 來自著名養殖場Yves Papin的生蠔
2 白色店面，格外清爽

Régis是在這一區極受好評的生蠔專賣店，已經開了十幾年的Régis，它的生蠔直接來自大西洋Marennes Oléron 最好的潮汐養殖場，扁形不大的品種，有著海水香氣和淡淡榛果香，網路上常常獲得五星好評。除了生蠔，還有來自布列塔尼省的野生冰鎮龍蝦、生海膽，可來頓海鮮全餐。

生蠔是法國典型的一道涼盤生鮮，夏天及聖誕節期間最受歡迎的開胃菜，通常搭配著一碟切碎的生紅蔥頭加醋為佐料、檸檬、黑麥麵包(Pain de seigle)，典型搭配的白酒有Muscadet和Riesling。店裡只有幾個桌子，但一到開胃酒時間，很快就客滿，許多慕名而來的觀光客，會利用傍晚6點半一開門就來，確保有位。

專題 海鮮餐 Fruite de mer

許多名人咖啡餐廳館，都會提供海鮮菜單，知道它們的法文名及特性，很重要。

通常法國人會將生蠔當前菜冷盤、開胃菜吃，可以一人點個6顆；如果是點海鮮綜合盤，則會當主餐吃，通常再搭配一杯Sauvignon白酒享用。

● 生蠔(Huître)

分成3類，尺寸分0～6號，0號最大，6號最小，但不是越大越好吃；通常2、3號的品質口感最好。形狀分扁形(Plate)、凹形(Creuse)。通常餐廳會分一盤有6、12顆生蠔來賣。

● 貝隆(Bélon)

來自布列塔尼(Bretagne)，小小的外型，有著濃郁的海水及榛果味，屬於頂級蠔，要有產地證明才可以貝隆命名。

● 吉拉多(Gillardeau)

來自法國西南方Marennes，肉質有彈性，味道肥美脆甜，也是高檔餐廳的最愛。

海鮮綜合盤(生蠔、大龍蝦、小蝦子、海螺)、麵包、紅蔥頭醋

● 芬迪克萊(Fine de Claire)

一般餐廳最常見的品種，外表修長，肉色淺，分成3級，普通(Fine de Claire)、特級(Spéciale de Claire)、頂級(Pousse de Claire)，在海水中生長越久的，肉質越甜美。

● 其他海鮮名

法文	中文
Bulot	海螺
Palourde	蛤
Amande	歐洲蚶蜊
Crevette	蝦子
Langoustine	小龍蝦
homard	大龍蝦
Tourteau	黃道蟹
Coquille Saint Jacques	干貝
Oursin	海膽

時髦喝開胃的酒吧餐廳

狂野之家
Maison Sauvage

MAP P.139／C1

1出口步行約5分鐘

http maison-sauvage.fr ✉ 5, rue de Buci, 75006, Paris ☎ +33(0)146342626 ⏰ 07:00～02:00 💲 雞尾酒約€12、下酒菜約€13～20 ➡ 地鐵出口1出來，左走Boulevard Saint-germain，右轉rue de l'Ancienne Comédie，再左轉rue de Buci走約1分鐘就到

狂野之家是聖哲曼區裡最熱門的一家餐前酒吧，在它的外觀翻新成一整片白花垂掛外牆後，更是熱門，遠遠就會被它特殊的外觀所吸引。

裡面富有節奏感的音樂，讓人總視它為巴黎人下班後喝餐前酒的最佳地點。

在它還沒改裝前，我常和朋友約在這裡，以前走的是復古工業混搭風，現在又搖身變成純白典雅又帶點叛逆的風格。他們最受歡迎的就是雞尾酒，兩種我最愛的Mojito Virgin、Apréol Spritz，第一次也都是在這裡嘗試。店裡的下酒菜多達約15種選擇、主菜也有十幾樣，價位大約在€13～20、雞尾酒約10種，價位約在€12。

1 古典又叛逆的白花垂牆裝飾 **2** 招牌的馬賽克拼花木頭吧檯

專題 巴黎人愛喝的開胃酒(Apéro)

飲料名稱	成分
莫希托 Mojito	・低酒精 ・以6～8片新鮮薄荷葉入杯、檸檬汁、大量碎冰塊、氣泡水、蔗糖、白蘭姆酒
無酒精的莫希托 Mojito Vigin	・無酒精 ・Vigin是處女的意思，跟上面那一款Mojito成分一樣，但不添加白蘭姆酒
史匹茲 Apréol Spritz	・酒精成分低 ・以有著太陽光般鮮橘色的Apérol酒為基底，調配Prosecco白氣泡酒，再配上柳橙片或其他小鮮果點綴
基爾 Kir	來自勃根地省的雞尾酒，由黑茶蘮子果酒調配勃根地白酒，味道清涼微甜，粉紅色調
布朗瑟 Blanche	啤酒
賓治酒 Punch	以蘭姆酒微基底酒，加入甘蔗糖、柳橙、鳳梨、芒果、杏桃等黃色果汁，再加幾片香蕉點綴

1 鮮豔欲滴的Apérol Spritz雞尾酒 **2** 左邊是莫希托，右邊是布朗瑟 **3** 欣賞酒師調雞尾酒，是種享受

1900美麗年代的餐廳

歐德翁小棧
Le Relais Odéon

特色美食　DATA

MAP P.139／C2
1號出口步行約1分鐘

http relaisodeon.com ✉132, Boulevard Saint-Germain, 75006, Paris(另一個門是從聖安德烈中庭在Boulevard Saint-germain的入口一進去左手邊) ☎+33(0)143298180 🕐週一～四07:00～01:00、週五07:00～03:00、週六07:00～04:00、週日07:00～04:00 💲主餐€14～24 ➡從地鐵出口1出來，過馬路到對面的Boulevard Saint Germain，從聖安德烈中庭入口進去就到

走進聖安德烈中庭，你一定會被這間有著美麗馬賽克牆、古老路燈、手繪鐵招牌的餐廳所吸引，這個屬於美麗年代(Belle Epoque)的建築，目前已經列入國家古蹟。歐德翁小棧有兩個入口，面對中庭石鋪路的露天座，只要不下雨，總是坐滿喝開胃酒的巴黎人；室內則是紐約現代的「沙發酒吧」風格。不論我何時經過，他們帥氣的服務生，總是忙進忙出。

1優美弧度的樓梯 **2**烤羊起司加土司 **3**美麗年代的外牆，已經入籍古蹟

甜美下午茶

賈蔻斑
La Jacobin

特色美食　DATA

MAP P.139／C2
1號出口步行約3分鐘

✉59-61 rue Saint-André des Arts, 75006, Paris ☎+33(0)146341595 🕐週一18:00～23:00、週二～日12:00～23:00 💲一份甜點約€8.5、主餐約€11～20 ➡從地鐵出口1出來，從聖安德烈中庭入口進去約3分鐘

這是一間在yelp美食評比網站上很高的一間下午茶店，在幾個古蹟咖啡廳前後夾攻之下，賈蔻斑用木梁牆和幾幅色彩活潑的復古畫，殺出一條生路。

以一份約€8.5起跳的法國家常甜點，檸檬派(Tarte Citron meringuée)、粉紅馬卡龍覆盆子(Macaronade aux framboises)、紅黑梅奶酥甜點(Crumble aux fruits rouges)、核心熔漿巧克力(Moelleux au chocolat)等是他們的招牌，還推出每日甜點。店裡的茶是瑪黑茶系列，還有價位約在€11～20的主餐，下面提供幾道鹹食的中法文對照菜單。

1大膽情趣的掛畫 **2**檸檬派加覆盆子

賈蔻斑菜單

Soupe à l'oignon gratinée
洋蔥湯

Mille-feuille de Foie gras de Canard et Compotée de figues
千層鵝肝配無花果醬

Magret de Canard du Sud-Ouest sauce aux cèpes
來自法國西南的鴨胸肉澆香菇醬

4號線

從西蒙波娃到路易威登，從文學到精品

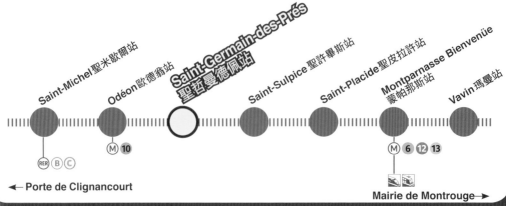

聖哲曼德佩站
Saint-Germain-des-Près

Saint-Michel 聖米歇爾站

Odéon 歐德翁站

Saint-Germain-des-Prés 聖哲曼德佩站

Saint-Sulpice 聖許畢斯站

Saint-Placide 聖皮拉許站

Montparnasse Bienvenüe 蒙帕那斯站

Vavin 瑪曼站

RER B C

M 10

M 6 12 13

← Porte de Clignancourt

Mairie de Montrouge →

聖哲曼德佩站街道圖

瑪曼站街道圖

17 世紀，這裡是藝術家非常活躍的區域；到19世紀，集結了大批的文學家及知識分子；20世紀，奢侈品牌入住此區，讓這區和流行時尚有最即時的連接。

巴黎達人 *Paris*
3大推薦地

巴黎人首推

des petits hauts

看到它的店門，你一定會被它夢幻的色彩所吸引，des petits hauts不管是洋裝、鞋子或是飾品，都能抓住巴黎人的心。(P.153)

遊客必訪

聖哲曼德佩教堂

從巴黎最古老的教堂中，走出一群剛做完禮拜的教徒，往對面的雙叟文學咖啡館走去，這個教堂自古以來，就是商業發展的中心。(P.150)

作者最愛

花神咖啡

透過2樓的燈影，似乎看到沙特和他朋友正在思辯；而露天座位上，穿著紅白方格洋裝，帶墨鏡的是布吉·芭多嗎？(P.155)

遊賞去處

古老的靈魂，面對7個世紀的變化

MAP P.149／聖C2
2號出口步行約1分鐘

聖哲曼德佩教堂
Église Saint Germain des Près

DATA

🌐eglise-saintgermaindespres.fr ✉3 Place Saint-Germain des Prés, 75006, Paris 📞+33(0)155428110 🕐週一09:00～20:00、週二～日08:30～20:00 🚇從地鐵站出口2出來，旁邊就是教堂，正門請直走，右轉就是 ⓘ入內請勿喧嘩，不要穿著曝露的服裝

整個聖哲曼區的活動，都圍繞著這座6世紀搭蓋的教堂。聖哲曼德佩教堂是巴黎最古老的教堂之一，建於542年。它的對面就是雙叟咖啡館和路易威登的三角窗大店面。聖哲曼德佩教堂屬於早期哥德式建築，對後期的新建築影響很大，其中哥德式建築裡最明顯的肋狀拱頂，在這間教堂也能見到，有著非常細緻的拱頂彩繪。

雖然現在有很多遊客來拜訪這間教堂，但當地來做禮拜的教友也不少。每個月的最後一個週日下午3點，都有免費的管風琴演奏，如果剛好在此區逛累的話，進來聆聽空靈的音樂，會是最好的舒壓方法喔！

畫得非常細緻的肋狀拱頂

購物血拼　永不退流行

聖哲曼精品區

MAP P.149／聖B2、C2
Rue Bonaparte1號
出口步行約1分鐘

DATA

📍rue Bonaparte、rue de Rennes、rue du Four、rue Jacob➡rue Bonaparte、rue de Rennes：從地鐵站聖哲曼出口1出來，第一條與Bd. Saint Germain des Près垂直的就是rue Bonapart。第二條與Bd. Saint Germain des Près垂直的就是rue de Rennes；rue du Four：從地鐵站聖哲曼出口1出來，左轉rue Bonaparte，走到第二條與它垂直的街就是rue du Four；rue Jacob：從地鐵站聖哲曼德佩出口2出來直走，右轉rue Bonaparte，走到第二條與它垂直的街就是rue Jacob

1 Paul Marius的皮包深受文青喜愛 **2** Aigle的花雨鞋櫥窗

雖然聖哲曼精品區有不少的奢侈品牌，但走進下面幾條街，你會發現那些新銳設計師、小眾精品商店，才是聖哲曼能永遠引領流行的主要原因。相對於英美那種「正式一目了然的高鮮穿著」，巴黎人更講求那種「若有似無的精心打扮」。

許多人問我，我要買哪種「巴黎風」的衣服，這是一個非常難回答的問題，因為巴黎風沒有一個特定風格，只能從幾個特點說明：色調不用正色，整體的色彩通常是同個調性，不管是復古、異國、時尚，重點就是低調、諧調、不隨便。

不想跟從大眾，想了解巴黎風穿著、居家布置的人，別錯過下面幾條街：rue Bonaparte、rue de Rennes、rue du Four、rue Jacob。

購物血拼　清新的時尚

SUNCOO

MAP P.149／聖C3
1號出口步行
約3分鐘

DATA

🌐suncoo-paris.com/fr📧25 rue du Four, 75006, Paris📞+33(0)142396320🕐週一～六10:30～19:30❌週日➡地鐵出口1出來，左轉rue Bonaparte，再左轉rue du Four，找25號，總共走約3分鐘

這個2010年才創立的年輕品牌，一發表立刻大獲好評，它的清新小時尚風格，虜獲大批巴黎粉絲。創辦人Stella Tang和Thomas Zuang是一對年輕的華裔夫妻，從義大利和法國的高等美術應用系畢業，Stella從小就看著媽媽和奶奶縫製衣服，創立服裝品牌一直都是她的夢想。

SUNCOO的設計中心在巴黎，所有的製作在中國，曾有人質疑是「中國製造」的品質，但對Stella來說，中國對紡織業已經有30多年的生產經驗，這種質疑已經不符合事實。目前全世界有2,000個銷售點，法國200個，包含7家獨立店面。

1 店門面 **2** 小清新風吹入巴黎

百年皮箱王國
路易威登
Louis Vuitton

1

http fr.louisvuitton.com/fra-fr/homepage ✉170 Boulevard Saint-Germain, 75006, Paris ☎+33(0)145496232 ◷ 週一～六10:30～19:30，週日11:00～19:00 🚇地鐵出口2出來，沿著Bd. Saint-Germain大街直走，看到雙叟咖啡，路易威登的店就在旁邊，總共走約3分鐘

　　1854年成立的路易威登，剛開始是旅行箱專門店，在那個年代，能夠長途旅行的都是上流階層，也墊定了路易威登的主流客層。1896年喬治·路易威登(Georges Louis Vuitton)，為了要紀念他父親創造了這個品牌，設計了以LV兩個代表設計者的縮寫簽名，很快的，LV這個圖案開始運用在許多皮箱、皮包款上。這款鎮店招牌款的銷售，幾乎占了整個品牌的2/3。

　　一開始創業初期，路易威登在Rue Neuve des Capucines街開店，為了紀念這個歷史意義，以街名Capucins當系列名稱，開發了58款包包，一個包包的完成需要250道製作工序，容納空間大、優雅耐用；另一款由索菲亞·科波拉(Sofia Coppola)簽名的設計款SC，採用喀什米爾小牛的皮，質地柔軟，可手拿、可肩背；這兩款都是路易威登的經典款，很受女星和名模的喜愛。

　　路易威登在巴黎有許多店家，個人比較推在聖哲曼區或在樂蓬馬歇百貨(Le Bon Marché)裡的店，兩家貨源都很齊全，人潮比起香榭大道的旗艦店少，服務人員也親切得多。

3

4

1 加一些粉紅亮麗色彩，跳脫經典 **2** 店面寬廣，入內人數會控管 **3 5** 室內吧檯陳列珠寶、香水等精品 **4** 店面有兩個入口，超大

2

5

百年手繪彩陶王國

GIEN

MAP P.149／聖C1

2號出口步行約6分鐘

DATA

gien.com/fr　13 rue Jacob, 75006, Paris　+33(0)146334672　週一、三11:00～13:30，週二、四～六11:00～19:00　週日　地鐵出口2出來直走，右轉rue Bonaparte，然後再右轉rue Jacob，走到13號

GIEN位在羅亞河谷裡的一個城市，在當時商業交易非常活絡，加上擁有高嶺土、矽質岩石、沙子等生產陶瓷的豐富原物料，1821年，GIEN創立品牌以主題性和限量兩個策略，讓產品大受歡迎。

百年過後，GIEN更擴大與藝術家、雕刻家們合作不同的手繪主題，今天在店裡，你可以看到巴黎景點、莫內吉凡尼花園、海洋、薰衣草普羅旺斯、蔚藍等各種非常吸引人的主題杯盤。至今它仍然傳承著古老的技術，每個產品平均會由30位不同工序的工藝師打造。

1 花園永遠是最受歡迎的主題 **2** 蔚藍系列 **3** 大自然、都會風

粉彩色的優雅

des petits hauts

MAP P.149／聖C2

1號出口步行約5分鐘

DATA

despetitshauts.com/fr　70 rue Bonaparte, 75006, Paris　+33(0)175440582　週一～六11:00～19:30　週日　地鐵站出口1出來，左轉rue Bonaparte，走到70號，總共走約5分鐘

des petits hauts由凱蒂(Katia)和凡內莎(Vanessa)兩姊妹於1998年所創。品牌常以星星、貓、鳳梨等圖騰做設計，粉彩色系的主調充滿少女的幻想以及詩意的風格。品牌在剛開始創業時，因為沒有太多的預算，所以許多櫥窗的布置，都是凱蒂去森林裡撿木頭回來，撒上亮粉，才拿來做店內的造型擺設。店裡也不時會對熟客開設手工課程，每位店員都會熟記老客人的姓名，這種「社區型設計師小店」的精神，即使今天在拉法葉百貨的櫃位，依然可以感受到這份親切。

1 店門口 **2** des petits hauts的鞋子很有巴黎少女風情 **3** 溫暖的店風格

精緻限量珠寶

imaï

DATA

imai.fr/index.html 1 rue Saint Benoît, 75006, Paris +33 (0)142037008 週一～六11:00～19:00 週日 地鐵出口2出來直走Boulevard Saint-Germain，右轉rue Saint Benït，總共走約4分鐘

茱莉葉‧波哲(Julie Borgeaud)是imaï的創店者兼設計師，她在做了15年的設計居家記者後，決定轉換人生跑道。店裡的珠寶系列，以珍珠、復古水晶、鍍著24K金的黃銅等為主要材質，主打限量、在巴黎的工作室生產。精緻的貝殼戒、鑲了半顆寶石的時尚耳墜，都是適合上班族低調打扮的都會風；長鍊、大耳環，則是適合參加小宴會的奢華風。價位約€70～200，以小設計師品牌來說，是容易入手的價格。

流行珠寶對巴黎人來說，是重要的元素，多了一只造型獨特的戒指、一副可以換場合氣氛的耳環，都能幫你創造社交話題，到巴黎，別忘了這間個性珠寶店喔！

1 店門 2 天然的貝殼，常是茱莉葉運用的材質

世紀咖啡館，跨海日本東京

雙叟咖啡
Les Deux Magots

DATA

lesdeuxmagots.fr 6 Place Saint-Germain des Prés, 75006, Paris +33(0)145485525 07:30～01:30 花式咖啡、熱巧克力、茶等熱飲約€4.8～10.5 從地鐵出口2出來直走，過了聖哲曼德佩教堂就到

這間巴黎百年文學館之一的雙叟咖啡，它的名字雙叟(Les Deux Margots)，來自於店裡兩尊穿著古裝的中國人雕像，1812年咖啡館還在舊店地址 23 de la rue de Buci時，這兩個雕像就存在，等搬到目前的店面，它們像鎮店之寶一樣，被安置在室內廳的正上方。

19世紀，聖哲曼區聚集了大批的藝術文學家，如Verlaine、Rimbaud、

畢卡索等，雙叟咖啡甚至在1933年創立了雙叟文學獎(Prix des Deux magots)，每年1月最後的週二會選出得獎者。海明威、超現實主義作家安德烈‧博來頓(André Breton)、存在主義作家沙特(Jean-Paul Sartre)，這些大文學思想家都常在此聚會。

1989年，雙叟咖啡館也到日本東京開分店，並且頒發在地作家文學獎。

1 凱薩沙拉 (Salade César)好吃，分量也可當主食 2 雙叟的雕像在室內 3 服務生專業的穿著，是咖啡廳最佳的視覺招牌

特色美食　DATA

傳奇百年咖啡館
花神咖啡
Café de Flore

MAP P.149／聖B1
2號出口步行
約3分鐘

http cafedeflore.fr　172 Boulevard Saint Germain, 75006, Paris
+33(0)145485526　07:30～01:30　花式咖啡、熱巧克力、茶等
熱飲約€4.6～16　地鐵出口2出來直走，先經過雙叟咖啡，再來就是
花神咖啡

　　花神咖啡就在雙叟咖啡的隔壁，而它最明顯的標誌，就是2樓陽臺一年四季永遠美麗的花草綠意，它們可都是細心照顧下的真花喔！

　　在1887年花神剛開店的那幾年，其實它並沒有什麼名氣，但在一次大戰過後，Charles Maurras在2樓寫下他的文學作品《在花的暗示下》(Sous le Signe de Flore)，為花神咖啡在文學作品裡，埋下伏筆；1913年Guillaume Apollinaire這位家喻戶曉的法國名詩人，投資花神，把2樓當成他的編輯工作室，當然他也呼朋引伴帶來了許多作家朋友。

　　1939年，保羅・布博(Paul Boubal)買下了花神的產權，他想出了一個絕佳的好點子；他在咖啡廳裡安置了一個更大的暖氣爐，讓這些沒什麼錢，住在沒有暖氣傭人房的文藝作家們，可以在這兒寫上一整天的文章，而不要求他們太多的消費，一時之間，聚集了更大批的作家，保羅・沙特(Paul Sartre)和西蒙・波娃(Simon de Beauvoir)就是領頭者。

　　沙特曾在花神的桌巾紙上寫下：「我們從早上9點工作到12點，中午出去吃飯，之後再回來寫作……」儼然把花神當成他的工作室。同時期，其他作家也都在2樓安靜的寫作，或是辯論哲學問題；到了60年代，花神吸引了許多電影工作者，其中不乏大明星如布吉・芭多(Brigitte Bardot)、亞蘭・德倫(Alain Delon)，他們則偏愛坐在1樓的露天座位。

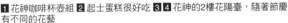

1 花神咖啡杯壺組 **2** 起士蛋糕很好吃 **3** **4** 花神的2樓花陽臺，隨著節慶有不同的花藝

文學咖啡館

巴黎這種因為曾聚集大量作家、藝文人士而聞名的咖啡館,除了雙叟和花神以外,還有Vavin地鐵站附近的幾間咖啡館,這裡各舉一位當區代表性的作家。

聖哲曼區──西蒙·波娃(Simon de Beauvoir)

我們不是一出生就是女人,我們是變成了女人。(On ne naît pas femme, on le devient.)

1908年出生於聖哲曼區,21歲時就成了法國有史以來最年輕的哲學教授。無神論者,她反對婚姻的封閉性,覺得個人應該追求自由的發展,特別是女性。1949年她出版了《第二性》(Le Deuxième Sexe),這本書更是讓她一砲而紅。她的思想理論和行為,在今天看來仍是非常大膽而具有爭議性,也因此被視為女性主義的先驅者。

瑪曼區(Vavin)──海明威(Ernest Hemingway)

他生動描寫巴黎,膾炙人口的一本書《巴黎是一場流動的饗宴》(Paris est une fête),在1964年、海明威生命最後階段所出版。他寫給朋友的信上,曾留下一段對巴黎描述:「如果你夠幸運,在年輕時待過巴黎,那麼巴黎將永遠跟隨著你,因為巴黎是一場流動的饗宴。」

海明威在1920～1950年曾待過巴黎,那時他沒有錢,沒有名氣,和他的第一任妻子在巴黎過著簡單的生活,每天就是泡在幾間咖啡館寫作和朋友打屁。1952年後,他連獲普立茲獎、諾貝爾文學獎,再回到巴黎時,他的身體健康很差,於是寫起了這本回憶錄。

海明威作品《巴黎是一場流動的饗宴》

特色美食

32根廊柱,遺留當年藝術家真跡

圓頂咖啡館
DATA La Coupole

MAP P.149／瑪A1
瑪曼地鐵站出口
步行約1分鐘

 www.lacoupole-paris.com 102 Boulevard de Montparnasse, 75014 Paris +33(0)143201420 00:00～18:00、12:00～14:00 主餐約€29起 從地鐵瑪曼站出口出來,往後轉,沿著蒙帕那斯大道Bd. Montparnasse走約1分鐘就到

圓頂建於1927年,在幾個文學咖啡館算是較晚的,但剛好是瘋狂年代(Les années folles)的時期,所有藝術型態正蓬勃發展,喬瑟芬·貝克(Joséphine Baker)、亨利·米勒(Henry Miller)、甘思布(Gainsbourg)這些藝術家都常在圓頂聚會,是蒙帕那斯區的夜生活中心。

它最有名的就是室內32根廊柱是由不同的藝術家所畫,目前還有夏卡爾和布朗庫西的畫作,也因此入載巴黎的歷史建築名冊;中間圓頂的壁畫,是2008年另請4位畫家,重新畫上的。這間裝飾藝術咖啡廳,當初聚集了大批美國藝文人士,今天在牆上,仍寫著那個年代留下的名菜──咖哩羊肉(Curry d'Agneau a l'indienne),及美國酒吧(Bar Américan)。

1 圓頂中間的壁畫 **2** 一個廊柱一個畫家

特色美食

一出地鐵，兩間百年咖啡館

多摩咖啡館、圓亭咖啡館
Le Dôme・La Rotonde

DATA

MAP P.149／瑪A1
Le Dôme瑪曼地鐵出口出站即達；
La Rotonde 出口步行約1分鐘

🌐Le Dôme：restaurant-ledome.com；La Rotonde：menuonline.fr/la-rotonde-montparnasse
✉Le Dôme：108 Boulevard du Montparnasse, 75014, Paris；La Rotonde：105 Boulevard du Montparnasse, 75006, Paris ☎Le Dôme：+33(0)143352581；La Rotonde：+33(0)143264826
🕐Le Dôme：餐廳12:00～15:00、19:00～23:00、咖啡廳14:00～19:00；La Rotonde 07:15～01:00 💲Le Dôme主餐約€26～68；La Rotonde主餐€26～48 ➡從瑪曼地鐵站Vavin出口一出來就是 Le Dôme。La Rotonde則在Le Dôme對街馬路

Le Dôme和La Rotonde這兩間一出瑪曼地鐵站就會看到的百年咖啡館，同樣在美好年代(Bell Epoque)接待了大批的藝文人士，如畢卡索、畫家蒙迪葛利安(Amedeo Modigliani)等人。蒙帕那斯火車站興建後，由於它是布列塔尼省人來到巴黎的終點火車站，因此這一帶居住了很多布列塔尼人，所以名人咖啡館或餐廳，大多會提供海鮮餐及可麗餅，Le Dôme和La Rotonde都有提供海鮮。Le Dôme還曾獲過米其林一星的榮耀。

1 紅色是La Rotonde的顏色 2 Le Dôme優雅打褶的布燈罩、彩繪玻璃，訴說著那個年代的夢幻

特色美食

海明威當年最愛的咖啡館

丁香園咖啡館
La Closerie des Lilas

DATA

MAP P.149／瑪D2
瑪曼地鐵站出口
步行約8分鐘

🌐closeriedeslilas.fr ✉171 Boulevard du Montparnasse, 75006，Paris ☎+33(0)140513450 🕐12:00～00:30 💲主餐€19～52 ➡從地鐵瑪曼站出口出來來，沿著蒙帕那斯大道Bd. Montparnasse往RER Port Royal站的方向走約8分鐘到。或是坐RER B到 Port Royal下車，沿著Bd. Montparnasse走1分鐘就到

海明威是丁香園的常客，當年他總是坐在吧檯角落的位子，因此這裡也用銅片，刻上海明威的名字。海明威常和另一位美國作家費茲‧傑羅(F. Scott Fitzgerald)在此討論文章，也在丁香園寫下了《太陽照常升起》(Le Soleil se lève aussi)這部小說。

1847年就創立的丁香園，有一座花木扶疏的花園咖啡座，現場還會有鋼琴演奏。不像聖哲曼那些外圍被精品店包圍的文人咖啡館，丁香園罕見的保留了它獨特的氣氛。法國著名作家Phillpe Solers及一些其他出版界人士，仍常來這兒，是至今少見仍有文人活躍的百年咖啡館。

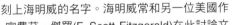

1 花園餐廳區 2 海明威當年最常坐的位子，銅牌上刻著他的名字

4號線

奧斯曼那的人文左岸

聖許畢斯站
Saint-Sulpice

Saint-Michel 聖米歇爾站

Odéon 歐德翁站

Saint-Germain-des-Prés 聖哲曼德佩站

Saint-Sulpice 聖許畢斯站

Saint-Placide 聖皮拉許站

Montparnasse Bienvenüe 蒙帕那斯站

Vavin 瑪曼站

(RER) B C — M 10 — M 6 12 13

← Porte de Clignancourt

Mairie de Montrouge →

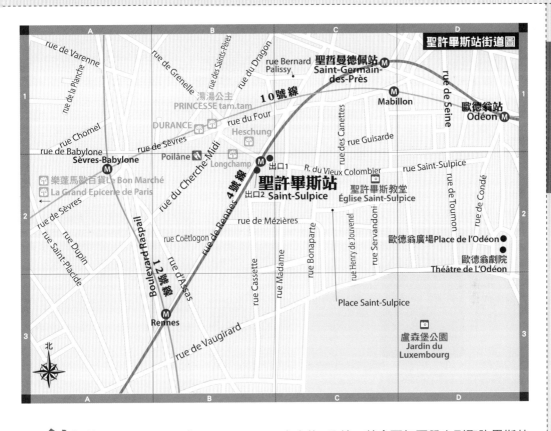

聖許畢斯站街道圖

沿著rue Bonaparte或rue de Rennes走大約5分鐘，就會不知不覺走到聖許畢斯站了。這裡有許多設計師小店，還有一分典雅的居家氛圍，一出地鐵站，就會看到一整塊奧斯曼那建築，走到與Bd. Raspail的交接，一定要停下欣賞這棟在二次世界大戰期間，曾祕藏德國特警辦公室，有著美麗年代風格的Lutetia飯店。飯店斜對角，就是歷史悠久巴黎的第一間百貨，樂蓬馬歇。

巴黎達人 *Paris*
3大推薦地

 （遊客必訪）

聖許畢斯教堂

　　也許你是為了找尋《達文西密碼》裡的場景，或者是到Pierre Hermé買了甜點，想找個清幽的地方，享受一下巴黎的隨意，那麼來這兒就對了。(P.160)

（作者最愛）

樂蓬馬歇百貨

　　這是左岸一間結合了藝術和人文的百貨公司，拉法葉有的品牌，它幾乎都有，含蓄不張揚的氣質，是6、7區高級住戶的最愛。(P.162)

（巴黎人首推）

Poilâne

　　自1930年，Poilâne就位於此處，80幾年來，店面仍舊精緻又現代，不變的是那份受到國際肯定的傳統美味。(P.163)

遊賞去處

看《達文西密碼》場景配馬卡龍　　MAP P.159／C2

聖許畢斯教堂
Église Saint-Sulpice

2號出口步行約4分鐘

DATA

✉Place Saint-Sulpice, 75006, Paris ☎+33(0)142345998 ◷07:30～19:30 🚇地鐵出口2出來，沿著rue du Vieux Colombier走，過了rue Bonapart就到聖許畢斯廣場，總共走約4分鐘

　　2003年上映的《達文西密碼》，讓巴黎許多景點爆紅，電影裡出現不少教堂的場景，電影場景之一的「日晷線」，低調的躲在教堂的側邊，不過還是被許多眼尖的影迷認出。這座1646年建造的教堂，別看它比聖母院教堂小，但也花了135年才蓋好，裡面有路易十五世的工藝風格，並且有3大幅浪漫主義家畫家——德拉克·爾津(Eugène Delacroix)生前最後的壁畫。

　　教堂前廣場，有著4座主教噴泉，夏日乾熱的天氣，逛到這裡可以享受細緻的水滴噴灑，讓人很消暑。以賣馬卡龍出名的Pierre Hermé，在附近72 rue Bonapate有間外帶店，到那兒買甜點，來這兒吃，是最聰明的選擇。

教堂的壁畫，總令人沉靜心靈

購物血拼

輕巧典雅的時尚

Longchamp

DATA

MAP P.159／B1
2號出口步行
約2分鐘

🌐fr.longchamp.com ✉21 rue du Vieux Colombier, 75006, Paris📞+33(0)142227475🕐10:00～19:00休週日
➡地鐵出口2出來，過到rue du Vieux Colombier的單號邊，沿著rue du Vieux Colombier走，約2分鐘就到

　　我非常推薦Longchamp這間在巴黎的分店，因為實用、中高流行款式齊全，店面寬敞，還有服務人員很親切。Longchamp以它的帆布袋聞名，輕巧又不失時尚，在大多以皮革為主的包包市場，深受法國婦女喜愛。90年代它出了折疊手袋，有大中小尺寸，搭配皮革肩背袋，以€60起跳的價格，讓許多想購買奢侈包但經費有限的年輕女孩，為之瘋狂，也讓它風靡了將近20幾年。

Longchmap也有柔軟皮革包、尼龍帆布與皮革混搭包，它典雅優質的風格，非常適合辦公室中高階主管。

1經典折疊手袋 **2**空間寬敞 **3**造型典雅輕巧

購物血拼

摩登時尚的女性內衣

湯湯公主
PRINCESSE tam.tam

DATA

MAP P.159／B1
2號出口步行
約5分鐘

🌐princessetamtam.com✉4 rue de Sèvres, 75006, Paris📞+33(0)145482749🕐週一11:00～19:30，週二～六10:30～19:30休週日➡地鐵出口2出來，沿著rue du Vieux Colombier，左轉rue de Sèvres直走，總共走約5分鐘

　　也許你以前聽說過法國許多的高級服裝、包包品牌，卻很少聽到人家介紹內衣品牌，事實上，法國品牌對女性內衣的詮釋，我覺得是最棒的，因為它包含了幾個特色：輕薄細緻、不走墊高胸部的罩杯

款，講求舒適，所以有很多無鋼絲款、精緻不搶鋒頭的蕾絲，反而更能雕塑出女性的輕柔美，湯湯公主都具備了以上條件。

　　法國女性喜歡穿著整套的內衣、內褲，所以買了胸罩，一定會帶件同色系的內褲；因應不同的場合，不同的服裝，內衣也得配套，法式優雅就是由這些隨性浪漫堆疊起而來，自成一個風格。

1店非常受歡迎的舒適優雅款 **2**泳裝的選擇也不少

磊阿勒站　艾汀馬歇爾站　夏特雷站　西堤島站　聖米歇爾站　歐德翁站　聖哲曼德佩站　**聖許畢斯站**　蒙帕那斯站　克里雍庫爾門站

巴黎第一間百貨公司

樂蓬馬歇百貨
Le Bon Marché

DATA

MAP P.159／A2
2號出口步行
約12分鐘

http24sevres.com/fr-fr/marques/le-bon-marche✉24 rue de Sèvres, 75007, Paris☎+33(0)144398000◷週一～六10:00～20:00，週日11:00～19:45🚇地鐵出口2出來，沿著rue duVieuxColombier，左轉rue de Sèvres直走，快到百貨公司前會看到一個小公園，可穿小公園出來就到，總共走約12分鐘。也可以坐到Sèvres Babylonne地鐵站，出來就到

1

　　樂蓬馬歇百貨如果照法文翻譯的話，其實是「便宜百貨」的意思，但這間裡面充滿奢侈品牌，空間又有許多裝飾藝術，說它是貴婦百貨還差不多。這間在1852年就創建的百貨，是世紀天才──艾菲爾(Gustave Eiffel)的作品之一，也是巴黎第一間開設的百貨公司。屋頂運用玻璃引進大量光線，穿插許多大型盆栽，有溫室花園的感覺。

　　這裡觀光客比起拉法葉百貨少，但拉法葉有的品牌，它幾乎也都有。1984年被路易威登集團收購後，經營策略更主打吸引外國觀光客，有退稅服務、更多與藝術的陳列整合，建議想要清悠逛街的朋友，可以轉來這裡。大約從11月中旬起的聖誕節期間，它的櫥窗會有互動聖誕裝飾，每年主題都不同，很值得前往觀賞，我第一次到這裡時，就被它高雅的氣質深深吸引，每年聖誕節都會來這兒看互動櫥窗。

　　它的旁邊還有一棟巴黎高級雜貨百貨La Grand Epicerie de Paris，可以直接從樂蓬百貨走室內天橋過去，也有獨立進出的門口。裡面有高級廚具如Le Creset鑄鐵鍋，1樓有販售松露、魚子醬、瑪黑茶、黛瑪兄弟茶等商品，還有蛋糕麵包店等許多高級雜貨單品，如果沒時間去單獨店家，這裡可以一次買全。

1 各品牌都有，中間有沙發可坐著等人 **2** 引進自然光的空間設計

高雅的休閒都會鞋

Heschung

DATA

MAP P.159／B1
2號出口步行
約2分鐘

httpheschung.com/fr✉18 rue du Vieux Colombier, 75006, Paris☎+33(0)144391730◷10:00～19:00休週日🚇地鐵出口2出來，沿著rue du Vieux Colombier走，約2分鐘就到

1

　　Heschung來自法國東北亞爾薩斯省，是1934年就創業的老鞋廠，至今所有的鞋都是用「挪威縫製法」來車縫，使用的亞麻線都事先浸泡過樹脂，以確保鞋子能有最佳防水性。手工的法國皮、義大利的上好皮料則是Heschung的首選。每雙鞋從鞋廠到店面，至少要經過180道工序。

　　都會又休閒的風格，穿去上班或假日踏青都適宜。價錢從€360起跳的Richelieu，很適合喜歡優雅舒適鞋型的上班族。如果你還想有雙個人獨特鞋款，2樓還有自製鞋款工作室，不妨約個時間吧！

1 自製鞋訂做區 **2** Richelieu型款很舒適，好穿又有型

2

香氣是一個人的靈魂，是一個地方的神遊

DURANCE

購物血拼

MAP P.159／B1

2號出口步行約7分鐘

DATA

http durance.fr **✉** 8 rue de Sèvres, 75006, Paris **☎** +33(0)145440874 **◷** 週一～六10:30～14:30、15:00～19:30 **休** 週日 **➡** 地鐵出口2出來，沿著rue du Vieux Colombier，左轉rue de Sèvres直走，穿過Boulevard Raspailé後，再穿過Square Boucicaut公園就到，總共走約7分鐘

法國人喜歡把花、植物、香氛帶進屋裡，這些是他們生活中舒壓的元素。在法國人成長的過程，常有與家人到異國旅遊的假期，把異國的花草萃取成精油，調成一款款的香氛，就能讓人再度回到年少時的某個假期。

DURANCE有香水和香氛，香水依照香氣濃度而有不同名稱，香精(Parfum)濃度較重，香味可持續5～7小時；淡香精(Eau de parfum)濃度中等，香味可持續5小時；淡香水(Eau de toilette)濃度最淡，香味可持續3小時。我喜歡其中一款以橙子花為主調的淡香水Eau de toilette sensuel monoï，感覺就像身處大溪地。

1 竹子香氛是近年流行款 **2** DURANCE的店內

享受左岸精緻的早餐麵包店

Poilâne

特色美食

MAP P.159／B2

2號出口步行約6分鐘

DATA

http poilane.com **✉** 8 rue du Cherche-Midi, 75006, Paris **☎** +33(0)145484569 **◷** 週一～六08:30～19:00，週日09:30～15:30 **$** 外帶店：可頌、甜麵包約€1.6～5，300克大麵包約€5～9 **➡** 地鐵出口2出來，沿著rue du Vieux Colombier，左轉rue de Sèvres，再左轉rue du Cherche-Midi，總共走約6分鐘

Poilâne是巴黎少數有座位的麵包店。店鋪中間有藝術字母P，就是店裡的招牌麵包。店裡自祖父做麵包時，就堅持用石頭做的器具來磨出麵粉，現在Apollonia Poilâne這個年輕第三代麵包掌門人，加入更多堅持，只使用有機小麥，添加長時間發酵的酵母來發酵，再用材燒火爐烤麵包，這些傳統古法讓麵包更有營養，並且在不加防腐劑的情況下，可以保存好多天。

在這間第六區始祖店，一邊是純外帶店，麵包就在下面的烘焙坊烘烤，隔壁是「麵包·早餐·輕食·下午茶」的座位區。

1 印有P字母的大麵包 **2** 醃燻鮭魚早午餐 **3** 蘋果派

4號線

自己動手、創意家、挖寶天堂

克里雍庫爾門站
Port de Clignancourt

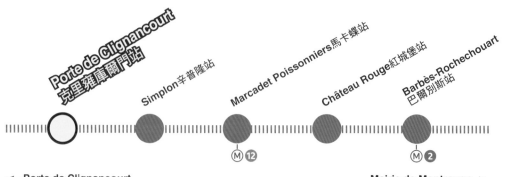

Porte de Clignancourt
克里雍庫爾門站

Simplon辛普隆站

Marcadet Poissonniers馬卡蝶站

Château Rouge紅城堡站

Barbès-Rochechouart
巴爾別斯站

Ⓜ ⑫

Ⓜ ②

← Porte de Clignancourt

Mairie de Montrouge →

這個就在巴黎北邊外環道的地鐵站，沒有像羅浮宮、艾菲爾鐵塔那樣美麗又藝文的景點，但擁有歐洲最大之一的跳蚤市場、運用舊鐵道空間，成功轉型的藝文餐廳回收(La Recyclerie)等，對於喜愛挖寶、自己改造創意物件的朋友，這裡絕對不能錯過。來此區，穿著輕便的運動服、布鞋即可；市場裡的小攤販可以小額討價還價，但不要大殺價喔！逛完了市集，可以到回收喝杯飲料，順便逛逛這個最新、最熱門的改造空間。

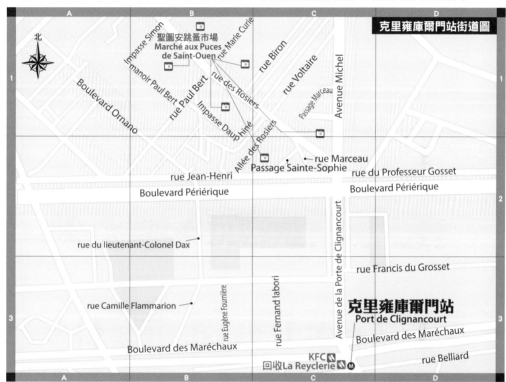

克里雍庫爾門站街道圖

特色美食

DATA

舊鐵道變身成創意人最愛的空間

回收
La Reyclerie

MAP P.165／C3

Rue Belliard (March aux Puces) 出口出站即達

larecyclerie.com 83 Boulevard Ornano, 75018, Paris +33(0)14 2575849 週一〜四08：00〜00：00、週五〜六12：00〜02：00、週日11：00〜22：00 1杯美式咖啡約1€，早午餐約€22 地鐵的rue Belliard(Marché aux Puces)出口出來就到

挑高的大空間，一進門就會看到點主餐大吧檯

「回收，再用創意改造它」一直是法國人最愛的生活美學，而這間「回收」是將原先的廢棄鐵道空間，改造成創意餐廳市集，環保、回收DIY是最重要的精神。內部是挑高2層的大空間，半圓透明玻璃看下去是舊鐵道，從左右兩旁可沿著綠意、隨意擺放的餐桌椅一路走下去。還有小巧的養雞圈、小魚池。這裡每天都有不同的活動，如創意市集、改造回收物的手工課程、瑜伽按摩課等。

挖寶天堂

遊賞去處

聖圖安跳蚤市場
Marché aux Puces de Saint-Ouen

DATA

marcheauxpuces-saintouen.com/1.aspx 從120, rue des Rosiers 93400 St-Ouen的Marché Vernaison市場開始，沿著rue des Rosiers這條街一直到110號的Marché Parul Bert Serpette市場結束 週一、週末 10:00～13:00、14:00～17:30 週二～五 地鐵的rue Belliard(Marché aux Puces)出口出來，往肯德基KFC的方向越過馬路，會穿過一片用遮雨棚搭起的攤販，是賣些便宜的商品，穿過這一小段的攤販，看到左邊上外環道的交流入口，過馬路，左邊第一條街就是rue des Rosier，過馬路時，也會看到一個大招牌，指示著跳蚤市場的方向 2小時 請將背包背在前方，或是用迴紋針別住拉鍊，避免小偷打劫；在餐廳用餐，不要把私人物品單獨留在椅子上；盡量在上午或下午3點前逛完

1

✦ Leta巴黎小站 ✦

● 克里雍庫爾門站→跳蚤市場路線

出地鐵，請往KFC對面那棟白色屋子的方向過馬路 　穿過用遮雨棚搭起的攤販 　穿過高架橋下方 　過到對面，看到上面跳蚤市場的招牌 　過到對面後，立刻左轉，第一條向右轉的巷子就Rue des Rosiers

● 跳蚤小吃攤(Les Gastropodes)

Marché Dauphine：140 rue des Rosiers, 93400, Saint-Ouen　rue Belliard (Marché aux Puces)出口步行約9分鐘

在跳蚤市場逛餓、逛累了，在Dalphie市場邊間的Les Gastropodes，有伊比利豬排、炸魚、漢堡餐等簡易的食物，可以快速解決一餐，吃飽後，回頭再繼續挖寶行程。

● 巴黎其他跳蚤市場

名稱	特性	小檔案
凡夫跳蚤市場 (Puces de Vanves)	1. 位在南邊巴黎14區的外環道附近，相對於聖圖安小，也較安全，多以法國家常舊貨為主 2. 攤販是環繞沿著大道上的「路邊攤」，逛的人以法國人居多，頗有溫馨的家居氛圍	14 Avenue Georges Lafenestre, 75014, Paris　地鐵13號線，地鐵站Port de Vanves站下車，從Puces de Vanves出口出來，跳蚤市場沿著Avenue Marc Sangnier和Avenue Georges Lafenestre 兩條街 www.pucesdevanves.fr　週末07:00～14:00
阿利格市場 (Le Marché d'Aligre)	位在12區最大的露天市場，有一部分是跳蚤市場，東西也不少，營業時間較長，地點也較接近市區	3 Place d'Aligre, 75012, Paris　地鐵站 Ledru Rollin (8號線)　星期二～日07:00～14:00

出了地鐵站，你會聽到車水馬龍的吵雜聲、看到許多在路邊拿著皮帶、手錶兜售的「個體戶」，別懷疑，這就是歐洲最大的跳蚤市場之一──聖圖安跳蚤市場。這裡雖然治安不太好，但只要先做些預防小措施，絕對可以逛得盡興，挖到心儀的復古貨。

這個跳蚤市場1870年就存在，有15個不同的跳蚤市場，聚集在9公頃的面積上，約有2,000多個商家。每個跳蚤市場都緊鄰著，還有很多小巷弄，容易迷路的朋友，最好記得一些標地物。

沿著rue des Rosiers這條街，第一個會看到的是Vernaison市場，這裡販售的復古商品有手工陶畫的小珠寶盒、懷舊明信片、舊的印刷字母、手繪陶瓷磚，以及仿古小桌椅等；再來是Malassis市場，這裡大多以中東地毯、印度中國古家具為主；它隔壁是Dalphie市場，這裡有黑膠唱片、各種老式膠捲相機、寶藏風格的大小木箱、50年代的美國普普風家具、戲劇服裝等。這裡琳瑯滿目的復古玩意，對喜愛自己改造物件的人，是不可錯過的天堂。

1 多彩的小珠珠 **2** Marché Dauphine **3** 市場裡的小吃店

Marché Veraison

1 2 Marché Vernaison是由綠意矮屋小房子組成，頗有小村莊的感覺 **3** 復古椅子 **4** 像是祖母家，藏在櫃內的小玩意 **5** 古意家具和舊尺寸的手繪陶磚 **6** 貴妃椅、工業風高腳椅、藤菜籃，毫不衝突

Marché Malassis

1 2 Marché Malassis **3** 中東地毯、印度風家具最多

Marché Dauphine

1 有2層樓，屋頂是透光玻璃 **2** 寶藏木箱 **3** 很多黑膠唱片

8號線

高級食品、高級訂製服的重鎮區

瑪德蓮站
Madeleine

La Tour-Maubourg 拉圖蒙布站

Invalides 傷兵院站

Concorde 協和廣場站

Madeleine 瑪德蓮站

Opéra 歌劇院站

Richelieu-Drouot 黎須留站

Grands Boulevards 大道站

Ⓜ 13
ℝℰℛ Ⓒ

Ⓜ 1 12

Ⓜ 12 14

Ⓜ 3 7
ℝℰℛ Ⓐ
✈ RoissyBus

Ⓜ 9

Ⓜ 9

← Balard

Pointe du Lac →

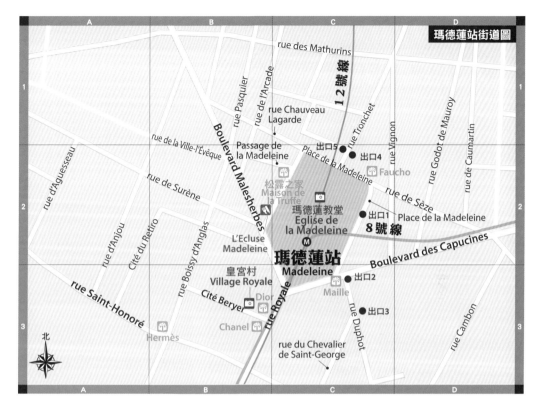

瑪德蓮站街道圖

瑪德蓮站是嬌貴的一區，地鐵一出來就是古典雄偉的瑪德蓮大教堂，附近環繞著許多高級食品品牌，像松露之家可買到神祕難尋、價錢如期貨般的松露珍寶，或是到Maille豪氣品嘗各種口味的現壓芥末醬，或到復雄(Fauchon)這個高級食物綜合品牌店，一次買足。

走進皇宮村(Village Royal)這個世外桃源，你會發現Gucci、Dior及發咖啡餐廳都在裡面。想要享受高貴的下午茶，位在Place de la Madeleine 16的普希金咖啡(Café Pouchkine)皇宮般的裝飾，也會是不錯的選擇。

巴黎達人 *Paris* 3大推薦地

遊客必訪

瑪德蓮教堂

　　這棟新古典的希臘建築，是瑪德蓮區域的宗教、生活的中心，和筆直望去的波旁宮，就像一對雙胞建築。(P.170)

作者最愛

松露之家

　　吃過加了松露的美味炒蛋嗎？這種難以尋覓、特意摘種的珍貴香菇，松露之家已經幫你一瓶瓶罐裝好，可以輕鬆帶回家。(P.172)

 巴黎人首推

L'Ecluse Madeleine

　　在巴黎市中心，l'Ecluse Madeleine擁有難得一見的花園餐廳及色彩活潑的大幅壁畫，吃正餐或喝開胃酒都很棒。(P.171)

遊賞去處 DATA

希臘廟宇式的教堂

瑪德蓮教堂
Eglise de la Madeleine

MAP P.169／C2
出口2步行1分鐘

eglise-lamadeleine.com；瑪德蓮附設的社會型餐廳foyerdelamadeleine.fr/index.php/renseignements-pratiques Place de Madeleine, 75008, Paris +33(0)144516900 09:00～19:00 從地鐵出口2一出來就會看到教堂，過了馬路就到

　　教堂外觀由52根科林式的廊柱雄霸，上方三角形的屋頂，雕刻著《最後的審判》聖經故事，這座新古典風格的希臘廟宇建築，是拿破崙一世在1807年，為了紀念戰爭勝利所建的。內部有金黃色美麗的壁畫，和一座著名的管風琴，除了禮拜也會不定時的舉行音樂會。為了讓社區的人彼此認識，有附設的社會型餐廳(Foyer de la Madeleine)，每天服務300多人次，註冊費一年€7，會員用餐費€9。

內部圓頂壁畫

隱藏版的奢侈小區

遊賞去處

皇宮村
Village Royale

DATA

MAP P.169／B3
出口2步行4分鐘

🌐villageroyal.com ✉Village Royale：25 rue Royale, 75008, Paris；rue Boissy d'Anglas, 75008, Paris ➡從地鐵出口2出來，走到瑪德蓮教堂前面那條rue Royale，走到25號，同時看到Dior和Chanel的店在一左一右，皇宮村的入口就在這兒

18世紀時巴黎人的商業重心慢慢轉到瑪黑區，瑪德蓮廣場附近需要一塊土地規畫成居民的生活市集，於是一位土地代書捐出了這塊私人土地給國家；1992年，這塊區域完全依照當年的建築方式重新修復，2年後重新開；今日奢侈品牌Dior、Chanel、Agatha等都在裡面駐點。小廣場上有間餐廳，在這兒用餐，清淨優雅。

穿出皇宮村，接上rue Bossiy d'Anglas，別小看這條街，可是臥虎藏龍，卡地亞的總部、愛瑪士的旗艦店及工作室都在這裡，還穿插著其他精緻的高級設計師品牌店。

■1 皇宮村的小廣場常有裝飾展覽 ■2 精緻高雅的小洞天

活潑綠意又慵懶的餐廳

特色美食

L'Ecluse Madeleine

DATA

MAP P.169／B2
出口5步行約2分鐘

✉15 Place de la Madeleine 💲+33(0)42653469 🕐週一～六12:00～23:30 ➡從瑪德蓮站出口5出來，往後轉走rue Tronche，右轉接上Place de la Madeleine，總共走約2分鐘

在瑪德蓮站這個高檔品牌區裡，L'Ecluse Madeleine主打優異品質的商業午餐，實在令人覺得難能可貴；店中有玻璃屋頂的溫室餐區，充滿光線、綠意的區域是巴黎人最愛用餐的地方；如果人數多一些，或需要比較隱祕空間的人，還有慵懶放鬆的地下包廂區。

中午的客人都是附近的上班族為主，每日中午特餐價位約€18～20；它不只是間餐廳，下午時間也開，這裡藏酒約300多種，所以喝咖啡、吃些隨意小菜、喝餐前酒……都非常適合。提供的菜色是典型的法餐，其中半煎鵝肝(Foie gras d'oie mi-cuit)、熔岩巧克力蛋糕(Fondant au Chocolat)都頗受好評，不妨試試。

■1 歌舞劇壁畫 ■2 玻璃花園用餐區

購物血拼

土裡的黑鑽石
松露之家
Maison de la Truffe
DATA

MAP P.169／C2

出口5步行約3分鐘

🌐www.maison-de-la-truffe.com/fr ✉19, Place de la Madeleine, 75008, Paris 📞+33(0)142655322 🕐週一～六10:00～22:30 休週日 💲前菜＋主餐、主餐＋甜點約€60～70 ➡從地鐵出口5出來，往後轉走rue Tronche，右轉接上Place de la Madeleine，總共走約3分鐘

法國南部Carpentras是擁有松露傳統大盤商市場的知名小鎮，1932年，小鎮上的仲介商們創立了松露之家，將松露直接賣到巴黎；2007年，被Kaspia集團收購後，銷售聚點一下激增，現在在拉法葉百貨、La Grande Epicerie Paris都有專櫃。目前店裡都販售頂級的Périgord松露，另有外賣單顆松露、鵝肝松露罐頭，也有提供松露風味餐。

1 正在秤重論價的松露 **2** 餐廳左邊是外賣區，右邊是高級松露餐廳

專題
香氣誘人的地下黃金：松露

第一次嘗到松露，是去拜訪住在南法Val省的朋友。朋友奢侈的削了約20克松露炒蛋來吃。我從沒想過「香菇」的味道可以如此濃厚，松露不用添加太多，而且搭配的食材越簡單越好。

目前法國大約有2萬名「松露農」，松露生長在土裡，它是否已經成熟？長在哪裡？都需要長期的經驗及專業的「豬朋狗友」。松露獨特的香氣來自雄稀酮的分子，公豬身上有這種激素，這也是為什麼，豬能成為尋找松露的高手。

松露有好多種，以法國Périgord所產的黑松露和義大利Alba生產的白松露，品質最好，黑松露1公斤的價錢介於€500～2,000，白松露一公斤的價錢約€5,000；2017年，在義大利北部的Alba拍賣會上，850公克的白松露，還曾賣出€75,000的高價。

松露食譜

削5克的松露碎片和6顆蛋一起攪拌，
用奶油預熱鍋，煎成蛋餅，
再撒上5克的松露碎片即可享用。

1 松露的表面，像有著三角錐的麟片 **2** 含松露刨刀、橄欖油的禮盒組 **3** 常和魚子醬一起並列珍貴食材

購物血拼

法國醬料幕後大功臣

Maille

DATA

MAP P.169／C3
出口3步行約1分鐘

🌐fr.maille.com ✉6 Place de la Madeleine, 75008, Paris ☎+33 (0) 140150600 🕐週一～六10:00～19:00 🈺週日 💲玻璃瓶裝約€5.7～8.5，經典陶罐裝約€29～33 ➡從地鐵出口3出來，沿著Place de la Madeleine走約1分鐘到

　　Maille是一間法國芥末醬Moutarde的實體老店面，自1747年創始至今，已經270年。這間位在瑪德蓮的旗艦店，有著精美豪氣的陶瓷芥末吧檯，用類似高壓啤酒幫浦，壓出不同口味的芥末醬，有松露芥末口味、充滿芥末籽的芥末醬、紅果醬芥末、蜂蜜芥末……等，可用櫃檯上提供的小餅乾裹著試吃，平衡一下芥末強烈的味道，才容易區分出不同的口味。

　　在法國，芥末醬是許多沙拉醬的醬底，很多家庭會用芥末調新鮮的沙拉醬。美乃滋就是用1顆蛋黃、植物油、鹽、糊椒及1小匙芥末醬調出來的。店裡還有風味醋、橄欖油、酸黃瓜等調配芥末醬及搭配的食物。

1 很好的伴手禮 **2** 有陶罐包裝，吃完可回來續裝 **3** 啤酒式的芥末醬吧檯

專題 # 法國特色醬料

　　法國人很喜歡請朋友來家裡吃開胃菜，在料理當中會搭配許多特色醬料。以下醬料在任何一間超市都可買到，可買回國內，邀請朋友來家中舉辦「法國餐前派對」！

醬料名稱	搭配
美乃滋 (Mayonnaise)	也可以美乃滋為基底，調配出其他口味，搭配去殼冰熟蝦、削皮紅蘿蔔、黃瓜切條沾著吃
黑橄欖泥 (Tapenade olive Noir)	將土司切成小方塊，將醬料塗在上面吃
茄子泥 (Caviar d'aubergine)	
加蜂蜜的芥末醬 (Moutarde au miel)	不喜歡辛辣口味的人，可嘗試這款加了蜂蜜的芥末醬，可用肉沾醬，連小朋友都愛這款喔

1 加蜂蜜的芥末醬 **2** 傳統口味芥末醬 **3** 美乃滋醬 **4** 黑橄欖泥 **5** 根莖生菜沾醬料，幾乎是派對裡必備的 **6** 將黑橄欖泥直接塗在土司上就可吃囉

8號線

特色博物館

傷兵院站
Invalides

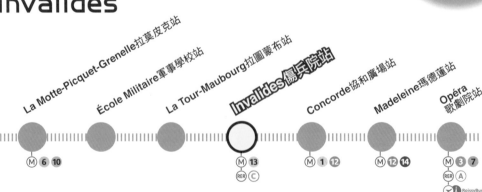

La Motte-Picquet-Grenelle拉莫皮克站

École Militaire軍事學校站

La Tour-Maubourg拉圖蒙布站

Invalides傷兵院站

Concorde協和廣場站

Madeleine瑪德蓮站

Opéra 歌劇院站

Ⓜ 6 10

Ⓜ 13
RER C

Ⓜ 1 12

Ⓜ 12 14

Ⓜ 3 7
RER A
✈ RoissyBus

← Balard

Pointe du Lac →

(圖片提供／Paris Tourist Office, Photographe: Daniel Thierry)

傷兵院站街道圖

從傷兵院地鐵站出站到地面，右望過去會看到有著美麗玻璃的大皇宮，左邊一大片草皮寬廣的廣場，傷兵院就四平八穩的坐落在正中間，別忘了造訪緊鄰在旁的羅丹美術館，真跡雕塑品散布在玫瑰花點綴的庭園裡，還有個露天咖啡廳，讓你忘記這裡是巴黎市區。走到最近一條充滿生活餐廳及商店的rue Saint Dominique、到LEMOINE購買道地古法烘焙的可麗露、到Malabar品嘗法式家常菜，或是到處女的磨坊買個經典長棍麵包、沙拉，回到傷兵院廣場，與巴黎天空來場野餐饗宴。

巴黎達人 *Paris* 3大推薦地

遊客必訪

傷兵院

金色圓頂，象徵天使般的榮耀，眷顧著這一大片曾經是軍人的醫院。在巴黎市許多地方，你都看得到它。(P.177)

作者最愛

LEMOINE

可麗露，這個來自波爾多的甜點，每天早晨都用傳統銅模型烘烤出爐，傳承7代的執著，你一定不能錯過。(P.178)

巴黎人首推

瑪拉巴Malabar

在這個高級路段，要找到一間價格親民，提供家常菜的餐廳不多，但在瑪拉巴溫馨的居家氣氛，讓你不會被當觀光客看待。(P.179)

雕刻大師的畢生寶藏

遊賞去處

羅丹美術館
Musée Rodin

MAP P.175／C3
出口步行約12分鐘

DATA

`musee-rodin.fr/fr` 77 rue de Varenne, 75007, Paris +33(0)144186110 週二～日10:00～17:45(半小時前停止售票) 週一、1/1、5/1、12/25 全票€10，18歲以下免費；每週三下午3點後入場，優待票€7；單買庭園雕塑區門票€4；和羅丹摩登博物館(Musée Rodin Meudon)合買€13，它是收藏羅丹作品，位於巴黎郊區Meudon的美術館；和奧塞博物館(Musée d'Orsay)合買€18，使用有效期為買票日起3個月內 從地鐵出口出來，走rue Robert Esnault-Pelterie，然後接上rue de Consrantine，左轉rue de Talleyrand，再接上Boulevard des Invalides，左轉rue de Varenne，總共走約12分鐘。或是坐到Varenne地鐵站出來較近 1～3小時

羅丹(Auguste Rodin)是法國19世紀末最重要的雕刻家之一，而這座洛可可式建築的美術館也是羅丹捐出他畢生的創作所換來的。美術館分為兩大區塊，一個是英式庭園，一個是室內展覽館。

庭園裡，分散著《沉思者》(Le Penseur)、《3個影子》(Les Trois Ombres)等羅丹的重要作品。庭園面積有3公頃，栽種著許多不同顏色的玫瑰，還附設咖啡館，如果只想純粹享受庭園及部分雕塑品的人，可以單買€4的庭園票入內，在此還可以欣賞到傷兵院的金色圓頂。

1 《沉思者》常引人沉思(圖片提供／Paris tourist office, Photographe：Amélie Dupont)

金色圓頂下，就是拿破崙棺木所在

遊賞去處

傷兵院
Invalides

DATA

MAP P.175／B2
出口步行約8分鐘

http musee-armee.fr/accueil.html ✉Place des Invalides, 75007, Paris ☎+33(0)810113399 🕐軍事博物館Musée de l'Armée 4～10月10:00～18:00，11～3月10:00～17:00，週二延長至21:00，閉館前15分鐘清場；圓頂教堂7、8月開放至19:00 休1/1、5/1、12/25 💲全票€12，18歲以下免費(請出示有效證件備查) ➡從地鐵站出口出來，走rue Paul et Jean Lerolle，左轉Avenue du Maréchal Galliene，穿過綠色草皮的傷兵院廣場Esplanade des invalides，總共走8分鐘 🕐1～3小時

　　從亞歷山大橋走過來，傷兵院像戴著金皇冠的國王，張開它長長的兩臂建築，前方一大片綠地的傷兵院廣場(Esplanade des Invalides)，吸引人不由自主地走去。傷兵院是路易十四在1670年下令建造的，用來給當時受傷的軍人居住，並配有一個軍人醫院。今天則是軍事博物館，以及拿破崙遺體棺木擺放的地方。

　　當年由建築世家的利柏哈·布楊(Libéral Bruant)領頭設計的傷兵院，在17世紀末時，可同時入住4,000多人，牆面上有許多雕像，讓這座軍事建築，擁有古典高雅又雄偉的氣質。而圓頂教堂下，擺放的就是拿破崙的紅棺木，墊高的棺木，被12座女神雕像圍繞，從上面的金色十字架處望下去，非常氣派。這個由蒙沙(Jules hardouin-Monsart)所建造的軍人教堂，在艾菲爾鐵塔還沒蓋之前，曾經是巴黎最高的建築。

　　晚上打了燈光的傷兵院，和艾菲爾鐵塔的燈相互輝映，不太像曾是軍事用途的地方，不知道歷史的人，還以為是哪家百貨公司呢。若要用餐，可到附近的rue Saint-Dominique街，或是傷兵院前的草地廣場，也是很好的野餐地點。

1 簡單高雅的牆面 **2** 拿破崙的棺木 **3** 後花園(以上圖片提供／Paris tourist office, Photographe：Daniel Thierry)

用古法銅模製作了7代的可麗露

LEMOINE

MAP P.175／A2

出口步行約11分鐘

DATA

✉74 rue Saint-Dominique, 75007, Paris ☎+33(0)145513814
🕐09:00～20:00 💲15個小型可麗露約€12，8個中型可麗露約€12
➡從傷兵站出口出來，走rue Paul et Jean Lerolle，左轉Avenue du Maréchale Gallieni，右轉rue Saint-Dominique，找74號，總共走約11分鐘

這間應該是巴黎市最會做可麗露(Canelé)的甜點店。可麗露是源自南法波爾多省的甜點，在法皇時代，曾經是聖·珍德皇后(Saint Jeanne)最愛的甜點，從此在法國甜點界占有一席之地。不過，要把可麗露做得好吃，並不容易。

日本服務生兼甜點師說：「LEMOINE從波爾多的總店開到巴黎，目前已傳承第七代，至今仍然是用銅模來製作可麗露，銅模一個個脫模很耗時，同時烘焙的溫度要控制得很好。大部分的甜點店會用矽膠模，比較快，卻很難做出可麗露最重要的——外脆內Q的特色。營業前一晚，會由中央廚房，把調好的料運送到店裡，然後隔天一大早現烤，所以這裡天天買得到新鮮的可麗露。」

因為耗時，一般甜點店不見得買得到可麗露，不是過甜，就是無法做出外脆內Q的口感。我第一次吃到可麗露，是在其他甜點店，吃過後就再也不吃可麗露；一直到那天遇到了LEMOINE，買了兩顆試試，結果兩顆一下就吃完，後悔沒多買些。可麗露在常溫下可放4～5天，買回去當伴手禮，是不錯的選擇！不過，脆皮的口感，通常只會維持一天喔！

❶招牌上畫著可麗露 ❷當下午茶甜點最合適 ❸有各種大小的包裝盒 ❹店家也會做一些應景的造型巧克力 ❺店裡也有馬卡龍 ❻店裡有賣銅製的可麗露模

特色美食

擁有古蹟級天花板的社區家庭麵包店

處女的磨坊
Le Mouline de la Vierge

DATA

MAP P.175／A2

出口步行約
10分鐘

✉64 rue Saint-Dominique, 75007, Paris☎+33(0)147059850
🕐週一、二、四～日07:30～20:00🚫週三💲可頌、甜麵包等約€1.05
～2.5➡地鐵出口出來，走rue Paul et Jean Lerolle，左轉Avenue du
Maréchale Gallieni，右轉rue Saint-Dominique，找64號，走約10分鐘

　　處女的磨坊是間麵包店，它的門面及室內天花板
的古陶瓷畫，已經入籍為國家歷史古蹟建築。進門
處陳列各式法國麵包、可頌、巧克力等口味，再深
入其中，則有各類的蛋糕及沙拉簡餐，非常可口。
這裡有幾張桌椅，冬天寒冷時，可在室內來杯熱蔬
菜湯；春夏季，則可以買些麵包及甜點，到傷兵院
前草地廣場野餐。

　　處女的磨坊堅持用長時間發酵製作長棍麵包，受
到當地家庭的喜愛。好的長棍麵包切開後，如果看
到不均勻的氣孔，就是完美發酵的證明。

1彩陶畫天花板和麵包區 **2**豐富多樣的麵包

特色美食

法式家常餐廳

瑪拉巴
Malabar

DATA

MAP P.175／A2

出口步行約
12分鐘

✉88 rue Saint-Dominique, 75007, Paris☎+33
(0)145513144🕐00:00～18:00，12:00～14:00💲主
餐約€17，週日早午餐約€25➡地鐵出口出來，走rue
Paul et Jean Lerolle，左轉Avenue du Maréchale -
Gallieni，右轉rue Saint-Dominique，找74號，總共走
約12分鐘

　　瑪拉巴以輕鬆的環境氣氛和好吃的法式家常菜，
在這昂貴的地段勝出，裝潢有點工業風，又有點北歐
曠野風，牆上掛了幾個小鹿頭，特別受到這區家庭的
喜愛。正餐有受年輕朋友青睞的貝果麵包薯條沙拉餐
(Bagel、mesclun、frites)、典型法國生牛肉盤(tartare
de bœuf)、義大利麵烤肉捲(Cannelloni)，正餐價位大
約€17起跳。週日的早午餐非常熱門，約€25起跳。

　　坐在靠窗的沙發座或是外面的露天座，來杯卡布奇
諾、看看行人，好好享受一下居住在巴黎高級居家區
域的氛圍。

1綠意可愛的窗台 **2**吧檯區

8號線

後工業設計風濃厚，巴黎老運河風情

共和廣場站
République

Grands Boulevards大道站

Bonne Nouvelle佳音站

Strasbourg-Saint-Denis斯塔拉斯堡站

République共和廣場站

Filles du Calvaire菲斯都卡費站

Saint-Sébastien-Froissart
聖巴士強站

Chemin Vert
綠色小徑站

Ⓜ 9　Ⓜ 9　Ⓜ ④ 9　Ⓜ ③ ⑤
　　　　　　　　　　　　　9 ⑪

← Balard

Pointe du Lac →

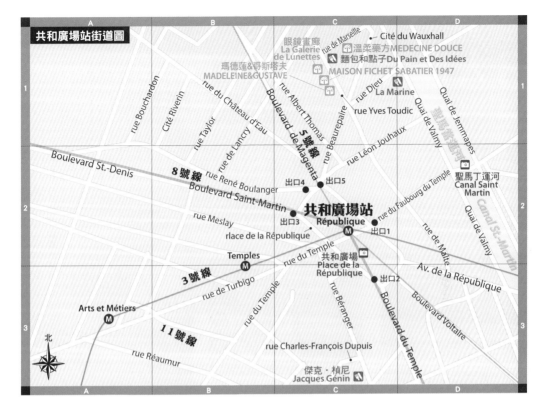

共和廣場站街道圖

- rue Bouchardon
- Cité Riverin
- rue du Château d'Eau
- rue Taylor
- rue de Lancry
- Boulevard de Magenta
- rue Albert Thomas
- 5號線
- rue de Marseille
- Cité du Wauxhall
- 眼鏡畫廊 La Galerie de Lunettes
- 溫柔藥方 MEDECINE DOUCE
- 麵包和點子 Du Pain et Des Idées
- 瑪德蓮&哥斯塔夫 MADELEINE&GUSTAVE
- MAISON FICHET SABATIER 1947
- rue Dieu
- La Marine
- rue Beaurepaire
- rue Yves Toudic
- rue Léon Jouhaux
- Quai de Jemmapes
- Quai de Valmy
- Boulevard St.-Denis
- 8號線
- rue René Boulanger
- Boulevard Saint-Martin
- 出口4
- 出口5
- 聖馬丁運河 Canal Saint Martin
- rue du Faubourg du Temple
- Quai de Valmy
- Canal St.-Martin
- rue Meslay
- 共和廣場站 République
- 出口3
- 出口1
- rue de Malte
- place de la République
- Temples
- rue du Temple
- 共和廣場 Place de la République
- Av. de la République
- 3號線
- rue de Turbigo
- rue du Temple
- 出口2
- Boulevard du Temple
- Boulevard Voltaire
- Arts et Métiers
- 11號線
- rue Béranger
- rue Charles-François Dupuis
- rue Réaumur
- 北
- 傑克・楨尼 Jacques Génin

這 裡是自由民主的象徵，除了許多遊行會經過此區，平日廣場上總是吸引許多青少年來此玩滑板，或坐在露天咖啡喝飲料。這裡離聖馬丁運河很近，河岸附近有許多工作室，這10年來吸引大批創意人、設計師入住。只要天氣放晴，河岸總是坐滿野餐的人；兩岸的文藝咖啡餐廳，更是一家接一家開；每當有遊船要過橋，原先的陸橋打開，閘門在等兩邊同一水位時，更是吸引橋上的人駐足觀望，悠閒風情，成為巴黎潮人的新去處。

巴黎達人 *Paris*
3大推薦地

👍 遊客必訪

聖馬丁運河

　　擁有波西米亞風的聖馬丁運河，是隱藏版的設計師工作室後院，夏天傍晚，兩岸充滿野餐的人，是巴黎最愜意的風景。(P.183)

👍 作者最愛

傑克‧楨尼

　　這是巴黎少有寬敞座位區的巧克力沙龍店，中間的樓梯上去就是中央廚房，即時品嘗優質的巧克力。(P.187)

👍 巴黎人首推

溫柔藥方

　　帶著讓自己美麗的珠寶，就像一帖快樂的療癒配方，這間融入東方細膩元素設計的珠寶店，讓你戴出獨特品味。(P.186)

(圖片提供／@MEDECINE DOUCE)

遊賞去處
DATA

年輕、快樂的人民宣言

共和廣場
Place de la République

MAP P.181／C2
Bd. du Temple
出站即達

✉Place de la République ➡從共和廣場站Bd. du Temple出口出來，廣場就在正中間

　　共和廣場向來是巴黎人愛相約的地點，附近充滿了許多咖啡店、下午茶及麵包店。廣場中間有個瑪麗安娜雕像(Marianne)，拿著「人權宣言板」，象徵這裡屬於人民的廣場，加上這個廣場的面積有3.4公頃，每次遊行或是有和平宣言時，幾乎是必選之地。

　　常有人在這玩滑板、舉辦小型記者會，這裡也是新潮活動的發表地；2013年全部翻新後，廣場上多了一間咖啡餐廳；許多木條椅，更拉近人和人之間的距離，年輕熱鬧的氣氛，讓它人氣指數居高不下。

1 地上噴泉，好清涼 2 象徵自由、平等、博愛的雕像

巴黎人的後花園

遊賞去處

聖馬丁運河
Canal Saint Martin d'Anglas

MAP P.181／D2
Rue du faubourg du Temple
出口步行約4分鐘

DATA

🚇Canal Saint Martin➡從rue du faubourg du Temple出口出來，沿著rue du faubourg du Temple約4分鐘就到，之後可以往左邊方向的運河逛去

　　20年前，聖馬丁運河周圍是聲譽不好的地方，從十幾年前開始，陸續進駐許多新銳設計師品牌的工作室，像是agnès b.、Tara Jarmon和Antoine et Lili，都選在這裡駐點，讓運河附近成為熱門設計師店面和新潮麵包咖啡廳的街道。春夏天氣好的時候，運河兩旁就會有許多人在這兒野餐。

　　這段運河主要是連接碧列池(Bassin de la Villette)和亞森那港口(Port de l'Arsenal)，其中有一段進入地下道的路程相當吸引人，到了亞塞那港口，再往前駛去，就是塞納河了。

✦────── Leta巴黎小站 ──────✦

聖馬丁運河遊船資訊

　行駛日期只有3/3～12/16。英法文解說，航行時間皆2個半小時。

遊船名稱	行程	時間	票價／船公司資訊
巴黎運河 (Paris Canal)	●09:45 開船 起點：奧塞美術館Musée d'Orsay (上船地點在Port de Solférino港塢) 終點：碧列公園 Parc de la Villette ●14:30 開船 起點：碧列公園 (上船地點在My boat餐廳後面) 終點：奧塞美術館	旺季加開兩個班次 ●10:15 碧列公園發船 ●14:25 奧塞美術館發船	💲成人€22；3歲以下免費；4～14歲€14；15～25歲€19；60歲以上€19 🌐www.pariscanal.com/croisiere-canal-saint-martin/seine-bastille-villette 📞+(33)142391500
卡農哈瑪 (Canauxrama)	●行程A 出發地：亞森那港口(Port de l'Arsenal) 終點：碧列公園 ●行程B 出發地：碧列公園 終點：亞森那港口	兩個行程都有兩個班次：09:45、14:30	💲成人€18；12歲以下是優待票 🌐www.canauxrama.com/fr/croisieres/croisieres-canal-saint-martin.html 📞(33)142402900

1 運河上有好幾個調整水位的閘門 **2** 野餐，看遊船

綠色生活概念館
瑪德蓮&哥斯塔夫
MADELEINE&GUSTAVE
DATA

MAP P.181／C1
Bd. de Magenta
出口步行約5分鐘

http madeleine-gustave.com ✉19 rue Yves Toudic, 75010, Paris ☎+33
(0)140386102 ⏰週二～六11:30～19:15 休週日、一 ➡從Bd. de Magenta
出口出來，右轉走rue Beaurepaire，左轉rue Yves Toudic就到

阿列斯(Alex)和帕斯卡
(Pascale)，在Rue Yves
Toudic這條新興的設計
師小店，開了一間3層樓的「綠生活概念館」。這裡
原來是兩層的辦公室，大面白色落地窗門、半圓形
格樓窗、挑高屋頂、室內盆栽、幾何形狀簡約的北
歐裝飾，很快虜獲巴黎人的心。

　　3樓靠窗處，有飲料座位區，店家的辦公室就在旁
邊，以玻璃和鐵結合的工業風門板，與咖啡廳做區
隔，這也是巴黎目前很流行的空間設計。

1 挑高的白色門面 **2** 1樓滿滿的綠盆栽

會說話的「眼睛」
眼鏡畫廊
La Galerie de Lunettes
DATA

MAP P.181／C1
Bd. de Magenta
出口步行約7分鐘

http lagaleriedelunettes.com ✉27-29 rue Yves Toudic, 75010,
Paris ☎+33(0)142081026 ⏰週一14:00～19:00，週二～六11:00
～19:30 休週日 ➡從Bd. de Magenta出口出來，右轉走rue Beaure-
paire，左轉走rue Yves Toudic找27號，總共步行約7分鐘

　　有別於市面上各種新潮眼鏡行，賣的樣式雖然新潮，但品質卻一樣專業。在此開店6年的瑪莉
(Marie)，代理法國的Thierry、Lasry、奧地利的Robert la Roche、義大利的LGR、eyepetizer、德
國的Schnuchel、Mykita、美國
的Garrett Leight等專業的眼鏡品
牌，造型也非常新潮。

　　買一副太陽眼鏡，回去搭配服
飾，是巴黎近幾年流行的搭配顯
學。眼鏡畫廊的店面由Marion
Dumazer和Emmanuel Lafallisse
這兩位建築師，以這間店前身為
「畫廊」的概念去設計。

1 「潮貓」型眼鏡 **2** **3** 一排排各種牌子的眼鏡

限量時尚包、零碼皮料、DIY課程，這裡是「愛皮者」天堂

購物血拼

MAISON FICHET、SABATIER 1947

DATA

SABATIE 1947: sabatier-1947.com/fr；MAISON FICHET：fichet.fr 24 rue yves Toudic ,75010, Paris +33(0)142080279 週一08:30～12:30、14:30～18:00，週二～五08:30～19:30，週六10:30～19:30 週日、7/14 從Bd. de Magenta出口出來，右轉走rue Beaurepaire，左轉rue Yves Toudic，找24號就到

MAP P.181／C1
Bd. de Magenta
出口步行約6分鐘

MAISON FICHET是一間1896年就開始經營大宗皮料買賣的工廠，它採購來自義大利、西班牙、摩洛哥等各國的好皮料，是皮包、皮鞋、皮帶等各種皮貨製造者的供應商。SABATIER 1947就是一家長年跟MAISON FICHET採購的包包店，多年前，已併入MAISON FICHET底下經營的一個品牌。

這家店裡，可以買到SABATIER 1947一系列皮料質感超好，色彩、樣款搭配亮眼的皮包、皮夾、小錢包；這個設計師牌子的包包款，有小羊皮，適合辦公室的樣款，也有亮麗紅、黑對比的流行款，皮料的品質，則由老東家百年皮商做保證；價位上，中包大約€150～295，以高端品牌的品質來說，算是非常容易入手的價位。

這裡還有各式各樣的皮件製作材料，如各種款式的零碼邊皮、皮線、手工皮具材料，我在逛店的同時，還有在其他包包品牌工作的兩位客人，也來這裡採購皮料DIY的用品。皮料的保養也非常重要，店裡有一小盒整套的皮料保養劑，店長也擁有皮革的專業知識，可以現場提供更即時的資訊，是「愛皮者」不可錯過的專業皮店喔！

1亮麗色彩的款型 **2**各種皮件 **3**工藝師與供應商最好的結合 **4**手做課程在後方

購物血拼

「療癒系」的珠寶

溫柔藥方
MEDECINE DOUCE

DATA

MAP P.181／C1
Bd. de Magenta
出口步行約8分鐘

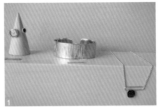

🌐bijouxmedecinedouce.com/fr✉10 rue de Marseille , 75010, Paris📞+33(0)182831153🕐週一～六11:00～19:00🈯週日、7/14➡從Bd. de Magenta 出口出來，右轉走rue Beaurepaire，左轉Rue Yves Toudic，右轉rue de Marseille，找10號

　　如果不是看到店櫥窗展示著各式各樣特別的珠寶，光看溫柔藥方MEDECINE DOUCE這個名字，還以為是民間療法藥鋪。推開店門，展示台上有鑲著不對稱的扣戒、珍珠耳環、幾何形狀串接的紐約風項鍊、浪漫垂吊型耳環等，每個都不同，但都有諧調感，看了就很療癒。2000年，瑪莉・蒙都(Marie Montaud)在這裡開店，她從小就在這而長大，開店之前，幫許多珠寶品牌、模特兒做過設計，所以她對設計有獨特的想法。

　　店裡的珠寶，以半寶石、包金或純金純銀為主。細緻優雅、與眾不同，因此得以在連鎖飾品和高階珠寶之間，開啟小眾文青市場。

❶每個珠寶都非常與眾不同 ❷細緻優雅，是它的設計元素 (以上圖片提供／MEDECINE DOUCE) ❸店面兼工作室

特色美食

美好年代的麵包味

麵包和點子
Du Pain et Des Idées

DATA

MAP P.181／C1
Bd. de Magenta
出口步行約6分鐘

🌐dupainetdesidees.com/index.php✉34 rue Yves Toudic, 75010, Paris📞+33(0)142404452🕐平日06:45～20:00🈯週末，12/22～1/1💲蝸牛狀甜麵包約€3.5➡從Bd. de Magenta出口出來，右轉走rue Beaurepaire，左轉rue Yves Toudic，麵包店就在與rue de Marseille的交接口處

　　老闆兼麵包師傅的克里斯多夫(Christophe Vasseur)，原先在香港從事時尚行銷工作，之後回到了出生地巴黎，學習了3年的糕點烘焙，於2002年頂下了這間天花板列入歷史古蹟的麵包店。他以傳統製法、法國本地產的麵粉、一系列蝸牛形狀，不同口味的花式甜麵包打響他的知名度。2008年，獲選飲食指南(Gault&Millau)最佳長棍麵包獎，陸續又有美國部落客及美食專家報導，這裡的國際遊客絡繹不絕。

　　這裡還可以點杯咖啡，到外面大桌椅坐著吃，同桌的人來自美國、韓國、日本，氣氛就像個小國際村。

❶榛果口味的甜麵包 ❷麵包店以1900年代的氣氛裝飾，旁邊有座位區 ❸用彩色的大陶盤來盛麵包

巧克力大師的中央廚房和他的沙龍

特色美食

傑克·楨尼
Jacques Génin

DATA

MAP P.181／C3

**Bd. du Temple
出口步行約6分鐘**

http jacquesgenin.fr/fr/jacques-genin✉133 rue de Turenne, 75003, Paris☎+33(0)145772901🕐00:00～18:00、12:00～14:00💲蛋糕約€9～13➡從Bd. du Temple出口出來，沿著Bd. du Temple直走，右轉rue Charlot，走道圓環處，接上rue de Turenne就到

來到傑克·楨尼巧克力下午茶店門口時，我還懷疑是不是走錯店，怎麼來到一間「美容院」，等透過門看到了精巧的巧克力，才確定沒走錯。進門玄關處，雖然有個巧克力展示櫃，但那一整面簡潔的裝飾，還是會讓我聯想到新潮美髮院；不過，這也是現在巴黎巧克力品牌，流行的「藝術化概念店」。

1樓有巴黎稀有的寬敞座位區，石牆外露、溫暖黃光，柔和沙龍店的氣氛。店裡外賣巧克力禮盒很多，坐下來還可以點正統古法製成的熱巧克力、蛋糕；當天我們點了一份千層派和熱巧克力，好吃的沒話說！蛋糕種類雖然不多，但味道都很棒。

傑克是位天才型的味覺專家，他沒有上過專業甜點師的訓練，卻擔任過許多餐廳的甜點師。這間坪數超大的巧克力沙龍店，由中間旋轉樓梯上去，就是巧克力的製作中央廚房。傑克也是許多飯店的巧克力供應商，製作的巧克力，都是從這上面的廚房新鮮出爐的呢！

1外皮脆而不膩的千層派蛋糕 **2**中間美麗的旋轉樓梯

面運河最棒的餐廳

特色美食

La Marine

DATA

MAP P.181／D1

**Bd. de Magenta
出口步行約7分鐘**

http lamarinecanalsaintmartin.com✉55 bis, Quai de Valmy, 75010, Paris☎+33(0)142396981🕐12:00～00:00💲主餐€13～22➡從Bd. de Magenta 出口出來，右轉走rue Beaurepaire，越過rue Yves Toudic，再接上rue Dieu，一直走到河岸，與Quai de Valmy交接口就到

當我想在聖馬丁運河旁找尋一間可以直接面對河岸，又有典型法國咖啡餐廳的家常菜時，找到了這家網上有不錯評語的La Marine。就在隔我兩桌的一位女士，點了一盤看似味美味的食物，於是，就跟服務生詢問，原來是「脆皮烤羊起司沙拉」(Croustillants de chèvre chaud，Pousses d'epinards)，我也點了一盤，非常清爽。

法國夏天時，很多人都會拿大沙拉盤當主餐吃，如果還要在同一區品嘗其他小點心，這種分量剛好；他們家的魚類主餐也很棒，服務生服務熱情，一份主餐單點，價位大約是€15～25。

1巴黎人最愛露天走廊座位 **2**脆皮烤羊起司沙拉

6號線

巴黎小名「光之城」，這裡貢獻最多

比爾阿坎站
Bir-Hakeim

Boissière 波西荷站

Trocadéro 托卡德侯站

Passy 帕西站

Bir-Hakeim 比爾阿坎站

Dupleix 都波雷希站

La Motte-Picquet Grenelle 拉蒙皮克站

Cambronne 康柏侯站

Ⓜ 9

RER Ⓒ

Ⓜ 8 10

← Charles de Gaulle - Étoile

Nation→

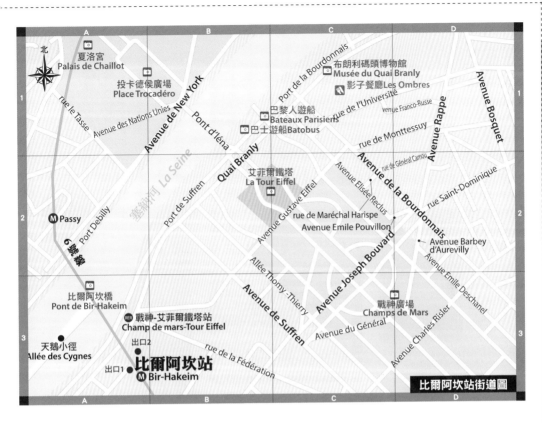

比爾阿坎站街道圖

艾 菲爾鐵塔是這區的最佳女主角，環繞著她的有以美好年代復古風格聞名的阿爾比坎雙層橋、為艾菲爾鐵塔擴展視野場景的戰神廣場，和托卡德侯花園廣場。這一區的主題博物館很多，夏洛宮裡的人類博物館、建築和遺產之城博物館、布郎利碼頭博物館，滿足熱愛文化展覽的朋友。

這一區的景點腹地廣大，運用電動滑板車遊覽，也成為此區的特色；靠塞納河岸，有巴黎人遊船和巴士船，可以帶你暢遊塞納河風光。

巴黎達人 *Paris*
3大推薦地

巴黎人首推
塞納河遊船

塞納河兩岸，散布著最熱門的景點，聖母院、西堤島、羅浮宮、奧塞美術館、艾菲爾鐵塔等，一次盡收眼底。(P.195)

遊客必訪
艾菲爾鐵塔

百年前，因為醜陋的鋼鐵建材，巴黎人都反對它的建造，今天，巴黎人不惜花費千萬歐元保護它，它已成為這個城市最美的地標。(P.192)

(圖片提供／Paris tourist office, Photographe : Stéphane Querbes)

作者最愛
影子餐廳

是誰的影子？是艾菲爾鐵塔，還是你、我的影子？這個藏在博物館屋頂上，天天有熟悉門路的人，在這兒看鐵塔全景呢！(P.194)

遊賞去處

1900美好年代的巴黎
比爾阿坎橋
Pont de Bir-Hakeim

DATA

MAP P.189／A3
出口2步行約
走2分鐘

📧Pont de Bir-Hakeim, 75015, Paris ➡從地鐵站出口2出來，沿著Pont de Bir-Hakeim走2分鐘就到

這條出現在電影《全面啟動》(Inception)中的橋，是典型「美好年代」的經典工程傑作。橋分成兩層，上層有地鐵6號線經過，下層則是6米寬車道，加上2米寬行人走道。橋墩下掛了一整排復古又大氣的古典吊燈，橋中間有一塊往外凸出的大半圓形區，欣賞艾菲爾鐵塔，或是婚紗攝影，都是最佳地點。

另外一邊走下橋，是天鵝小徑(Allée des Cygnes)，中間會經過Pont Rouelle、Pont de Grenelle兩座橋，走道最前端會看到一個較紐約小1號的《自由女神》像。小徑上，常有人跑步，散步起來格外清幽。

1 橋上名為《法國文藝復興》的騎馬雕像 2 橋下可騎腳踏車

遊賞去處

「戰神」已不戰，大家來派對吧！

戰神廣場
Champs de Mars

DATA

MAP P.181／C3、D3

出口2步行約
12分鐘

✉Champs de Mars, 75007, Paris◐地鐵站出口2，沿河岸Quai Branly往東走到艾菲爾鐵塔，後面一大面綠色草地就是，總共走約12分鐘

這片在艾菲爾鐵塔後方，占地24.3公頃的綠地，以前曾是軍隊演練的場地，現在則是舉辦露天電影、大型派對，或是巴黎人野餐的地方。19世紀末期，巴黎舉辦了多場萬國博覽會，戰神廣場也見證了輝煌的歷史，現在每年元旦、國慶，常常都在這兒舉辦煙火燈光晚會。

從艾菲爾鐵塔，走過戰神廣場到另一端，有個和平門，是由寬16米、高9米的大玻璃所建造，上面寫著49種不同語言的「和平」。

1 夏天時，這裡搖身變成沙灘足球場 **2** 廣場上，艾菲爾鐵塔和和平門在兩端相呼應（以上圖片提供／Paris tourist office, Photographe：David Lefranc）

遊賞去處

世界文化博物館

布朗利碼頭博物館
Musée du Quai Branly

DATA

MAP P.181／C1

出口2步行約
16分鐘

http quaibranly.fr/fr ✉37 Quai Branly, 75007, Paris ◐+33(0)15661 7000◉週二、三、日11:00～19:00，週四、五11:00～21:00 休週一 $永久展€10，臨時展€10，永久展＋臨時展€12◐地鐵站出口2，沿河岸Quai Branly往東走經過艾菲爾鐵塔，再繼續往前走，看到一大片玻璃門就是博物館門口◉1～2小時

這個擁有新穎玻璃帷幕的博物館，以收藏世界五大洲的原始藝術品為主，目前館內典藏了大約37萬件非洲、亞洲、中東、大洋洲、美洲以及部分歐洲的藝術品；這座博物館同時擁有70萬件人類文明的符號圖像收藏，也是歐洲博物館中最豐富的。

這裡也常舉辦現代舞蹈表演，注入許多活潑的能量。1樓的花園，有一間布朗利咖啡館（Café Branly），由建築師Jean Nouvel所構思，大面的落地窗望向花園，花園內有藝術家Yann Kersalé的燈光藝術，晚上打燈後很美麗，如果來到博物館，建議可以在此用餐。

1 亞洲展品 **2** 夜晚打燈後的花園（以上圖片提供／Paris tourist office, Photographe：Nicolas Borel）

遊賞去處

風姿綽約的鐵女士

艾菲爾鐵塔
La Tour Eiffel

MAP P.181／B2
出口2步行約10分鐘

🌐toureiffel.paris/fr✉Champ de Mars, 5 Avenue Anatole France, 75007, Paris☎+33(0)892701239休7/14➡地鐵站出口2，沿河岸Quai Branly往東走約10分鐘◐如是現場排隊購票，請抓半小時排隊時間。參觀鐵塔約1.5個小時⑰天候狀況不佳，或太多人潮，頂樓有可能會關閉；頂樓的風很大，請備好防風禦寒衣物；建議只帶小皮包，任何太大的背包或行李箱都不能進入鐵塔

營業時間	電梯	樓梯
6/21～9/2	09:00～00:45 最後上頂樓時間23:00	09:00～00:45 最後進場24:00
其他日期	09:30～23:45 最後上頂樓時間22:30	09:30～18:30 最後進場18:00

1

購買方式	票種	成人(€)	12～24歲(€)	4～11歲(€)	4歲以下
在官網預購票，自行印出票(2個月前開放購票)；現場購票	坐電梯上到1樓、2樓	16	8	4	免費。但仍然要出示免費票。如是網路購票，得選取4歲以下的選項，一樣印出來。現場購票，則須告知有4歲以下孩童，櫃檯會給免費票
	坐電梯上到1樓、2樓、頂樓	25	12.5	6.3	
只能現場購票	爬樓梯到2樓	10	5	2.5	
	爬樓梯到2樓，從2樓坐電梯到頂樓	19	9.5	4.8	

網上購票 Step by Step

（製表／俞敏慧）

到官網toureiffel.paris，選English、Price & Times plan 之後點buy a ticket

選取你想要去的日期、人數、票種按Confirm

之後會出現還有票的日期和時段，如果選的時段或日期沒了，就會反白選取仍有空檔的時段按下一步

出現要購買的票數及金額，左下方會出現一個「我不是機器人的測試」，請打勾，之後按下確認購買的按鈕
注意：票券可以自行印出紙本，或下載存於手機上，進場出示條碼。請在規定時間進入參觀，逾期票就作廢。

艾菲爾鐵塔於1889年，為了萬國博覽會而建造，世紀天才工程師艾菲爾(Gustave Eiffel)花了2年2個月又5天的時間，突破許多技術問題，並且在多數反對聲浪中完成了它。對當時的巴黎人來說，他們無法接受整座沉浸在古典奧斯曼建築裡的城市，加入一個高達324米的鐵怪物。

即使蓋好後，大家也預計20年後就要拆毀；但在1898年，艾菲爾意外發現鐵塔可以接收到萬神殿的電訊，他立刻加緊提高電波的運用；1903年，他成功的將它用在軍事電波傳輸上，這時鐵塔已經有了軍方的利益保護，再也不怕有人要將它拆除；1925年，鐵塔又擴大它的頻率，成功設立第一個公共廣播頻道，鐵塔從軍事用途轉為平民的日常生活陪伴。一直到近年來，法國TNT電視頻道，都還是由鐵塔發出訊號。

鐵塔一年到頭有許多活動，每晚，它都會亮燈，旋轉閃耀的光芒，光影也會因為活動而不同；法國國慶時常常會配合煙火，一起換上節慶設計的光芒。

艾菲爾鐵塔樓層簡介

艾菲爾是巴黎的象徵，沒有了艾菲爾鐵塔，巴黎似乎也不叫巴黎了。2018年，市府花費了3,500萬歐元，在底部搭了兩面厚達6.5公分、長220米的透明玻璃，它可以防止車輛的撞擊，東西兩面則有木頭色、艾菲爾簡約形狀的鋼造圍牆；這兩個最新加入的安全防護，高度都是3.24米，與鐵塔從底部到發射台頂端的高度324米相呼應。在傳統中融入創新的設計，是法國重要的美學精神。

頂層
離地面約276米高
如果你已經來到頂端，當然值得慶祝一下，這層有香檳吧檯。一間重現艾菲爾在此辦公的辦公室，以及當年由他打造的一座1:50的鐵塔模型。

第二層
離地面約116米高
這裡除了有簡餐店、紀念品店，還有米其林一星餐廳Le Jules Verne。

地下層
百年前，艾菲爾運用水壓原理發明了電梯；至今，鐵塔仍舊是用這種機械型電梯，天天載乘遊客上塔。請在地面層預約專人解說導覽。

第一層
離地面57米高
幾年前，第一層鋪了局部的半透明玻璃，讓人走在上面有臨空悚感；同時，另一個我覺得最酷的活動，就是每年在聖誕節、元旦期間，這層就會變成一座天空冰宮場，現場租冰鞋，就可以溜冰看巴黎的天空了。這層還有一間由三星主廚亞蘭．度格斯(Alain Ducasse)領軍的Le 58 Tour Eiffel餐廳。

1 從附近古典的街道看全身鐵架的艾菲爾，有種夢境般不太真實的氛圍 2 現場經常有轉播(1 2 圖片提供／Paris tourist office, Photographe：Sharah Sergent) 3 第一層歲末年終時，變成高空溜冰場

看艾菲爾鐵塔的最佳展望台

托卡德侯廣場、夏洛宮
Place Trocadéro・Palais de Chaillot

遊賞去處

DATA

MAP P.181／A1、B1

出口2步行約20分鐘

人類博物館人類博物館：museedelhomme.fr/fr；建築和遺產之城 cit-edelarchitecture.fr/fr 人類博物館(Musée de l'Homme)1 Place du Trocadéro et du 11 Novembre, 75116, Paris；建築和遺產之城(Cité de l'Architecture et du Patrimoine)17 Place du Trocadéro et du 11 Novembre, 75116, Paris 人類博物館+33(0)144057272；建築和遺產之城+33(0)158515200 人類博物館週一、三～日10:00～18:00；建築和遺產之城週一、三～日11:00～19:00 週二皆休館 人類博物館€10；建築和遺產之城永久展€8，夏洛宮導覽€13 1.地鐵站出口2，沿河岸Quai Branly往東方向走約5分鐘到艾菲爾鐵塔，之後左轉越過依娜橋Pont d'Iéna，就會到達托卡德侯花園，之後走上樓梯，就是廣場，走到這此大約20分鐘，夏洛宮裡的博物館就在左右兩邊的建築裡。這個走法，適合想把拜訪艾菲爾鐵塔和托卡德侯廣場結合在一起的人 2.如果想直接到達托卡德侯廣場、夏洛宮，建議坐到地鐵托卡德侯站Trocadéro下車，從出口1出來即到 博物館停留大約30分鐘

　　1869年由拿破崙建造、現在命名為托卡德侯的廣場，是為了要紀念一場在托卡德侯小島的獲勝戰役。站在略高的廣場望過去，先是看到托卡德候的花園、噴水池，越過依娜橋(Pont d'Iéna)，再來就是艾菲爾鐵塔。每年法國國慶煙火在艾菲爾鐵塔和戰神廣場施放時，在有高度的廣大平台，或兩旁的石階，是最好觀賞的地方。

　　它的兩翼側邊是夏洛宮，它是1937年萬國博覽會的場地，東側的展館裡有建築和遺產之城(Cité de l'Architecture et du Patrimoine)，以及夏佑國家劇院(Théâtre de Chaillot)。

1 托卡德侯花園、廣場、夏洛宮是連在一起的大區塊(圖片提供／Paris tourist office, Photographe：Stéphane Querbes)

在巴黎的屋頂，艾菲爾鐵塔盡收眼底

影子餐廳
Les Ombres

特色美食

DATA

MAP P.181／C1

出口2步行約15分鐘

www.lesombres-restaurant.com/fr 27 Quai Branly, 75007, Paris +33(0)147536800 00:00～18:00、12:00～14:00 中餐約€35～42 地鐵出口2，沿河岸Quai Branly往東走經過艾菲爾鐵塔，再繼續往前走，看到有著玻璃門的布朗利瑪頭博物館，上面有Les Ombres的指標，跟著左轉進去都會到餐廳電梯入口，總共約走15分鐘 需事先預約

1

　　影子餐廳位在布朗利博物館屋頂上，因為使用新鮮的時蔬，所以菜單經常更換。記得第一次去，點了一份主餐「魚和綠色島嶼」，讓我想起了台灣；前菜則是色彩鮮豔對比的「甜菜根與白乳酪」，味道都細緻入味。

　　雖然不是米其林的星級餐廳，但我覺得它的餐精緻美味，環境又有藝術感，可以靜靜欣賞鐵塔，價錢又合理，是Leta超推的私房餐廳。用完餐後，還可以請服務生幫你開玻璃門，到外面的陽臺上走走，記得別太靠邊緣。

2 **1** 魚和綠色島嶼 **2** 艾菲爾鐵塔就在你面前

專題

塞納河遊船 來巴黎一定要做的事！

坐塞納河遊船，幾乎每個來巴黎的人一定要做的事，河上經營觀光船的有幾間公司，提供不同的組合，下面整理幾間，其中巴黎人遊船(Bateaux Parisiens)和巴士遊船(Batobus)在艾菲爾鐵塔腳下都有上船點。

遊船公司	巴黎人遊船 (Bateaux Parisiens)	蒼蠅遊船 (Bateau Mouches)	巴士遊船 (Batobus)	新橋遊船(Bateaux Les Vedettes du Pont-neuf)
地點 (都在塞納河邊)	·艾菲爾鐵塔下 地址：Port de la Bourdonnais,75007船塢號碼 5、7 (Ponton N° 5、7) ·聖母院旁 地址：Quai de Montebello	愛樂馬橋(Pont de l'Alma) 75008(地鐵9號線Alma-Marceau站)	特色 可以在下面8個站，任意上下船：艾菲爾鐵塔、奧塞美術館、聖哲曼、植物園、市政府、羅浮宮、香榭麗舍大道	新橋(Pont neuf) Square du Vert Galant 75001 (地鐵7號線Pont neuf站)
純遊河 票價/時間	成人€15；4～11歲€7；4歲以下免費	成人€14；4～12歲€6 4歲以下免費	·1天票 成人€17，持週、月票Naviogo 優惠價€11；3～15歲€8 ·2天票 成人€19，持週、月票Naviogo 優惠價€13；3～15歲€10 1、2天票3歲以下免費 Naviogo 優惠價限現場買票	·成人€14；4～12歲€7；4歲以下免費 ·網路訂票優惠 成人票€12； 兒童票€5
		特色 船票＋露天觀光巴士(Open Tour bus) 4條不同路線，50個站，平均10～30鐘一班巴士，可以隨時搭乘		
		成人票1天€40、2天€44；4～12歲兒童票1或2天€20	成人票2天€47、3天€51 4～11歲兒童票2或3天€21	
	·時程60分 ·4～9月：每30分鐘開一班，平日10:00～22:30 週末、6、7、8月10:00～23:00 (13:00的班次休息) ·10～3月：每1小時開一班，平日10:30～22:00；週末10:00～22:30 (13:00、19 :30的班次休息) ·聖母院開的船班，只有5/17～11/5 11:00～22:00 (詳細班次請洽船公司)	·時程70分 ·4～9月：每30分鐘開一班，10:00～22 :30 ·10～3月：每40分鐘一班，11:00～21:20，週末加開10:15班次	·4～9月：每20分鐘開一班，10:00～21:30 ·10～3月：每25分開一班 週一～四10:00～17:00 週五～日10:00～19:00	·時程60分 ·每1個小時開一班，約10:30～22:30
用餐遊船/時間 (價錢視所訂菜色等級而不同；最晚15分鐘前須上船)	·午餐 成人€59～89；兒童€34 ·晚餐 成人€99～205；兒童€34～205 特色 晚餐有現場音樂演奏	·午餐 成人€55～60； 兒童€37 ·晚餐 成人€75～130； 兒童€37	無用餐遊船	無用餐遊船
	·午餐 12:45；晚餐 18:15、20:30、21:00 ·時程視船班，約1.5～2.5小時	·午餐12:30 (時程1小時45分) ·晚餐20:30 (時程2小時15分)		
語音導覽	有14種語言	有	沒有，但每個站前有招牌景點介紹	船上發紙本簡章
網址	www.bateauxparisiens.com	www.bateauxparisiens.com	www.batobus.com	www.vedettesdupontneuf.com

6號線

書香的塞納河畔

車站岸邊站
Quai de la Gare

Place d'Italie義大利廣場站 · Nationale國民站 · Chevaleret雪法樂黑站 · Quai de la Gare 車站岸邊站 · Bercy貝西站 · Dugommier督購米站 · Daumesnil多迷溪妮站

Ⓜ ⑤ ⑦   Ⓜ ⑭   Ⓜ ⑧

◄— Charles de Gaulle - Étoile   Nation —►

站岸邊站有密特朗圖書館，這個法國近代亮眼宏觀的建築地標，走過貝西橋或西蒙·波娃橋，可以來到巴黎12區的貝西，貝西區經過了數十年的大改造，成為今天東區中產階級最愛的一個地方。

巴黎達人 *Paris*
3大推薦地

遊客必訪

密特朗圖書館

就把「書打開」這個點子，蓋成一棟建築物吧！四大本玻璃帷幕的書香大樓，等著你來發掘這個歐洲最大之一的圖書館。(P.199)

(圖片提供／Paris tourist office, Photographe：Amélie Dupont)

作者最愛

貝西公園

這裡有可愛稻草人的市民農田、滿地的鬱金香，散步過優美的西蒙‧波娃行人徒步橋，靜靜欣賞塞納河兩岸人文之美。(P.200)

巴黎人首推

貝西村

以前一間間的葡萄倉庫，都保留建築原始風貌，改裝成許多潮店、餐廳。貝西村是舊空間改造後的巴黎東區新歡。(P.201)

遊賞去處 | 比爾阿坎橋的雙胞橋

貝西橋
Pont de Bercy

DATA

MAP P.197／A1、B1
出口步行約1分鐘

✉Pont de Bercy, Paris➡從地鐵出口來，往塞納河方向走約1分鐘到

貝西橋在1864年建造完成，地鐵6號線經由它穿過塞納河，連結巴黎12和13區。這座橋與比爾阿坎橋有點神似，都是雙層橋，橋下也有古典吊燈。總長175公尺，寬40公尺，新古典主義的建築代表，每到夕陽西下時，這座橋有種獨特的寧靜之美。

點燈後的貝西橋，特別美(圖片提供／Paris tourist office, Photographe：Amélie Dupont)

建議可以從這裡走到對岸，先左轉到Quai de la Rappé，去看對岸綠色流線造型外觀的都會流行設計館(Cité de la Mode et du Design)，再往回走到貝西公園，散步、逛街、用餐之後再走西蒙‧波娃行人徒步橋，回到密特朗圖書館，然後沿著Quai François Mauriac河畔，經過喬瑟芬貝克游泳池，回到車站岸邊地鐵站。

「巨大的四本書」圖書館
密特朗圖書館
Bibliothèque François Mitterrand

遊賞去處　DATA

MAP P.197／B2　出口步行約7分鐘

http bnf.fr/fr/acc/x.accueil.html📧Quai François Mauriac, 75706, Paris☎+33(0)153795959🕐週一14:00～20:00，週二～六09:00～20:00，週日13:00～19:00➡從地鐵出口出來就會看見，沿著Quai de la Gare走7分鐘就到

　　密特朗圖書館是密特朗總統下令建造的，它在1996年開幕，建築以四大本書的L型、金屬編織、大片玻璃帷幕塑造它的現代感，這個區塊大樓分別命名為「時間」、「法律」、「數字」和「文學」，每棟樓有22層樓、80公尺高。它不僅是法國最重要的圖書館，也是歐洲最大的藏書圖書館。

　　欣賞完圖書館的建築後，可以往塞納河畔走去，就會看到一條波浪造型的西蒙・波娃行人步橋(Passerelle Simone-de-Beauvoir)，用來紀念女權主義開峰者西蒙・波娃。2006年啟用，總長304公尺，是塞納河上第37座橋。過了橋，就會來到貝西公園。

1 像書本建築的圖書館外觀(圖片提供／Paris tourist office, Photographe：Dominique Perrault) **2** 西蒙・波娃行人步橋，連接密特朗圖書館和貝西公園(圖片提供／Paris tourist office, Photographe：Amélie Dupont)

在塞納河畔游泳，太酷了
喬瑟芬貝克游泳池
Piscine Joséphine-Baker

遊賞去處　DATA

MAP P.197／B2　出口步行約5分鐘

http piscine-baker.fr📧Piscine Joséphine-Baker, Quai François Mauriac, 75013, Paris☎+33(0)156619650🕐平日07:00～08:30、13:00～20:00，週末11:00～19:00💰成人€3.60；優惠票€2➡從地鐵出口沿著Bd.Vincent Auriol往河岸方向走，之後右轉Quai François-Mauriac右轉步行5分鐘就到

泳池外觀有點像艘遊艇(圖片提供／Paris tourist office, Photographe：Marc Bertrand)

　　近幾年，巴黎市政府一直不斷在改善塞納河的水質，希望2024年奧林匹克在巴黎開幕時，可以讓運動選手在塞納河裡參加游泳比賽。目前塞納河畔有2個地方可以游泳，一個是喬瑟芬貝克游泳池，另一個是位在19區的威列特運河池(Bassin de Villette)，可以免費使用。

　　喬瑟芬貝克游泳池就緊鄰著塞納河畔，屬於市政府的泳池，裡面池水經過消毒，需付費，但冬天有透明玻罩，天氣轉暖就會打開，旁邊還有桑拿、氣泡池、土耳其蒸浴，可以一邊游泳，一邊觀賞塞納河的遊船，是不是很酷呢？

遊賞去處
DATA

巴黎東區白領的新寵休閒區

貝西公園
Parc de Bercy

MAP P.197/C2
出口步行約
10分鐘

🌐遊樂藝術博物館arts-forains.com ✉貝西公園128 Quai de Bercy, 75012, Paris；遊樂藝術博物館Les Pavillons de Bercy:53 Avenue des Terroirs de France, 75012, Paris ☎遊樂藝術博物館+33(0)143401622🕐貝西公園08：00～20：30(會隨季節變動調整)💲貝西公園免費；遊樂藝術博物館成人€12，12歲以下€5🚇從地鐵出口出來，沿著Quai de la Gare走到密特朗圖書館，過西蒙‧波娃行人步橋(Passerelle Simon de Beauvoir)到對岸，就可進入公園❓所有的參觀都有專人解說，請先預訂

　　貝西公園是巴黎東邊住宅區的新寵。這個占地面積14公頃的大公園，前身是貝西的酒倉庫，現在內含3座花園，中間有一條商店餐廳區，通到貝西電影院。公園裡有大型的旋轉木馬、假日園丁工作坊、花草圖書館、池塘和葡萄園。這裡是典型巴黎中產階級熱愛的「市郊住宅區」，因為它仍屬巴黎市，但綠地充足，比起西邊有點「豪奢」的馴化園，這裡的樸實純真，讓人滿足日常對自然的需求。

　　有時間，也可以走到遊樂藝術博物館(Les Pavillons de Bercy)，這是間私藏超多夢幻旋轉木馬，及狂歡派對用具的博物館。

1公園裡面還有個有關植物的小圖書館 2遊樂藝術博物館(Les Pavillons de Bercy) 3春天裡的公園，小花布滿地 4巴黎人的園丁手工樂趣 5 6純樸自然的花園造景

巴黎市東區新貴小村落

遊賞去處

DATA

貝西村
Bercy Village

MAP P.197／C3
出口步行約17分鐘

bercyvillage.com ✉Cour Saint Emilion,75012,Paris ☎+33
(0)825166075 🕐11:00～21:00(餐廳開到02:00) ➡從地鐵出口
出來，沿著Quai de la Gare走到密特朗圖書館，過西蒙‧波娃
行人步橋(Passerelle Simon de Beauvoir)到對岸，穿過貝西公
園，走到Cour Saint Emilion。或是坐到Cour Saint Emilion地
鐵站下來，走到Cour Saint Emilion約2分鐘

　　貝西村就位在聖艾米隆庭院(Cour Saint-Emilion)這條街
上，從前是葡萄酒倉庫所在，今天變成貝西公園裡的商店、
餐廳街，這裡的店面因為都是由葡萄倉庫改建成，所以都有
可愛的小木屋造型屋頂，很多建築內部都保留以前的紅磚牆。

　　庭院中間，還保留以前的運送車軌道。這裡是很多巴黎12區居民休憩的地方，他們常在貝西公園
散步後，就來這條街上逛逛。這裡有16間餐廳，包括用天然酵母做麵包成名的Eric Kayser、以新
鮮榨果汁聞名的水果天堂(Le Paradis du Fruit)，還有一間電影院，就像一個「村落」的感覺。想嘗
試巴黎市東區人半日休閒如何度過，來這兒就對了。

1復古理鬍子店 **2**舊倉庫的石牆上，隨時都掛著不同的展覽 **3 4**兩旁三角屋頂的商店，是舊葡萄倉庫 **5**商店、餐廳很多

12號線

蒙馬特的畫家村

阿貝斯站
Abbesses

Marcadet-Poissonniers 馬卡蝶站
Jules Joffrin 朱爾朱佛站
Lamarck-Caulaincourt 拉馬克站
Abbesses 阿貝斯站
Pigalle 皮卡爾站
Saitn-George 聖喬治站
Notre-Dame-de-Lorette 羅黑聖母院站

← Front Populaire

Mairie d'Issy →

北

達利達廣場
Place Dalida

狡兔之家 Au Lapin Agile
rue Saint-Vincent

Avenue Junot

rue de l'Abreuvoir

rue Girardon

馬歇爾
埃梅爾廣場
Place Marcel
Aymé

葡萄園

rue des Salues

煎餅磨坊
Moulin de la Galette

rue Lepic

rue Norvins

rue du Mont-Cenis

蒙馬特墓園
Cimetière
Montmartre

rue de l'Armée d'Orient

Tentazioni

La maison de Dalida

馬賣克的街頭藝術
22 rue Norvins

rue d'Orchampt

Place Jean-
Basptiste Clément

Poulbot

小丘廣場
Place du Tertre

rue du Cardinal Guibert

聖心堂
Sacré Cœur

小磨坊
Le Petit Moulin

rue Tholoze

rue Durantin

濯衣船
Le Bateau Lavoir

rue
Poulbot

Place du Tete

rue du Calvaire

rue Azais

rue du Cardinal Dubois

達利美術館
Dali Paris

rue Carreau

Place Émile-Goudeau

rue Drevet

rue Gabrielle

rue du Cardinal

rue Saint-Eleuthere

rue Constance

rue des Abbesses

Maison Collignon

rue Berthe

rue André Barsacq

Square Louise
Michel

rue Cauchois

Le Petits Mitrons

rue Robert Planquette

rue Véron

Passage d'Abbesses

rue des Trois Frères

愛之牆
Le Mur des
je t'aime

rue la Vieuville

rue Chappe

兩個磨坊咖啡
Café des 2 Moulins

rue Lepic

rue Coustou

rue André Antoine

阿貝斯站
Abbesses

rue Yvonne le Tac

rue Tardieu

紅磨坊
Moulin
Rouge

Blanche

rue Germain Pilon

rue d'Orsel

rue de Steinkerque

Boulevard de Clichy

rue Houdon

rue des Martyrs

Anvers

Pigalle

阿貝斯站街道圖

這區原先是巴黎北部郊區，1890～1920年間巴黎的房價暴漲，一些藝術家因為要躲避巴黎市昂貴的房租，搬來房價較便宜的蒙馬特，那些藝術家中包括畢卡索後來都成名了，而位在山坡上充滿綠意的蒙馬特，也形成一個到處都看得到街頭藝術的村落氛圍。位於阿貝斯站的白色圓頂的聖心堂，不僅在巴黎到處都能看見，現在也是許多人拍婚紗的地點，更是巴黎市唯一的山丘地，有著迷人的葡萄園、磨坊，吸引許多電影、廣告來此取景。

巴黎達人 *Paris*
3大推薦地

巴黎人首推
煎餅磨坊

如果能走進印象派大師的畫裡用餐，煎餅磨坊絕對是你的首選之地，經過好幾次翻修，它又重新變成對外開放的餐廳了。(P.208)

遊客必訪
聖心堂

這個巴黎最高的教堂，是在巴黎登高時的一個指標，它有純白像城堡般的建築，是繼聖母院之後，訪客第二多的教堂。(P.205)

作者最愛
小丘廣場

蒙馬特有「畫家村」的稱號，街道小巷的街頭藝術，似乎也為這個廣場做準備，不論是否多少有些商業性質，但浪漫氣氛絕對100%。(P.207)

遊賞去處
羅曼蒂克之牆
愛之牆
Le Mur des je t'aime
DATA

MAP P.203／C2
出口步行約1分鐘

🌐lesjetaime.com/lemur.html✉Square Jehan Rictus, Place des Abesses, 75018, Paris➡地鐵站出來是阿貝斯廣場，往後轉，會看到Square Jehan Rictus公園，愛之牆就在裡面

愛之牆是由菲德瑞克·巴隆(Fédéric BARON)所發起，他是一位音樂家，17歲開始寫他的第一首歌，共完成大約40多首愛情歌曲，從1992年開始，他收集了1,000多種不同語言的「我愛你」，邀請牆面繪製專家，將其中300多種「我愛你」畫在此牆。愛之牆的牆面長10公尺，高4公尺，由511片藍色磁磚拼湊成，上面用白色的各種字樣寫滿「我愛你」。

愛之牆的上面有另一個街頭畫家的女人創作

後來，還有街頭畫牆藝術家，在上面加了一位女人，旁邊寫著「愛，讓我們亂了規則……那麼，就讓我們相愛吧！」(aimer c'est du désordre...alors aimons)，雖然不是原作者，但這種不同畫家，在不同時段街頭的重組創作，也是蒙馬特街頭畫牆的一個特色。

遊賞去處

畢卡索的畫室

濯衣船
Le Bateau Lavoir

DATA

MAP P.203／B2
出口步行約5分鐘

http 蒙馬特博物館museedemontmartre.fr 濯衣船13 Place Emile Goudeau, 75018, Paris；蒙馬特博物館(Musée de Montmartre):12～14 rue Cortot, 75018, Paris 蒙馬特博物館+33 (0)149258939 蒙馬特博物館4～9月10:00～19:00，10～3月10:00～18:00，12/25、1/1 11:30～18:00 濯衣船:地鐵站阿貝斯站走出來，直接右轉rue des Abbesses，再右轉小巷Passage de Abbesses，爬上街梯後，會看到《艾蜜莉的異想世界》電影場景的雜貨店Maison Collignon，左轉rue des Trois Frères，走到右手邊出現一間在階梯上的餐廳Le Relais de la Butte，順著階梯走上去，濯衣船在綠意廣場的左手邊

1 濯衣船的門口 **2** 濯衣船仍保持當年玻璃天窗的畫室

　　1920年代，許多在巴黎市居住的藝術家，為了躲避高漲的房租，而搬到此區時，他們所居住的地方就是濯衣船。這裡享有盛名的原因之一，是因為畢卡索曾在這裡開畫室，他著名的作品《亞維儂少女》(Les Demoiselle d'Avignon)就是在這裡完成的。後來，濯衣船也聚集大量的畫家，窗戶前展示著他們的名字、照片，像是著名的亨利‧馬蹄斯(Henri Matisse)、紀洛姆‧阿波利奈爾(Guillaume Apollinaire)、亞美迪歐‧莫迪里安尼(Amedeo Modigliani)。

　　今天，它屬於私人住宅，不對外開放。對當年藝術家有興趣的朋友，可到蒙馬特博物館(Musée de Montmartre)參觀。

遊賞去處

酷似童話城堡的教堂

聖心堂
Sacré Coeur

DATA

MAP P.203／D1
出口步行約10分鐘

http Sacre-coeur-montmartre.com/francais 35 rue chevalier de la Barre,75018, Paris(入口在左邊，指有樓梯，無電梯) +33(0)153418900 教堂06:00～22:30；上圓頂5～9月08:30～20:00；10～4月09:00～17:00 進教堂免費；上圓頂成人票約€6(票價隨時有變動。上圓頂入口在左邊，只有樓梯，無電梯) 地鐵走出來，左後轉接上rue la Vieuville，再接rue Drevet，右轉rue Gabrielle，左轉rue Chappe，右轉rue Saint-Eleuthere，左轉rue Foyatier，右轉Pavis du sacré-coeur就到；坐2號線，Anvers地鐵站下車，走階梯或接纜車坐到聖心堂 教堂內禁止拍照

　　1870年普法戰爭時，亞歷山大‧樂鎮提(Alexandre Legentil)與休伯特‧羅歐(Hubert Rohaut)曾許願，如果法國可以安全退出戰事，就要還願蓋一座教堂，後來心願實現，於是他們選擇了在蒙馬特蓋了聖心堂，於1919年才完成。這座羅馬拜占庭風格的建築，取用的是純白大理石。內部屋頂，有個世界上最大的馬賽克鑲嵌基督像，面積達480平方公尺。

　　教堂本身就在130公尺高的海拔，前面有很棒的展望台，可眺望巴黎；或者可以上教堂屋頂，共有300個階梯，天氣好時，可以看到方圓50多公里。

特級步履蒙馬特
散步童話般街景和餐廳

蒙馬特從以前到現在，聚集許多藝術家，散步在小巷弄裡，總會看到令人驚喜的畫作，讓我們散步逛逛這些詩意的景點吧！

Maison Collignon 雜貨店

電影《艾蜜莉的異想世界》有2個場景在蒙馬特拍攝，一個是賣水果的雜貨店Maison Collignon，另一個則是兩個磨坊咖啡Café des 2 Moulins。

達利達廣場雕像

達利達是法國80年代紅極一時的女星，曾住在蒙馬特，在達利達廣場(Place Dalida)上有她的雕像。

Le Petits Mitrons

✉26 rue Lepic, 75018, Paris
Le Petits Mitrons是間專門賣法式傳統甜鹹塔的小店。

《穿牆人》雕像

馬歇爾·埃梅爾廣場(Place Marce Aymé)，有一個以馬歇爾·埃梅的奇幻小說《穿牆人》為主題的作品。

小磨坊(Le Petit Moulin)、Poulbot

✉17 rue Tholozé, 75018, Paris；Poulbot 3 rue Poulbot, 75018, Paris
兩間擁有可愛童般的畫牆餐廳，皆為平價法餐。

1 Poulbot門口 **2** 小磨坊外觀

馬賽克街頭藝術

✉22 rue Norvins, 75018, Paris
一大片亮片馬賽克的街頭藝術。

Tentazioni酒吧餐廳

✉26 rue Tholozé, 75018, Paris
坐在它置高點的露天座位，輕悠地眺望巴黎很是享受。

畫家廣場
小丘廣場
Place du Tertre

MAP P.203／C2
出口步行約
8分鐘

DATA

✉Place du Tertre, 75018, Paris➡地鐵站阿貝斯站走出來，左後轉接上rue la Vieuville，左轉的rue Gabrielle，1分鐘後就會看到左手邊有一間叫La Traverne de Montmartre，右手邊就是一條長長直上的階梯，別懷疑，就是從這裡爬上去，就會到小丘廣場⑰廣場上的畫家，並不喜歡他們的作品被拍攝，如果拍照，請小心以免引起不必要的誤會

　　這個廣場上充滿了許多畫家，有人幫遊客畫肖像，也有的在展賣自己的畫作，大部分都是屬於藝術家協會的成員。廣場上色彩洋溢，四周環繞著餐廳，常有街頭藝人的表演，氣氛熱鬧。廣場上幫人畫肖像的畫家風格各有不同，價錢大約介於€25～30。

　　有一年的夏天，我來到廣場旁的街道，一位著男裝的女街頭藝人，推著她手搖音樂機，高聲唱著歌曲，讓人想起在蒙馬特街頭唱歌成名的艾迪‧皮雅芙(Edith Piaf)，如癡如醉的歌聲，四周可愛的矮房子、畫作藝術，讓人不愛上蒙馬特，還真難。

1 小丘廣場都是這種鋪石路，非常古老 **2** 有間專賣陶瓷作品的店，常在牆上展示他們的作品 **3** 色彩鮮豔的畫作 **4** 位在廣場後方的達利美術館 **5** 廣場周圍都是餐廳 **6** 正在工作的畫家們 **7** 歌聲像極艾迪‧皮雅芙的街頭藝人

特色美食

印象派大師雷諾瓦《磨坊煎餅的舞會》名畫出處

煎餅磨坊

Moulin de la Galette

MAP P.203/B1

出口步行約7分鐘

DATA

lemoulindelagalette.fr 83 rue Lepic, 75018, Paris +33(0)146068477 平日12:00～14:30、19:00～23:00，週末12:00～23:00 半套餐約€21 地鐵站阿貝斯站走出來，直接右轉rue des Abbesses，再右轉小巷Passage de Abbesses，爬上街梯後，看到雜貨店Maison Collignon，左轉rue des Trois Frères，走到右手邊出現一間在階梯上的餐廳Le Relais de la Butte，順著階梯走上去，左接rue d'Orchampt，會看到達利達(Dalida)的舊家，之後繼續穿過往上的小巷，出了巷子，磨坊就在左前方

17世紀的時候，盛行用磨坊來磨麵粉，蒙馬特地形高，剛好利於風車的安置使用，全盛時期有多達30多座。1895年，改名為煎餅磨坊，當時居住在蒙馬特的藝術家們非常喜歡來這裡，也為畫家們提供了靈感，像是雷諾瓦《磨坊煎餅的舞會》(August Renoir)就是以此為背景。

1980年義大利餐廳屋主接手了煎餅磨坊，知名的女歌手達利達(Dalida)，就住在餐廳對面巷子裡，把這兒當成她的自家餐廳，現在餐廳裡的一個桌子上，還鑲有達利達的名字。現在這裡對外開放用餐，費用不高，非常推薦。

1 餐廳門口斜對面巷子(Rue d'Orchampt)走下去，就是以前達利達的住家 2 煎餅磨坊現在是間餐廳

特色美食

懷舊年代的歌舞小酒館

狡兔之家

Au Lapin Agile

MAP P.203/C1

出口步行約11分鐘

DATA

au-lapin-agile.com/index.html 22, rue des Saules, 75018,Paris +33(0)146068587 週二～日21:00～01:00 週一 表演門票＋一杯飲料約€28 地鐵站阿貝斯站走出來，直接右轉rue des Abbesses，再右轉小巷Passage de -Abbesses，爬上街梯後，看到雜貨店Maison Collignon，左轉rue des Trois-Frères，走到右手邊出現一間在階梯上的餐廳Le Relais de la Butte，順著階梯走上去，右轉rue Ravignan，左轉Place Jean-Baptiste clément，右轉rue Norvins，左轉rue des Salules，等看到右手邊出現葡萄園，左手邊看到一間粉紅色的玫瑰餐廳La Maison Rose，就會看到狡兔之家了，總共走約11分鐘 請先訂位。餐廳裡沒有提供餐點，只有飲料，建議先在附近餐廳吃完晚餐再過去

狡兔之家是巴黎現存最古老的一間「小酒館歌舞廳」(Cabarets)，它創建於19世紀後半；當時，在蒙馬特默默無聞的畢卡索、莫里斯等藝文界人士都常來這兒聚會，艾迪．皮雅芙(Édith Piaf)也在這裡駐唱過。現在這裡仍然每晚都有表演，保留早年不用麥克風，完全原音的方式現場演唱。

狡兔之家光是外牆的那隻兔子畫，就令人印象深刻，它是1857年安德烈．吉爾(André Gille)的畫作，上面還有作者的署名「A.Gill」。它的對面，是巴黎目前僅剩的一片葡萄園。

1 像白雪公主裡7個小矮人的家 2 狡兔的畫作在房子上方

因電影《紅磨坊》一炮而紅的華麗秀場

特色美食

紅磨坊
Moulin Rouge

DATA

http moulinrouge.fr ✉82 Boulevard de Clichy, 75018, Paris ☎+33(0)153098282 ◷00:00～18:00、12:00～14:00；21:00和23:00各有表演 💲表演約€87；晚餐＋表演約€175～225 ➡地鐵出來，直接右轉rue des Abbesses，然後左轉rue Lepic下坡，到了Boulevard de clichy右轉就到；搭2號線，從白站Blanche地鐵站出來就到

　　紅磨坊最著名的標誌，就是它外形有個紅色風車。在1900年代，這裡是個表演康康舞的舞廳，甚至當時還可以表演脫衣舞秀，這也說明了，為什麼紅磨坊的周圍至今都還是紅燈區。後來這種情色舞蹈表演沒落，紅磨坊也曾一度轉型成電影院，不過現在又改回華麗的秀場表演，而且都是來自世界各國頂尖的舞者，配上一流的舞曲及服裝，與香榭大道上的麗都(Lido)同為高檔的歌舞秀。

　　裡面的消費方式，除了表演秀，還可點飲料和晚餐，如果想要好一點的前排位置，記得多點小費給帶位的服務生。

1對面另外一家歌舞秀，說明了這裡流傳下來的秀場文化
2顏色和造型搶眼的紅磨坊

3號線

巴黎的服裝工廠

頌鐵站
Sentier

Opéra歌劇院站	Quatre-Septembre九月四日站	Bourse證券交易所站	Sentier頌鐵站	Réaumur-Sébastopol黑歐木站	Arts et Métiers 工藝站
Ⓜ 7 8 RER A				Ⓜ 4	Ⓜ 11

← Pont de Levallois - Bécon

Gallieni →

頌鐵站街道圖

北

維多拱廊Passage Verdeau
rue de la Grange Batelière
巴黎永遠是巴黎
Paris toujours est Paris
蕭邦飯店Hôtel Chopin
Le Valentin
Boulevard Haussmann
茱芙拱廊
Passage Jouffroy
Richelieu-Drouot
Boulevard Montmartre
蠟像博物館
Musée Grévin
Boulevard des italiens
全景拱廊
Passage des Panoramas
Grands
Bouleverds
Boulevard Poissonnière
rue du Faubourg Poissonnière

Ⓜ Bonne Bouvelle

rue Saint-Marc

rue Richelieu
rue Vivienne
Bourse
rue Réaumur
rue Montmartre
rue Poissonnière
頌鐵站
Sentier
rue des Petits Carreaux
出口1 Ⓜ
薇薇安拱廊
Galerie Vivienne
rue de la Banque
rue Notre Dame des Victoires
rue de Cléry
夢投閣街
rue Montorgueil
出口2
rue Dussoubs
Galerie Vivienne
rue du Mail
rue Léopold Bellan
rue Saint-Sauveur
rue des Petits Champs
rue d'Aboukir
rue Bachaumont
rue Montorgueil
rue Greneta
Le Joker de Paris
Place des Petits Pères
rue Mandar
皇家宮殿
Jardin du Palais Royal
Stohrer
rue Marie Stuart
Passage du Grand Cerf
Ⓜ Cecile Boccara
大鹿拱廊
Passage du Grand Cerf
De Marseille et D'Ailleurs

這區從以前到現在就是巴黎服裝製造的區域，許多服裝品牌在這裡都有大型工作室及店面，相關的配件產業鏈也在此。這裡還有一些專業食材店，巴黎廚師們會來這兒購買，店家也開放給個人採購。

巴黎的拱廊是19世紀初期興起的一種商業中心，大多集中在右岸，以這裡為中心，可以拜訪到最多數的古典拱廊。想嘗試巴黎人的時髦酒吧？薇薇安拱廊內的Daroco，穿著保羅‧高堤耶(Jean-Paul - Gaultier)代表性黑白條紋制服的酒師，可以為你特調雞尾酒，夜生活在這兒不打烊。

巴黎達人 *Paris* 3大推薦地

遊客必訪

夢投閣街

如果你要感受一下巴黎年輕人下了班之後的餐前酒氣氛，這條街絕對可以讓你充分享受。(P.212)

作者最愛

巴黎永遠是巴黎

巴黎黑貓小音樂盒、來自法國香村小鎮的手工呢帽……這裡是可以買回旅行記憶的好地方。(P.216)

巴黎人首推

Le Valentin

琳瑯滿目的甜點，並且有兩層樓座位區，在巴黎是難得的高品質平價下午茶店。(P.219)

遊賞去處　DATA

追尋莫內畫的那條街

夢投閣街
rue Montorgueil

MAP P.211／C2、C3
出口2步行約1分鐘

✉一端起於2, rue Montmartre和124, rue Rambu-teau, 75001, Paris；另一段結束於1, rue Léopold-Bellan和59, rue Saint-Sauveur, 75002, Paris
➡從出口2出來，向後轉，在左手邊會看到一個綠色拱門，這條街直走就到

這是一條巴黎人很愛去的一條街，充滿了商店與酒吧餐廳，從勒阿雷地鐵大轉運站出來，也可以接上這條街。這裡有國際品牌麵包店、小酒館、設計師小店，是巴黎人最愛相約出來喝一杯的地點；還有花店、魚店、熟食店，擁有典型「巴黎村」氣氛。

印象派大師莫內曾經畫過這條街，畫中的夢投閣街是1878年6月30日的慶祝景象，畫中除了當年插滿的法國國旗，其他街道景象，和100多年後，感覺相去不遠。

1 莫內畫的夢投閣街 **2** 今日的街景 **3** 連接夢投閣街商圈的綠色拱門

設計師的時光隧道工作室

遊賞去處

大鹿拱廊
Passage du Grand Cerf

DATA

MAP P.211／C3　2號出口步行約6分鐘

✉Passage Grand Cerf, 75009, Paris➡從頌鐵站出口2出來，向後轉，往左手邊綠色拱門走進rue des Petits Carreaux，直走接夢投閣街rue Montorgueil，碰到rue Marie Stuart左轉，直走就會看到PASSAGE DU GRAND CERF的拱廊門名

這條拱廊於1825年建造，12公尺高的玻璃長廊屋頂，鐵架配上細緻的鑄花，這些上個世紀愛用的建築材料，讓今日的店家顯得特別優雅。這裡迷人的古建築多了一份古典氛圍，但人潮卻沒有像面對大馬路的店家多，所以這裡的店家，大多要各自參加相關的國際展，才能開闊足夠的客源。

拱廊裡有獨一無二的婚宴輕珠寶店、個性配件、包包、流行飾品、手工皂課程工作室、毛線編織材料天堂小店、仿古家具店，典型巴黎人愛挖寶的口袋地點。許多設計師在這兒的1樓有店面，2樓就是工作室或辦公室。

1 大鹿拱廊面rue Saint-Denis街道的門面 **2** 大鹿拱廊裡有些仿古小家飾品

巴黎最美的拱廊

遊賞去處

薇薇安拱廊
Galerie Vivienne

DATA

MAP P.211／A3　出口1步行約8分鐘

✉Galerie Vivienne➡從出口1出來直走rue Réaumur，然後右轉rue du Mail，之後接上rue des Peties Pères，右轉Passage des Petits Pères，碰到rue de la Banque，就可以看到薇薇安拱廊的門面

薇薇安拱廊總長176公尺，它有著彩色的馬賽克地磚，和黃色高彩度的色牆，加上它的廊寬度為3公尺，比起其他的巴黎拱廊，顯得格外明亮活潑。

巴黎在1852～1870年經歷了奧斯馬聶改造大工程之後，出現了今天我們看到的百貨公司，從此拱廊的商業也趨向沒落。薇薇安拱廊在1974年登記為歷史性建築，拱廊裡有高級訂製服、訂製鞋、上百年有聲譽的酒商LEGRAND filles et fils、賣罕見書的書商Librairie Jousseaume，讓它在眾多勢微的巴黎拱廊裡，成為商業活動最活躍的一個。

1 薇薇安拱廊門面有美麗的鐵花鑄 **2** 掛古典吊燈，別有天地的角落

拜訪巴黎拱廊 老巴黎的古典時光

　　拱廊是法國19世紀前半葉，所新興的時髦購物街，建築特徵是以玻璃屋頂搭配鐵材質，遮蔽下方兩排的商家，所以拱廊內大多有明亮的光線，又以地鐵頌鐵站到大道站(Grands Boulevards)，這一帶特別多。

　　除了前面介紹的拱廊，下面再列出幾個值得拜訪的。

時光隧道似的茱芙拱廊

茱芙拱廊
Passage Jouffroy

遊賞去處

MAP P.211／B1
頌鐵站出口1
步行約1分鐘

DATA

✉一端始於10 Boulevard Montmartre, 75009, Paris；另一段結束於9 rue de la Grange-Batelière ➡地鐵大道站(Grands Boulevards)出來約1分鐘就到；從頌鐵站出口1出來直走rue Réaumur，右轉rue Montmartre，再左轉Boulevard Montmartre，看到Grévin博物館就到，總共走約11分鐘到

　　茱芙拱廊保存得很完整美麗，總長140公尺，寬約4公尺。這裡的商店多樣，還有Grange-Batelière蠟像博物館、古董書店、價錢親民的禮品店、下午茶店、1846年就在這裡營業的Hôtel Chopin旅館，見證此拱廊的歷史，大概是繼薇薇安拱廊之後，人氣最旺的一個。

全景拱廊
Passage des Panoramas

遊賞去處

MAP P.211／B1
頌鐵站出口1
步行約13分鐘

DATA

✉一端始於11, Boulevard Montmartre, 75009, Paris；另一段結束於10, rue Saint-Marc ➡地鐵大道站出來約2分鐘就到；若從頌鐵站走來，走到茱芙拱廊入口處，全景就在馬路對面

　　全景拱廊就在茱芙拱廊正對面，建造年代比茱芙早，1800年已經啟用，屬於歐洲商業拱廊的第一批先驅者。總長133公尺，內有古老明信片郵票等店家，吸引許多古玩收集家來尋寶。位在裡面的綜藝劇院(Théâtre des Variétés)，開創於1807年，至今仍上演著各種表演呢！

1 理髮刮鬍子的老店 **2** 茱芙、維多、全景3個連著的拱廊，長得都差不多，有時會忘了自己在哪裡

維多拱廊
Passage Verdeau

遊賞去處

MAP P.211／B1
地鐵大道站出口步行約3分鐘

DATA

✉一端始於6 rue de la Grange-Batelière, 75009, Paris；另一段結束於31 rue du Faubourg-Montmartre
➡地鐵大道站出來，走到茱芙拱廊底，就會看到，總共約走3分鐘；從頌鐵站走來，走到茱芙拱廊的盡頭，對面就是維多拱廊

　　維多拱廊名字來自起創建者，比茱芙短一些，窄一些，人氣也稍弱，但有古董書店，小酒館，低調的古老氣氛。

1 古書店 **2** 復古海報收藏店 **3** 最迷人的玻璃屋頂

維若・多達拱廊
Passage Vero-Dodat

遊賞去處

MAP P.69／C2
羅浮宮站4號出口步行約5分鐘

DATA

✉一端始於19, rue Jean-Jacques-Rousseau, 75001, Paris；另一段結束於2, rue du Bouloi➡從地鐵羅浮宮站4號出口出來，沿著rue du Colonel Driant走到rue Croix des Petites Champs，右轉約1分鐘就到

　　這條拱廊位在羅浮宮站附近，由維若和多達這兩個肉商出資建造，裡面人潮較少。有一間家常老餐廳「19號」，以及一間曾入鏡電影的咖啡廳Cafe de l'Epoque，兩家都深受此區的上班族喜愛。

1 拱廊招牌的石頭門 **2** Café de l'Epoque **3** 維若・多達拱廊人較少，能獨享沉靜的時光

帶走屬於你的巴黎回憶

購物血拼
DATA

巴黎永遠是巴黎
Paris toujours est Paris

MAP P.211／B1

出口1步行
約15分鐘

1

📧47 Passage Jouffroy, 75009, Paris📞+33(0)984367369🕙10:00～19:00➡從頌鐵站出口1出來直走rue Réaumur，右轉rue Montmartre，再左轉Boulevard Montmartre，看到Grévin博物館，右邊轉進茱芙拱廊，順著拱廊看到蕭邦旅館(Hôtel Chopin)，左轉下階梯就到

　　走入茱芙拱廊中間轉角處，透明落地櫥窗的陳列，讓你在外面就可以大略看盡店內的商品。老板Sebastien總是很熱情的跟客人解釋每一樣商品，特別是店內還有來自法國鄉村的純手工少量呢帽Laulhère，品質超好，價錢實惠，許多識貨的客人，都會再回購。

　　還有許多充滿巴黎印象的小商品，如以巴黎鐵塔、凱旋門、電影海報等影像做成攜帶方便的小小音樂盒、杯墊、手提布袋，或是外盒美麗的小肥皂；總之，有需要購買許多不同伴手禮回去的朋友，這裡絕對不要錯過喔！

1 呢帽Laulhère 2 店面看進去，有各種充滿巴黎意象的小商品
3 4 5 6 輕巧實惠的紀念品

購物血拼　桌遊紀念品店

Le Joker de Paris

MAP P.211／C3　出口2步行約2分鐘

DATA

✉73 rue Montorgueil, 75002, Paris☎+33(0)986224629🕙10:00～20:00➡從地鐵出口2出來，向後轉，在左手邊會看到一個綠色拱門，這條街一開始是rue des petits carreaux，過了rue Léopold Bellan就改名為rue Montorgueil，商店就在rue Léopold Bellan和Rue Montorgueil的交接口

這間外面擺有大排明信片架的可愛小店，門面沿用以前比亞咖啡(Cafe Biard)的美麗大門，招牌用馬賽克拼湊，轉角處還有維持得很好的浮雕；但店裡的商品和咖啡完全無關，這是許多巴黎店鋪的特色，如果商家頂讓到的門面很美觀或有歷史故事，即使舊招牌和目前的商品無關，仍會保留老店面，吸引遊客的拜訪。此間是分店，開了4年，在瑪黑區的創始店則已開了11年，店裡有非常多的桌遊、巴黎風小筆記本、復古風糖果盒，也是間適合大量採買伴手禮的好店家。

1 有歷史門面的店面，常常是吸引遊客最佳廣告 **2** 好多選擇的明信片

購物血拼　手工天然香皂

De Marseille et D'Ailleurs

MAP P.211／C3　出口2步行約7分鐘

DATA

🌐demarseilleetdailleurs.com/fr✉1 Passage du Grand-Cerf, 75002, Paris☎+33(0)145084687🕙週二～日11:00～19:30❌週一➡從地鐵出口2出來，依照之前走到大鹿長廊的交通指引，店家就在裡面靠拱廊的後半段

Christine在這兒開店已經11年，熱愛純天然手工皂的她，店裡櫥窗擺滿了色層不規則的藝術皂，質感和顏色都非常樸實。這裡的手工皂全部採用冷壓皂工序，這也是有名的馬賽皂(Savon de Marseille)和敘利亞──阿勒頗皂(Savon d'Alep)所採用的製作方法，能夠保養肌膚。

現代人旅行，常會加入一些當地的體驗課程，這間店就有提供手工皂教學課程；1次2個小時的單堂課程，就可以從巴黎帶回一個用當地材料做的手工皂喔！課程時間可直接與Christine商量。店裡還售有完全無毒的指甲油、有機精油、有機保養品，也提供瑞士按摩療程。

1 店面 **2** 每個手工皂都有兩層不同的顏色

購物血拼

巴黎婚禮，舞會仙女珠寶

Cecile Boccara

MAP P.211／C3
出口2步行約5分鐘

DATA

🌐cecileboccara.com ✉8 Passage du Grand-Cerf, 75002, Paris
📞+33(0)145084687 🕐平日09:45～19:00、週六12:00～18:00 ❌週日
➡從地鐵出口2出來，依照之前走到大鹿長廊的交通指引，店家就在裡面

這是一間會令女性們非常雀躍的珠寶店，Cecile設計了仙子似的頭飾、耳環及項鍊，站在店前看珠寶，常常會停留很久，不想再移動；想像自己戴上了那美麗的頭飾，變成仙子的模樣……是的，許多的巴黎準新娘或伴娘會來這裡挑選婚宴珠寶。一些新潮的舞會場合，配戴她們家的飾品，絕對會有很多人問你：在哪兒買的？

還有一朵朵採用琺瑯燒出來的花色耳環、花草主題的髮簪、髮夾。絲質的蕾絲布、18K黃金絲、珍珠等都是設計師常運用的材料。所有的珠寶都在店面2樓的工作室製作，Cecile也接受客製化的訂單。

1 店招牌是一隻蜻蜓 **2** 珠寶飾品都是以大自然為主題 **3** 優雅脫俗的水晶頭冠

特色美食

公主廚師的店

Stohrer

MAP P.211／C3
出口2步行約4分鐘

DATA

🌐stohrer.fr ✉51, rue Montorgueil 75002, Paris📞+33
(0)142333820🕐07:30～20:30💲一塊蛋糕€4.6～7➡從地鐵出口2出來，向後轉，往左手邊綠色拱門走進rue des Petits Carreaux，直走接夢投閣街rue Montorgueil，然後走到51號，總共走約4分鐘

1725年，法皇路易十五世娶了來自波蘭的瑪莉公主，當時有眾多隨從藝師跟隨公主來法國，其中Nicolas Stohrer是公主的甜點師。5年後，Stohrer在現在這個地址開了間甜點店，這也是巴黎歷史最悠久的甜點店，持續至今已經3個世紀。

英國女王伊莉莎白二世(Elisabeth II)，因為同為皇室家族，所以在拜訪巴黎時，也曾多次接見，今天店門口也有擺賣許多Stohrer後代甜點與外國皇族的明信片。藝術家保羅Paul Baudry，在1860年為店裡畫了壁畫，目前已列入歷史建築。店裡仍舊賣著當年做給公主吃的傳統皇室點心，如古宗教(Réligieuse à l'ancienne)，這裡也有許多鹹塔、熟食，都以外帶為主。

1 仍維持當年可愛小巧的門面 **2** 店裡的熟食

特色美食

拱廊內的下午茶約會

Le Valentin

MAP P.211／B1

出口1步行約15分鐘

DATA

✉30 passage Joufroy, 75009,Paris☎+33(0)147708850 ⏰週一～六08:30～19:30、週日09:00～19:00 💰蛋糕、鹹塔€1.4～6 ➡進到茱芙拱廊內後，約走2分鐘就到

　　這是一家可吃早午餐、下午茶、甜點、鹹塔等多樣化餐飲的甜點餐廳；也有用巧克力片慢融法做出的熱巧克力。店內的飲料有各式咖啡、果汁、DAMMAN品牌的花茶。甜點的選擇約有15～20種，茶類則有40～45種。

　　Le Valentin已經在這裡開業15年，它不是一間高姿態的下午茶店，有著住家附近咖啡廳的溫馨，甜點及鹹塔的選擇性非常多。甜點烘焙室就在店面的地下室，約有6～7個專業師傅；2樓還有更舒適寬敞的用餐空間，如果你來茱芙拱廊逛街，非常推薦進來用餐或小憩吃個下午茶。

1 2 甜點的選擇好多，真想每個都嘗試 3 餅乾、加了藍莓酸果的重奶油蛋糕，種類繁多 4 1樓 5 馬卡龍與鹹塔

3號線

可愛巴黎村

工藝站
Arts et Métiers

Mme Shawn

Bourse 證券交易所站　　Réaumur-Sébastopol 黑歐木站　　Arts et Métiers 工藝站　　Temple 廟宇站　　République 共和廣場站　　Parmentier 帕蒙鐵站

Ⓜ④　　　Ⓜ⑪　　　　Ⓜ③⑤
　　　　　　　　　　　　⑨⑪

← Pont de Levallois - Bécon　　　　　　　　　　　　Gallieni →

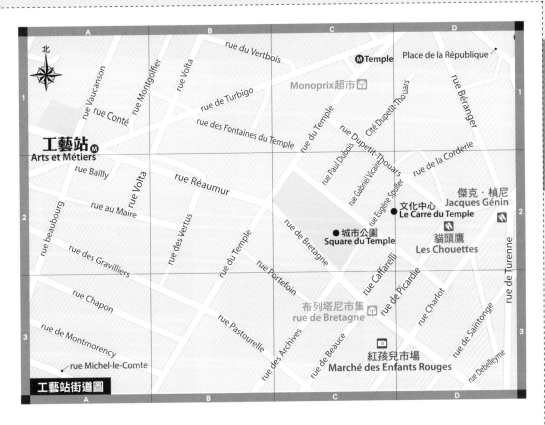

工藝站街道圖

這裡屬於高瑪黑區段(Haut Marais)，從市政府站沿著rue du Temple這條服飾批發街直走就會接到rue de Bretagne。在rue de Bretagne這條街，有綠意繁盛的Square du Temple公園、3區市政府、紅孩兒市場，緊鄰著市政府，有Le Carre du Temple，它是19世紀的工業建築，由鐵和玻璃建造而成，2004年市政府把它翻新，現在是3區居民的文化、體育、商展中心。周圍的綠蔭下，有許多隱藏版的潮咖啡店、酒吧餐廳，典型的「巴黎村」氛圍。在旅行途中，思念亞洲食物時，也可以到rue au Maire上的溫州小餐館喔！

巴黎達人 *Paris*
3大推薦地

 遊客必訪

紅孩兒市場

　　住在大都會的人,都嚮往住家附近有一個傳統小市場,這個巴黎最古老的市場,就是一群希望生活在村落中的居民,極力保存下來的。(P.222)

 作者最愛

貓頭鷹

　　外觀古色古香,裡面是玻璃屋頂,加上船造型,讓它很快就成為高瑪黑區最潮的酒吧餐廳。(P.225)

 巴黎人首推

布列塔尼市集

　　在市場吃完小吃後,再逛逛小攤市集,是這裡居民的日常生活,你也來加入當地生活吧!(P.224)

巴黎市可愛迷你的傳統市場

MAP P.221／C3
出口步行約6分鐘

遊賞去處

紅孩兒市場
Marché des Enfants Rouges

DATA

✉39, rue de Bretagne, 75003, Paris ☎+33(0)140112040 🕐週二〜六08:30〜19:30,週日08:30〜14:00 休週一 ➡從地鐵出口出來,沿著rue Réaumur走,接上rue de Bretagne,看到右手邊有深綠色拱門,上面寫Marché des Enfants Roughes就到了,總共走約6分鐘

　　這是巴黎最古老的市場,16世紀時這裡是孤兒院,裡面的孤兒都穿著紅衣服,後來變成了市場,於是名稱也跟著留傳下來。因為巴黎市中心非常缺乏停車位,2000年時,本來要在此改建成停車場,但這裡屬於瑪黑區的後半段,居民多是雅痞設計師、創意人士,在居民的和平請願下,終於保留住這個可愛的半露天市場。

　　市場裡有克里奧爾風味小吃攤、超人氣的日本便當攤、摩洛哥古斯古斯攤、黎巴嫩中東攤、北非有機傳統塔吉餐等國際飲食,還有生鮮蔬果、花卉、一間賣老相機、照片的店家。雖然市場大概只

有3排，但它迷你而多樣的選擇，卻是讓瑪黑區居民最迷戀的特色。

市場裡，小吃攤有的是吧檯桌，有的是木條桌椅。天氣冷的時候，有些吧檯還會蓋上一半的「吧檯盒蓋」，讓客人進來溫暖的半室內用餐。我常和朋友約在市場，挑一攤熱食吃，然後再到對面小巷後的Le Carrea du Temple逛逛，之後在旁邊綠蔭下的露天咖啡館，喝杯飲料或吃盤甜點。

1 Chez Wanger的有機塔吉餐 2 藍莓塔 3 市場＋高腳椅吧檯，既傳統又現代 4 克里奧爾風味小吃攤 5 另一個入口 6 蓋上一半「吧檯盒蓋」的攤位 7 顏色多彩的有機蔬果攤 8 摩洛哥古斯古斯攤

人文風的手工市集

布列塔尼市集
rue de Bretagne

購物血拼 DATA

MAP P.221／C3
出口步行約6分鐘

http 布列塔尼街皮包品牌ruedebretagneparis.com ✉39 rue de Bretagne, 75003, Paris 🕐週二～日10:00～18:00 休週一 ➡從地鐵出口出來，沿著rue Réaumur走，接上rue de Bretagne，走約6分鐘，就在紅孩兒市場入口外面

　　位在紅孩兒市場外，有一排手工、二手攤販，有賣手工包、非洲手工藝品、還有一些二手舊貨。其中Stéphane和Muriel在這裡有一攤，全部出自他們手裡的真皮包，用小羊皮手製成的大中小包，外型休閒又時尚，既吸睛又叫座，他們把自己的皮包品牌取為「rue de Bretagne」，因為它就誕生在這條街上。

　　傳統市場加上小手工市集，除了是瑪黑居民的隱藏版小村落，近幾年來，也越來越多國際遊客，不同於艾菲爾鐵塔或羅浮宮等大景點，更多深度旅遊的人，會選擇像這種有「小村落」的區域居住。

1 手工市集特別吸引遊客
2 3 亮麗的小羊皮，這幾年特別流行
4 布列塔尼街上，紅孩兒市場外的手工市集
5 rue de Bretagne手工包時尚又休閒

特色美食

DATA

在巴黎市的「一艘船」上用餐

貓頭鷹
Les Chouettes

MAP P.221／D2

出口步行約7分鐘

restaurant-les-chouettes-paris.fr 32 rue de Picardie, 75003, Paris +33(0)144617321 午餐平日12:00～14:30，週六12:00～15:00，週日早午餐12:00～16:00；晚餐19:00～23:00(週五、六延長至23:30)；午晚餐之間，只供應飲料 中午半～全套餐約€19～24，週日早午餐約€34 從地鐵出口出來，沿著rue Réaumur走，接上rue de Bretagne，左轉紅孩兒市場對面那條巷子rue de Picardie，左邊會看到鐵玻璃結構的Le Carre du Temple，貓頭鷹就在右手邊32號 建議要用餐可以在午餐和晚餐的時間去，其他時間只有提供飲料，週日有超熱門的早午餐

這間隱藏在Le Carre du Temple附近的酒吧餐廳，是這幾年高瑪黑區特別潮的一個聚會地點，它外牆是紅格磚，進去了餐廳，會看到整個20公尺高的玻璃屋頂，光線灑進建築物。這棟屋子前身是個小珠寶工作室，新屋主買下整棟後，以艾菲爾建築的主材料──鐵和玻璃蓋了它的屋頂，並且以「船」的概念，來做裝飾。樓層有3層高，但中間整個打空，2、3樓四周分布了「甲板」，每層都有一個吧檯。甜點很有創意，不是正餐的時間，則有提供飲料，氣氛非常棒喔！

1「甲板」上用餐 **2 3**「甲板」角落常有這種慵懶的貴妃沙發座 **4**1樓 **5**1樓大桌，常有2、3組客人，氣氛熱絡 **6** 玻璃與鐵架構的屋頂

7號線

可愛巴黎村

歌劇院站
Opéra

Cadet卡蝶站

Le Peletier樂皮勒帖站

Chaussée d' Antin-La Fayette
拉法葉站

Opéra 歌劇院站

Pyramides金字塔站

Palais Royal Musée du Louvre
羅浮宮站

Pont Neuf
新橋站

Ⓜ 9 　Ⓜ 3 8 　Ⓜ 14 　Ⓜ 1
RER Ⓐ

◄ La Courneuve - 8 Mai 1945　　　　　　Mairie d'Ivry、Villejuif ►

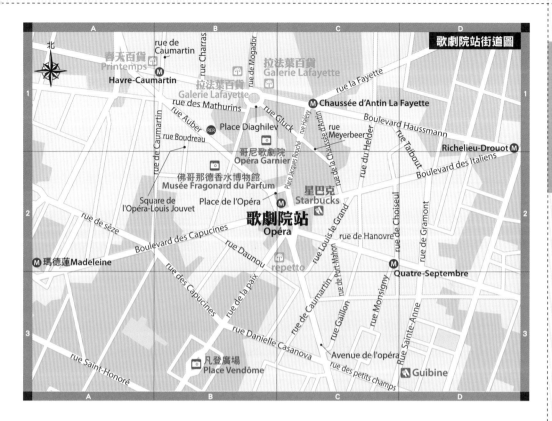

歌劇院站街道圖

北

青天百貨 Printemps
Havre-Caumartin
rue de Caumartin
rue Charras
rue de Mogador
拉法葉百貨 Galerie Lafayette
rue la Fayette
拉法葉百貨 Galerie Lafayette
rue des Mathurins
rue Auber
rue Gluck
rue Halévy
Chaussée d'Antin La Fayette
Boulevard Haussmann
Place Diaghilev
rue Boudreau
rue de Caumartin
rue de la Chaussée d'Antin
rue Meyerbeer
rue du Helder
rue Taitbout
Richelieu-Drouot
哥尼歌劇院 Opéra Garnier
佛哥那德香水博物館 Musée Fragonard du Parfum
Square de l'Opéra-Louis Jouvet
Place Jacques Rouché
Place de l'Opéra
星巴克 Starbucks
Boulevard des Italiens
rue de Choiseul
rue de Gramont
歌劇院站 Opéra
rue de séze
rue de Hanovre
瑪德蓮 Madeleine
Boulevard des Capucines
rue Daunou
repetto
rue Louis le Grand
rue de Port-Mahon
rue de Caumartin
Quatre-Septembre
rue Monsigny
Rue Sainte-Anne
rue des Capucines
rue de la paix
rue Danielle Casanova
rue Gaillon
Avenue de l'opéra
rue Saint-Honoré
凡登廣場 Place Vendôme
rue des petits champs
Guibine

這個由奧斯曼大道(Boulevard Haussmann)與古典哥尼歌劇院組成的黃金區塊，是巴黎最優雅的區域，自19世紀的拱廊商圈到今天拉法葉、春天百貨、多家銀行，還有文化重量級的哥尼歌劇院、亞洲餐廳一級戰區的聖安東街 (Rue Saint-Anne)，都一再讓這裡的國際遊客絡繹不絕。拉法葉及春天百貨所帶動濃厚的裝飾藝術氛圍，連在這裡的星巴克咖啡廳，也有強烈的法式巴洛克風情。

3大推薦地

遊客必訪

哥尼歌劇院

19世紀，沒有皇族關係的夏勒‧哥尼(Charle Garnier)，贏得歌劇院重蓋的公開標案，交出古典美麗的巧思建築，開啟法國建築的新樂章。(P.229)

(圖片提供／Paris tourist office, Photographe : David Lefranc)

作者最愛

拉法葉百貨

說它是魔法的夢幻城堡，一點也不為過，彩繪玻璃屋頂、各大精品、聖誕節的互動櫥窗，它將顛覆你對百貨公司的印象。(P.231)

巴黎人首推

春天百貨

這裡除了有巴黎人最愛買的品牌，藏在圓頂彩繪玻璃之下的這間店，更是他們的「私房下午茶」，別忘了列入你的行程喔！(P.232)

遊賞去處

香水是一個人的靈魂

佛哥那德香水博物館
Musée Fragonard du Parfum

MAP P.227／B2
出口3步行
約4分鐘

像管風琴的調香工作桌

DATA

🌐musee-parfum-paris.fragonard.com ✉3-5 Square de l'Opéra-Louis Jouvet, 75009, Paris ☎+33(0)140061009 🕐週一～六09:00～18:00 休週日 💰參觀博物館免費(有英、法文等語言專人導覽解說)；每週六的香水課程€95 🚇地鐵Opéra出口3出來，左轉rue Auber，左轉rue Boudreau，再右轉Square de l'Opéra-Louis Jouvet就到 🕐每隔20分鐘，就有一場專人解說30分鐘的導覽，不須預約，跟著最近一場的專人導覽進入館內即可

　　來到位在靜靜的小廣場的佛哥那德香水博物館，有著「美好年代」建築的阿特涅劇院(Athénée Théatre)、SPA館；事實上，香水博物館的前身就是間劇院，1993年由佛哥那德家族買下，改建成博物館。

　　館內有各種香水萃取工具，像是紗網曬花、銅製大蒸餾器，也展示了300多年來香水瓶的演化。香水師的職業名稱，在法國有個可愛的暱稱「鼻子」(nez)；專業調香師必須要能分辨天然麝香，及人工麝香的不同。香氣以它持續的長久分成前味、中味、後味。前味是你第一個會聞到的味道，就像音樂裡突出的高音；中味持續較久，也是最能代表一個人的氣質；後味是一天的尾聲，最持久的味道；這也是為什麼調香師的工作桌，就像教堂管風琴的形狀。

走上兩端開叉的古典樓梯，走進「美好年代」

　遊賞去處

哥尼歌劇院
Opéra Garnier

MAP P.227／B1

出口1步行約1分鐘

DATA

operadeparis.fr；購票官網visites.operadeparis.fr/selection/event/date?productId=517971834　Place de l'Opéra, 75009, Paris　+33(0)141100810　表演請依照各表演時間入場；參觀哥尼歌劇院10:00～17:00，最後入場時間為16:30　依照各個表演不同；參觀哥尼歌劇院：成人票€12，12～25歲€8。最好事先購票，購得的票可自行印出，或儲存在手機上，入場時出示條碼。約1個月前開放網路購票　地鐵站出口1出來，就會看到　參觀約1小時　與巴士底歌劇院同一官網，買票時，請注意是哪一個巴黎歌劇院

哥尼歌劇院是巴黎最早的歌劇院，源自17世紀就存在的皇家舞蹈團；1858年，因為一場歌劇院的暴動，造成多人死傷，拿破崙三世決定重蓋歌劇院並且招開國際投標，由僅35歲的夏勒・哥尼(Charle Garnier)得標。當年巴黎街道都小而彎曲，一失火的話後果不堪設想，所以改建歌劇院時，一併將地基下改建成大型蓄水池，讓劇院在發生意外時可以自救；歌劇院重建後，法國許多重要建築也開啟國際投標的風氣。

歌劇院的外型有著金黃色圓頂、多根廊柱，上面有著名的音樂家、劇作家的浮雕，頂端兩邊有著金色天使雕像，跟亞歷山大橋上的金色雕像相呼應；而內部更是金碧輝煌，一進大廳就可以看到乳白典雅的樓階，走廊上彩色壁畫，配上多盞水晶吊燈，媲美凡爾賽宮。

表演大都是晚上，白天則開放買票入場參觀。劇院裡有飲料吧檯，表演前45分鐘前，及中場休息開放，想避免人潮，享有更優雅的服務，可以在表演前先點單，休息時來取。另一個餐廳入口，在面對歌劇院的右手邊，從Place Jacques Rouché廣場進去。

1 粉綠色圓頂是哥尼歌劇院的招牌 **2** 每年的音樂節，在劇院前都有音樂表演(圖片提供／Paris tourist office, Photographe：Amélie Dupont) **3** 入口在Place Jacques Rouché廣場的餐廳(**1 3** 圖片提供／Paris Tourist Office, Photographe: Marc Betrand) **4** 表演廳裡，樓層裡有較隱密的包廂(圖片提供／Paris tourist office, Photographe：Claire Pignol) **5** 歌劇院門口的臺階，是許多人相約的地點(圖片提供／Paris tourist office, Photographe：Daniel Thierry) **6** 屋頂上有金色天使，整個門面充滿了石雕像

優雅舞者的時尚休閒

購物血拼

repetto

DATA

MAP P.227／C2

出口2步行
約4分鐘

🌐repetto.fr✉22 rue de la Paix, 75002, Paris📞+33(0)
144718312🕐週一～六09:30～19:30，週日11:00～18:00
➡地鐵Opéra出口2出來，走rue de la Paix，約4分鐘就到

　　許多法國人對repetto的記憶，起源於它的專業芭蕾舞鞋。1947年，創辦人Rose repetto的兒子請Rose幫他製作一雙專業的芭蕾舞鞋，Rose就在這裡製作出這雙舞鞋，同時也創了這個品牌。而它的舞鞋，在今日仍然是正統芭蕾舞學校所指定使用的牌子。repetto每間店的店員，都有著芭蕾舞者優雅的氣質。

　　1956年，性感女星碧姬・芭杜(Brigitte Bardot)，請Rose幫她製作了「灰姑娘芭蕾舞鞋」Ballerines Cendrillon款，並且在電影《上帝創造女人》(Et dieu créa la femme)穿著它演出，從此這款以芭蕾舞鞋為版型，但適合在日常生活中穿著，舒適又優雅的鞋款，成了最時尚的代表，並被簡稱BB鞋；70年代，流行樂教父甘斯柏(Serge Gainsbourg)，迷上了repetto為名芭蕾舞者瓊瑪莉(Zizi Jeanmaire)所特製的Richelieu Zizi鞋款，從此甘斯柏變成了repetto的代言人，品牌也和優雅時尚、經典好鞋不可分割。

　　今天它提供客製化鞋的服務，有252種漸層色系小羊皮、Cendrillon、Camille、Zizi、Michael、Brigitte等5種鞋款可選擇；還有多款優雅皮包、香水，別錯過。

1 上2樓的樓梯間，還有芭蕾舞者的玻璃彩繪 **2** 2樓有訂製鞋工作室，有252種色票皮可選擇 **3** 舞衣，從小朋友到大人，一應俱全 **4** 站在repetto的櫥窗前，常覺得就像在看一場芭蕾舞表演。這個是在香榭大道上的店 **5** 像換衣間般的展示 **6** 1樓大廳的圓桌上，一定擺著經典款BB(以上圖片提供／repetto)

「夢幻城堡式」的百貨公司

購物血拼

拉法葉百貨
Galerie Lafayette

DATA

MAP P.227／B1、C1
出口1步行約4分鐘

🌐galerieslafayette.com ✉40 Boulevard Haussmann, 75009, Pairs ☎+33(0)142823456 🕐週一～六09:30～20:30，週日11:00～20:00 🚇地鐵站Opéra出口1，沿著歌劇院旁rue Halévy走到Bd. Haussmann左轉；或著坐9號線到地鐵站Chaussée d'Antin Lafayette，從Galerie Lafayette出口出來就到

　　1894年Théophie Bader和Alphones Kahn這一對表兄弟，創建了拉法葉百貨，室內拜占庭式的彩繪圓頂，和層層波浪的公主臺階，讓人似乎進入夢幻時空，吸引著你一層層往上走，這棟建築也已經入列為歷史古蹟。每年歲末，拉法葉會展出不同主題的互動櫥窗，配上音樂，歡樂氣氛十足，還會貼心的在每個櫥窗前擺臺階，讓孩子們站上去；館內還有超大的聖誕樹，如此神話般的氛圍，即使不喜歡奢侈品的人，也會想要上樓再去逛逛。

　　拉法葉有女裝館、男裝館、生活館1樓。女裝館1樓有許多名牌LV、GUGGI、Chanel、Dior，並且有中文解說服務，及現場退稅櫃檯。它的頂樓有視野非常好的輕食飲料吧檯，可以看到艾菲爾鐵塔、傷兵院、歌劇院、協和廣場的摩天輪，這裡還會定時更換主題餐廳吧檯，拉法葉對氣氛的營造真的是一流，多變的主題總是能引起潮流話題。

　　男裝館的1樓美食超市，也是個不可錯過的地方，有許多高級的珍貴食材如松露、魚子醬、鵝肝醬，也有可現場嘗鮮的生蠔、海鮮喔！

❶每年館內，都會有個不同主題的超大聖誕樹 ❷拉法葉百貨外觀 ❸❹❺歲末有10幾個造型不同的互動櫥窗 ❻波浪形的浪漫陽臺裡，就是名牌專櫃

法式的時尚

春天百貨
Printemps

購物血拼
DATA

MAP P.227／B1

出口1步行約7分鐘

http printemps.com/paris-haussmann✉64 Boulevard Haussmann, 75009, Paris☎+33(0)142825000🕐週一～三、五、六09:35～20:00，週四09:35～20:45，週日11:00～19:00🚇地鐵站出口1，沿著歌劇院旁rue Halévy走到Bd. Haussmann左轉，經過拉法葉百貨再走4分鐘就到；坐9號線到地鐵站Havre-Caumartin，出口Galerie Printemps出來即到

1865年，春天百貨的創始人Jules Jaluzot看準「百貨公司」將會是未來的新興商場型態，於是買下了一大棟奧斯曼豪華風格的建築，開始了春天百貨的事業版圖，在隔年，推出了當時前所未有的策略「打折季」，這個策略非常成功，不僅讓春天百貨在幾次的金融風暴中安然度過，其他商店也爭相模仿，現在打折季，由法國官方規定，一年兩次，分別在1月初和6月，一次持續5週。

春天百貨也有好幾個館，分別是流行館(Mode)、美妝生活館(Beauté et Maison)，以及男裝館(Homme)，隔壁拉法葉有的名牌，它幾乎也都有。每年歲末，和拉法葉一起做聖誕節的互動櫥窗。春天的品牌走法式生活時尚，較多法國人購買，它在其他城市的設點也比較多，近年也越來越多外國客人。它的兩棟圓頂建築，也都入列為歷史古蹟。

美食的部分，除了1樓有百年俄國甜點咖啡館普希金(Café Pouchkine)，還有6樓的彩繪玻璃圓頂下午茶店，這間少人知道的沙龍店，推薦你一定要上去喝杯下午茶，不僅可以享受自1926年就建造的彩繪藝術，也可以坐在奇才設計師Philippe Starck設計的中央吧檯，清幽吃一個檸檬塔。

1 白天時的春天百貨 2 夜晚打燈後，就像是公主的閣樓 3 中央吧檯是Philippe Starck的作品 4 聖誕節的互動櫥窗 5 6樓下午茶的檸檬塔與彩繪圓頂的倒影 6 頂樓下午茶有個非常大的彩繪圓頂

巴黎最美的星巴克

特色美食

星巴克
Starbucks

DATA

MAP P.227／C2
出口1步行約
1分鐘

🌐www.starbucks.fr，點選地圖尋找店面✉3 Boulevard des Ca-pucines, 75002, Paris📞+33(0)142681120🕐平日6:45～22:30，週六07:30～23:00，週日08:00～22:30💲€4.5～8➡地鐵出口1出來，往街角有MATY珠寶店的Boulevard des Capucines走去，約1分鐘即到

　　這個由法式巴洛克天花板、高雅新紐約風沙發椅所組成的星巴克，在開幕後沒多久就吸引許多巴黎部落客報導、遊客打卡；出了哥尼歌劇院後，走路約4分鐘的腳程，就可以窩進舒適的沙發椅。

　　星巴克的裝潢，向來以在地化出名，而這個區有金碧輝煌的歌劇院、夢幻宮殿般的拉法葉，當然，這間星巴克也卯足了勁，整個天花板畫滿了壁畫。來法國多年，已經習慣喝一般的咖啡館，不過我還是衝著它美麗的壁畫，排隊買了一杯冰拿鐵，挑個腳落位置，感受它的氣氛，覺得這杯咖啡，很「歌劇院」。

1 金色的壁畫，跟歌劇院的金雕象相互映 **2** 空間寬敞

道地美味韓國燒烤

特色美食

Guibine

DATA

MAP P.227／D3
出口1步行約
8分鐘

✉44 rue Saint-Anne, 75002, Paris📞+33(0)140204583🕐週一～五10:30～14:30、19:00～22:30，週六～日10:30～15:00、19:00～22:30💲單人燒烤鍋€16～22➡地鐵Opéra出口1沿廣場走Place de l'Opéra一下，左轉rue du Quatre，然後右轉rue de Gramont，越過垂直的rue Saint Augustin，接上對面的rue Saint Anne，總共走約8分鐘

　　歌劇院區這裡有一條rue Saint-Anne街，這裡號稱是亞洲餐廳的「一級戰區」，匯集了日本、韓國、臺灣等亞洲的好餐廳，甚至還有日本及韓國的超市。

　　巴黎人要嘗試「最道地」的亞洲餐，一定會到這條街，它不長，可以整條街走一遍，再挑選自己喜愛的餐廳；不過，這裡的餐廳通常位子又擠又小，而Guibine這間韓國燒烤，就有著舒服的座位區，當然燒烤也很道地。我最愛點的就是韓國牛肉燒烤，配有5道小菜、沙拉和煎餃，快速、品質好，坐得又舒服。

1 rue Saint-Anne街道上，全都是亞洲餐 **2** 餐廳內部 **3** 韓國燒烤

7號線

左岸文人巴黎村

蒙日廣場站
Place Monge

Pont Marie瑪莉橋站　Sully-Morland述莉莫蘭站　Jussieu朱修站　Place Monge蒙日廣場站　Censier-Daubenton頌歇站　Les Gobelins樂購博林站　Place d'Italie義大利廣場站

Ⓜ 10　Ⓜ 5 6

← La Courneuve - 8 Mai 1945

Maison Blanche →

蒙日廣場站街道圖

這一區是巴黎左岸文人生活的地方，散步6～15分鐘的腳程，可以輕鬆到達國家自然歷史博物館(Muséum national d'histoire naturelle)、植物園(Jardin des plantes)、巴黎清真寺(Grande Mosquée de Paris)。在這裡，高等學院的密度是巴黎最高，索邦大學(Sorbonne Université)科學、醫學、文學校區都在這兒。萬神殿的一邊是索邦大學法律系；另一邊則是巴黎首屈一指的名校——亨利四世公立高中(Lycée Henri-IV)。法國總統艾曼紐‧馬克宏(Emmanuel Macron)曾在此高中就讀，大他24歲的太太碧姬‧馬克宏(Brigitte Macron)，當年也在此擔任教職。

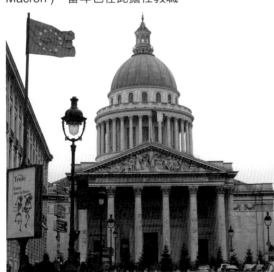

巴黎達人 *Paris* 3大推薦地

遊客必訪

蒙日廣場、慕浮塔街

一星期3天的露天早市，石板路加上熱鬧氣氛的慕浮塔街，是巴黎人最喜愛的典型巴黎村。(P.237)

作者最愛

蒙日藥妝店

占地廣大的蒙日藥妝店，讓你盡情採購所有想要的法國藥妝品牌，比起其他藥妝店裡同樣的商品，這裡幾乎半價，還有中文人員服務喔！(P.239)

巴黎人首推

Les Papilles

堅持料理採用新鮮食材的餐廳負責人Bertauand Bluy，帶著星級餐廳所受的嚴格訓練經歷，32歲時開了這間無菜單餐廳。(P.239)

遊賞去處

城市中的大公園

植物園
Jardin des Plantes

MAP P.235／D1

出口1步行約5分鐘

DATA

jardindesplantes.net/fr 57 rue Cuvier, 75005, Paris +33(0)140793000 07:00～18:00(開閉館的時間每個月會調整，請以官網公布為主) 進入花園區免費；溫室或花園展館全票€7，優待票€5；進化館全票€12，優待票€9 從蒙日廣場站出口1出來，右轉rue Lacépède，走到底左轉rue linné，再右轉rue Cuvier就到；或坐到Jussieu地鐵站，出來走約3分鐘就到；或坐到Gare d'Austerlitz站，出來走約1分鐘就到 30分鐘～1小時

巴黎第五區是巴黎市綠地密度最高的一區，除了盧森堡公園外，還有這座占地23.5公頃的大公園。公園裡有溫室區、自然歷史博物館、多種礦物展覽區、罕見植物區，它不只是附近居民日常跑步、散步的地方，也是許多自然學家做研究的場所。

有一年冬天巴黎下雪，我剛好在附近，從外面熱鬧的街道走進來，只見世界變成雪白一片，上下的小徑全鋪上雪，雪花飄下，世界好安靜，很懷疑自己就在巴黎市。如果天氣好的話，我最喜歡在慕浮塔街買個熟食、甜點和飲料，然後來公園坐坐，體驗一下法國文人最愛的巴黎村生活。

1 秋天時，公園裡的葉子像上了漸層色的水彩 2 成群的大型動物標本，燈光不斷的變化下，訪客彷彿進入了虛幻時空

和文人一起散步巴黎村老街

遊賞去處

蒙日廣場、慕浮塔街
Place Monge・rue de Mouffetard

DATA

MAP P.235／B2、C2
出口1步行約
2分鐘

◎蒙日廣場露天早市週三、五07:00～14:30，週日07:00～15:00 ➡蒙日廣場：出口1出來，往南沿著rue Monge走約2分鐘；慕浮塔街：出口1出來，往rue Ortolan走約2分鐘就到慕浮塔街的一半

　　蒙日廣場和慕浮塔街這一區是典型的「巴黎村」，有露天早市和商店街。蒙日廣場連著慕浮塔街到萬神殿，是巴黎左岸文人匯聚高密度的區域。諾貝爾文學獎得主克勞帝·西蒙(Claude Simon)，及畫家兼詩人查理·安德烈沃夫(Charles André Wolf)分別曾住在蒙日廣場的3及4號。

　　蒙日廣場上每週三、五、日都有露天早市，這個小小的市場，始於1921年，有許多文人畫家在此落腳，讓此區成為有特色的巴黎村——有點人文、觀光、又有著樸實生活的氛圍。

　　慕浮塔街是巴黎最古老的一條街之一，全長650公尺，是條微上坡的石板路，有許多商店及餐廳，走到最上面可接萬神殿，再下坡可到盧森堡。建議從下坡端處聖美達綠地教堂(Eglise Saint-Médard et Square)開始往上走，這樣才不會錯過充滿咖啡餐廳、溫馨市集、熱食店的巴黎村氣氛。

━━━━ Leta巴黎小站 ━━━━

慕浮塔街建議散步路線

　　從Place Monge的下一站地鐵站Censier Daubenton出來，走Rue Monge接Rue Censier，到Square Saint-Médard廣場旁Rue Mouffetard起點處，開始散步上坡。

1慕浮塔街兩旁街道，溫馨餐館一間接一間 **2**這一區有優質的茶館、素食餐館、特色人文咖啡館，小小區域擁有如此多樣化的因素，是吸引人潮的因素 **3**慕浮塔街是條鋪著石頭的上下坡路，很可愛 **4**蒙日廣場的露天早市 **5**Place de la Contrescarpe廣場，位在慕浮塔街半路上，只要天氣好，露天咖啡座都是座無虛席 **6**慕浮塔街最下端，天天都有小菜市場攤販

遊賞去處

巴黎左岸人文的精華

萬神殿
Pantheon

DATA

MAP P.235／B1
出口1步行約9分鐘

🌐paris-pantheon.fr/en✉Place du Panthéon, 75005, Paris📞+33(0)144321800🕐10/1～3/31 10:00～18:00；4/1～9/30 10:00～18:30(閉館前45分鐘停止售票)🚫1/1、5/1、12/25💲成人票€9；18歲以下與家人同遊免費🚇蒙日廣場站出口1出來，走rue ortolan右轉rue-Mouffetard，接rue Descartes，左轉rue Clovis接Place du Panthéon，約9分鐘；搭地鐵10號線Maubert-Mutualité站下，走rue des Carmes，接rue Valette，約5分鐘；在RER B線Luxembourg站出來，往Boulevard Saint-Michel走，右轉rue Soufflot直走微上坡，約9分鐘🕐1.5小時

　　萬神殿建於1757～1790年間，新古典風格建築外觀，法國精英知識分子伏爾泰(Voltaire. François-Marie Arouet)、文學家雨果(Victor Hugo)等，都在此安息。這裡是左岸知識分子的核心。

　　後方有個門，上方寫著「為法國而死的作家們致意」(Aux Ecrivains morts Pour La France)。過了門，順著旋轉而下的樓梯，下面就是棺木區。地底下十字架型的棺木放置法，散發著特別的氣氛，入口有個科技電子查詢面板，輸入要查詢的文人姓名，就出現棺木指引路線，配上昏黃燈光，淺藍螢光板，感覺像進入了電影《達文西密碼》中。

　　盧梭(Jean-Jacques Rousseau)棺木的對面是伏爾泰，雨果和埃米爾·佐拉(Emilie zola)兩大文豪的棺木同放一間。這裡總共有76個棺木，有4位女性，瑪麗·斯克沃多斯卡·居禮(Marie Sklodowska-Curie)是其中之一；在1樓，圓屋頂垂掛了一個傅科擺(Le Pendul de Foucault)，是當年傅科為了要展示地球自轉的事實，親自架設的。

1雨果棺木 **2**過了門，招牌寫地下棺木(crypte)，然後是旋轉向下的樓梯，看似不起眼，但下了樓才是重點 **3**在萬神殿門口，下望盧森堡公園，遠眺艾菲爾鐵塔，非常美麗 **4**1樓有圓屋頂，和許多美麗的壁畫

購物血拼

藥妝品的購物天堂

蒙日藥妝店
Pharmacie Monge

DATA

MAP P.235／C2
出口1步行
約1分鐘

http pharmacie-monge.fr ✉74 rue Monge, 75005, Paris ☎+33(1)
43313944 ⊙平日08:00～23:00、週六08:30～22:00、週日20:00
～08:30 ➡地鐵1號出口出來，沿著rue Mouffetard往南走約1分鐘就
到 ⓘ蒙日藥妝店退稅須知：務必攜帶護照正本；購買滿€175，就可退稅15%

這是一間大量進貨的藥妝店，如果你有去過其他一般的藥妝店，看過它們的價
錢，再進到蒙日藥妝店，看看這裡的價錢，你就會知道這間店為什麼老是這麼多
人了。

開了20年的蒙日藥妝店，剛開始只有三角窗的店面，但爆滿的客人，讓他們把
左右鄰舍的店面也買了下來，成為一個超大型坪數的藥妝店。店裡的服務人員親
切，目前店內也有中文人員結帳櫃檯；店裡有退稅單可拿，對外國遊客很方便。

你可能會對店裡比外面一般藥妝店便宜一半的商品質疑，懷疑是否是正貨？是
的，它們都是正貨。法國的藥妝產品競爭激烈，有些藥妝店如果可以大量跟供應
商進貨，並且在店附近就有倉庫，進貨成本就可以向原廠壓低價格，然後反映在
售價上；類似的店家，在巴黎其他地點及其他城市都有。

1左邊這個門進去，是中文退稅服務櫃檯，有需求可詢問店員 **2**有機的藥妝品牌也很多選擇

特色美食

新鮮溫馨小餐館

Les Papilles

DATA

MAP P.235／A1
蒙日廣場站出口1步行約14分鐘
RER B Luxembourg站出口步行約4分鐘

http lespapillesparis.fr ✉30 rue Gay Lussac, 75005, Paris
☎+33(0)143252079 ⊙週二～六12:00～14:00、19:00～22:30
🈺週日、一 💲半套餐約€35～38 ➡從蒙日廣場站出口1出來，走到
萬神殿後，走rue Soufflot下去，左轉rue Saint Jacques，一直
走碰到rue Gay Lussac右轉就到，總共步行約14分鐘；坐到RE-
R B Luxembourg站出來，走Boulevard Saint-Michel，右轉rue
Royer Collard，碰到rue Gay Lussac右轉，總共步行約4分鐘

經過Les Papilles的餐廳前，很難不被它擺放在櫥窗前，美麗
的餅乾盒子所吸引。餐廳每天只提供一種菜單，主廚Tom看當時
有什麼新鮮食令的材料，就提供什麼菜單，主要以法國西南料
理為主。進入餐廳，可以看到左邊一整面牆都是酒，這裡藏酒
大約有350種。

經營管理的Bertrand Bluy和主廚Tom都在高級餐廳工作過，
他們的理念是「新鮮的食材，最能把食物的美味呈現出來。」這樣
的想法，也受到老饕們的肯定，自2003年開店以來，餐廳常客滿。
要去的話，別忘了先訂位。

1繽紛多彩的盒子，裡面裝有手工餅乾
2營業前，Bertrand Bluy跟著忙進忙出

詩人餐廳
La Maison de Verlaine

MAP P.235／B1
出口2步行約6分鐘

DATA

🌐 lamaisondeverlaine.com/Restaurant_La_Maison_de_Verlaine/Accueil.html ✉ 39 rue Descartes, 75005, Paris ☎ +33(0)143263915 🕐 週一～二，週五～日12:00～14:30，19:00～00:00，週四19:00～00:00 休 週三 $ 主餐約€10.5～14 ➡ 地鐵出口2出來，走rue de Navarre，接Place Benjamin Fondane，再接rue Rollin，右轉rue du Cardinal-Lemoina，左轉rue Thouin，再右轉rue Descartes

法國19世紀的詩人Paul Verlaine曾住過這間房子，所以餐廳老闆就用「Verlaine的家」當成餐廳名字，而La Maison de Verlaine離名校亨利四世高中大約3分鐘的腳程，中午時間，有不少學校的教職員來此用餐；餐廳的用餐者和過去的文人歷史，有點偶然巧妙的同質性。

推開木門，內部有木頭梁柱天花板、木桌椅、掛滿復古照片的外露石牆，配上柔和的黃橘燈光，似乎回到了老巴黎的年代。餐廳有全套餐、半套餐及單點主餐等各種不同價位的選擇，在此區來說，算是價錢不高，品質又不錯的好餐廳。

1 當天吃到的炸魚特餐，只要€10.5，實在划算 **2** 餐廳氣氛溫馨

法式速食小吃
派塔之家
La Maison des Tartes

MAP P.235／B2
出口1步行約4分鐘

DATA

✉ 67 rue Mouffetard, 75005, Paris ☎ +33(0)145355390 🕐 11:00～22:30 $ 約€2～9 ➡ 地鐵出口1出來，走rue Ortolan，左轉rue Mouffetartd，總共步行約4分鐘

這間店面小小的，如果沒注意，在整排都是商店的慕浮塔街，很容易錯過它。不過只要看到櫥窗裡擺著各種圓形塔派，就知道是它了。

派塔之家菜單

| 鹹塔＋甜派＋飲料 約€8～9 |
| 鹹塔＋飲料 約€5～6 |
| 甜派＋飲料 約€4～5 |
| 自家烘培的甜塔 約€2～3 |

店裡有各式各樣的鹹塔、甜派。鹹塔在法國就像小吃，也常搭配沙拉，就變成一頓方便快速的正餐；甜派屬於甜點或下午茶。店家運用派塔這種巧妙的組合，在這條街上屹立不搖，裡面還有座位區，相當受歡迎。下面是店家常用的菜單，適合各種用餐時段。

1 甜派、鹹塔都有 **2** 小小店門口，別錯過了

特色美食

社區居民隱藏版餐廳

72工作室
Atelier 72

DATA

MAP P.235／B1
出口2步行約3分鐘

✉72 rue du Cardinal Lemoine, 75005, Paris☎+33(1)973240795
🕐週一～六11:30～15:00，18:30～00:00💲約€14.5～25➡地鐵出口2，往rue de Navarre右手邊方向走，跨過rue Monge，到對街的rue Rollin直走

如果想避開蒙日街的人潮，來這間小餐廳就沒錯了。餐廳正門有大面的窗戶，餐廳內小串燈穿插著工業風吊燈，石牆外露，具有古老氛圍

又不失現代風格，不同藝術家的畫展會定期在這展示；餐飲以法亞餐混搭風為主，如內餡有蜜封油鴨的炸春捲、咖哩素食，每日特餐則是搭配當季的新鮮食材。

種種風格元素吸引了當地社區的年輕族群，有著書生氣質老闆的Aurélien說，這裡是當年他當學生時，最常與朋友相約的地方，所以特別選在這裡開店。如果害怕看不懂法文菜單，Aurélien很樂意用英文幫你解說。

1 前菜是麵包粉炸馬鈴薯泥鮪魚 **2** 酸甜咖哩雞飯 **3** 餐廳與藝廊結合已是巴黎年輕餐廳的趨勢

特色美食

中東風下午茶

巴黎大清真寺下午茶
Salon de Thé de la Grande Mosquée de Paris

DATA

MAP P.235／C2
出口1步行約5分鐘

✉39 rue Geoffroy Saint-Hilaire, 75005, Paris(Grande Mosquée de Paris)☎+33(0)143311432🕐下午茶10:00～00:00；餐廳10:00～22:30；土耳其浴池10:00～21:00💲薄荷甜茶約€2，甜點約€1～3➡地鐵出口1出來，順著rue Larrey走，碰到rue Daubenton左轉，然後直走到底，碰到rue Geoffroy Saint-Hilaire再左轉就到

巴黎大清真寺是個很大的清真寺，裡面除了有伊斯蘭教的禮拜場所，還附設有中東庭園式下午茶、餐廳以及土耳其浴池。

一進去就會看到中東庭園下午茶區，侍者會端著薄荷茶，穿梭在座位間，價錢約€2；甜點櫃則有多樣款的中東甜點。在巴黎用這麼便宜的價錢，就可以享受室外庭園和熱情的服務，所以這裡一直是巴黎人的最愛。天氣好時，更是一位難求。在甜點櫃的一邊，走進去是餐廳，提供正式的中東美食；土耳其浴則在另一邊。

1 甜點櫃剛好在3個不同服務區的交叉處 **2** 色彩亮麗的馬賽克，是中東文化的典型元素

RER C,D,A

搭RER
輕鬆遊郊區

RER 是貫穿巴黎郊區到市中心的鐵路線，包括A、B、C、D、E等5條線，B線有戴高樂機場站，另外A、C、D線各到達一些重要的觀光景點。它們也是大巴黎郊區居民的通勤火車，所以穿梭的範圍廣，停靠點也多，每一條都穿越巴黎市中心，再與市區的地鐵系統連結，形成一個龐大的交通網；在巴黎市區，如果經過的站同時也有RER 線經過，不妨可考慮乘坐RER，縮短交通時間。

RER C

遊賞去處

DATA

追尋天才梵谷畫內的風景

奧維小鎮
Auvers-sur-oise

梵谷紀念館 Auberge Ravoux

maisondevangogh.fr/index.php Place de la Mairie, 52-56 rue du Général de Gaule, 95430, Auvers-sur-oise +33(0)130 366060 3/1～11/4週三～日10:00～18:00 11/5～2/28休館 成人€6，12～17歲€4，12歲以下免費 搭RER C到Pontoise下車，然後轉往Persan-Beaumont方向的列車，在Auvers-sur-Oise下車。車站距離梵谷紀念館250公尺

　　奧維是梵谷最後居住的小鎮，離巴黎30公里遠。飽受精神分裂痛苦的他，在精神醫師的建議下，來到奧維靜養。梵谷雖然在這裡只居住了70天，但這段期間，他以這個小鎮的許多實景，創作出80幅收藏在奧塞美數館的名作。雖然距今已有100多年，小鎮已有所改變，但當年梵谷最後居住的哈福旅社(Auberge Ravoux)、他的畫作《奧維教堂》，至今都保持大致原貌。喜愛梵谷的人，千萬別錯過這裡。

1《奧維教堂》裡的教堂 2以前的哈福旅社，現在的梵谷紀念館 3《麥田烏鴉》的場景(以上圖片提供／黃碧嬌)

梵谷公園(Parc Van Gogh)

　　梵谷公園裡有一座俄國藝術家以梵谷做創作的雕像，這個雕像消瘦陰鬱的神態，傳達了他內心時時不安的狀態。

梵谷紀念館 (Auberge Ravoux)

　　梵谷生前70天，就是居住在鎮上哈福旅社的5號房，今天已經變成梵谷紀念館。他的畫作《臥房》，就是以這間房間為背景。樓下是餐廳，從那時營業至今，維持原來的裝潢，現在仍能在這兒用餐喔！

奧維聖母院(Eglise Notre-Dame d'Auvers)

　　梵谷另一幅名著《奧維教堂》，今天教堂的入口，還掛著他的畫作做對比。

奧維公墓

　　梵谷的弟弟是梵谷一生最大的經濟及心靈支柱，死後，他們兩個一起葬在非常簡樸的公墓裡。

麥田烏鴉(Le Champ de blé aux Corbeaux)

　　梵谷在舉槍自盡的前2天，經過這一片麥田，畫作裡烏雲及黑色的烏鴉，似乎充分傳達了他當時的心情。

RER C

法國史上最美麗的宮廷建築

凡爾賽宮
Château de Versailles

DATA

🌐chateauversailles.fr ✉Place d'Armes, 78000, Versailles ☎+33(0)130837800 🕐4～10月週二～日09:00～18:30；11～3月週二～日09:00～17:30(視每個宮殿、領域的大小不同，閉館前約30分～1小時前不可再進入) ❌週一，5/1 💲巴黎博物館套票(Paris Museum Pass)€20(全區)、€27(全區＋欣賞大型音樂噴泉及花園音樂)；凡爾賽宮票(Billet Château)€18(包含參觀凡爾賽宮、臨時展、皇室馬車展廊、花園，18歲以下免費) ➡坐RER C線，在Versailles Château Rive Gauche下車，之後走路約10分鐘就到 🕐3小時以上 ⓘ可先在官網購票，省去排隊時間

　　17世紀，路易十四決定把皇宮遷移到凡爾賽宮，原先只是個偏僻的小鎮，在1682～1789年期間，頓時成為法國皇室的權力政治中心。凡爾賽宮是法王路易十四到十六的皇權象徵，耗費龐大的資金，前後歷時50年才完成，總領域800公頃，規模龐大。路易十四費盡心思把整個貴族皇室都遷到凡爾賽宮，以便就近控制。全盛時期，曾入住多達3,000多人，是歐洲皇宮裡最大、最奢華的宮殿。1789年發生了法國大革命，法皇和皇后被壓回巴黎，送上斷頭台，結束了法國極權統治的時代。

凡爾賽宮(Château de Versailles)

　　宮殿分成兩大層，1樓主要是法皇公主、王子們的居殿，這裡有路易皇室的嫡系家族樹狀圖；2樓則是國王及皇后的居殿，總共有17個廳。鏡廳(La galerie des glaces)是裡面最奢華也最有名的廳，長73公尺，寬10.5公尺，17面大窗及578面鏡子，站在這裡，可以看到整個美麗的凡爾賽宮花園；天花板繪滿以花園為主題的壁畫，並垂吊24盞華麗的水晶吊燈。1919年終止二次世界大戰的凡爾賽條約就是在鏡廳簽的。

　　牛眼廳(Salon de l'œil de Boeuf)介於國王寢室和入口間，專門提供接見貴族和王室，據說機關重重，還有通道暗室；國王寢室以現代的眼光看，其實不大，它位居在凡爾賽宮正中間，鏡宮的後方，每天可看見太陽昇起，呼應路易十四太陽王的稱號。

❶宮裡壁上充滿金黃雕塑 ❷鏡宮 ❸花園裡太陽神雕像，是路易十四的權力象徵 ❹美麗的天花板壁畫 ❺凡爾賽宮花園(以上圖片提供／黃碧嬌)

凡爾賽宮花園(Les Jardins)

在皇宮遷入此地之前，凡爾賽是法皇狩獵的區域，這裡盡是森林與沼澤，由法皇指定田園設計師安德烈‧諾特(André Le Nôtre)打造，擁有多座水池、雕刻、十字型運河、法式對稱美學聞名的橘園(l'Orangerie)。每年4～10月的週末，這裡都會舉辦大型音樂噴泉(Les Grands Eaux Musicales)，傍晚有花園音樂(Jardins Musicaux)，非常值得前往觀賞。

特里安農領域(Le Domain de Trianon)

● 大特里安農宮(Grand Trianon)

路易十四熱愛建築與自然，他在凡爾賽宮不遠處，蓋了自己私人的別宮，這裡也是他為情婦蒙特思潘(Madame de Montespan)所建。宮內的石材採用大量的粉紅色大理石。

● 小特里安農宮(Petit Trianon)

路易十五接下皇室後，也在這兒蓋了小特里安農宮，安置他的情婦龐巴朵夫人。這裡以新古典主義和英式庭園為主要建築風格。路易十五鐘愛大自然，對小特里安農宮的庭園發展與維護，到死前都念念不忘。

● 瑪莉農莊(H ameau de la Reine)

當時貴族流行購置農莊，回歸田園生活，瑪莉安‧東尼皇后也趕上這股潮流，她在小特里安農宮的土地上增蓋了12座農舍，魚池、牛舍穿梭其間，目前僅剩10座。其中包含瑪麗皇后與她情人私會的「愛的宮殿」、「水車屋」、「王妃之家」。

法國最大的皇宮
楓丹白露宮
Fontainebleau

DATA

🌐musee-chateau-fontainebleau.fr✉Château de Fontainebleau, 77300, Fontainebleau 📞+33(0)160715060
🕐3~10月週日~一09：30~17：00，4~9月週日~一09：30
~18：00(閉館前45分鐘禁止入場)❌週二、1/1、5/1、12/25
💲成人票€12、12~26歲€10、12歲以下免費(但仍然要在入口處領取免費票)；每個月的第一個週日免費，7、8月除外➡搭RER D線到Melun轉搭火車到Fontainebleau-Avon下車，再轉搭巴士1號至城堡
站(Château)即可；或是在里昂車站Gare de Lyon搭火車R線往Montereau的方向，在Fontainebleau-Avon下車，火車約40分鐘，再轉搭巴士1號至城堡站(Château)，約10分鐘🕐1.5小時

　　楓丹白露宮曾是皇宮，它建造於12世紀，歷經8個世紀不同君王的擴建，16~18世紀時曾是狩獵行宮。其中法蘭索瓦一世(François 1er)特別鐘情楓丹白露宮，請來大批義大利藝術家，讓這裡充滿了文藝復興時期的繪畫雕塑，宮殿前的「鐵馬」階梯，就是根據文藝復興的特色所打造，是宮殿最美麗的標誌。路易十三之後的法皇，在這裡增建了古典主義的建築，也因此來這裡可以看到法國12~19世紀的建築縮影。1981年列入世界文化遺產。

公寓(Les appartements)
　　這裡曾是國王、皇后們、神父們的住所，可以細看皇室的休閒居家生活擺設。

法蘭索瓦一世走廊(Galerie François 1er)
　　走進這裡，你會看到兩旁目不暇給、文藝復興時期風格的壁畫，這裡也是皇室時代的許多活動及慶典的舉辦地。

拿破崙一世博物館(Musée de Napoléon 1er)
　　拿破崙非常喜愛楓丹白露宮，所以居住在此的時間很久，這裡保存了1804~1815年拿破崙家族的家具、鍾愛的紀念物品以及他個人的私人收藏。

白馬庭院 (Cour du Cheval Blanc)
　　楓丹白露宮的花園有130公頃，而在進入楓丹白露宮時，就會看到白馬庭院。1814年拿破崙在此被迫簽署退位條款，並且在白馬庭院發表告別演說，所以這裡也被稱為告別庭院(Cours des Adieux)。

1️⃣帝王公寓 2️⃣花園裡的噴泉，有好幾隻天鵝，優雅寧靜的伴著過往的宮殿 3️⃣法蘭索瓦一世走廊(以上圖片提供/黃碧嬌)

遊賞去處

飄在鏡面上的夢幻城堡
香堤堡
Château de Chantilly

DATA

🌐domainedechantilly.com/fr ✉Château de Chantilly, 60500, Chantilly ☎+33(0)344273180 ⏰3/24～10/29 10:00～18:00(花園開到20:00)；10/30～03/29 週三～週二10:30～17:00(花園開到18:00) 休週二；1月有兩週休館，請注意官網公布的日期 💲城堡＋花園＋馬場(博物館套票適用範圍)成人€17、7～17歲€13.5；花園€8(3～10月)、€6(11～2月) ➡搭乘RER D線，在香堤一勾濱爾火車站(Gare de Chantilly-Gouvieux)下車，車程約45分鐘；或在北站(Gare du Nord)搭乘火車到香堤一勾濱爾火車站Gare de Chantilly-Gouvieux下車，車程約25分鐘。用上述兩個方式到達香堤一勾濱爾火車站後，在火車站對面搭乘免費接駁巴士Le Duc，在Chantilly，église Notre-Dame下車。或在火車站直接搭計程車(車程約5分鐘) ⏱1.5小時以上

香堤堡遠遠看就像是建築在水上的一個城堡，花園成對稱，好幾個如鏡子般的池子，坐落在法式對稱草皮上，天空倒影在每一面池水上，所以有「水上古堡」之稱。它的美麗和維持要歸功於奧馬公爵(Ducd'Aumale)，他是法國最後一任國王路易·菲力普(Louis-Philippe)的第五個兒子，他8歲繼承了這間城堡，在新婚後請建築師幫香堤堡建造藝廊，作為他古董收藏的展示空間；他被流放至英國回法後，帶回更多有價值的古書籍、收藏，全都展示在這兒，收藏量是繼羅浮宮之後第二位。

花園是由凡爾賽宮的景觀設計師安德烈·諾特(André Le Nôtre)所建造，傳說香堤是他最鍾情滿意的花園。花園森林的面積占有115公頃，以法式花園為主，以及曾在法皇室間流行一時的英式花園、農舍。裡面還有一個歐洲最大的馬場和博物館，有20匹馬、7位專業馴馬師，一年有150場的馬術表演。

香堤堡的優雅成為許多婚禮的夢想之地，以文藝風格為主的鹿藝廊(La Galerie des Cerfs)、擁有85幅珍藏畫作的畫廊(la Galerie de Penture)、18世紀的法式古典風格的大公寓(Le Grands Appartements)，都提供私人包場做宴會。

1 皇宮內的家具總是金碧輝煌 **2** 城堡內的藝術品，是法國博物館裡數一數二的分量 **3** 湖水渠道穿梭在花園裡 **4** 城堡倒映在水面上(以上圖片提供／黃碧嬌)

童話天堂

遊賞去處

迪士尼
Disney

DATA

🌐disneylandparis.fr ✉Boulevard de Parc, 77700, Coupvray ☎+33(0)825300500 🕐迪士尼樂園10:00～21:00；迪士尼影城10:00～18:00 💲1天1個園區€72；1天2個園區兒童€72、成人€92；2天2個園區兒童€133、成人€150(迪士尼票種多種，且隨著月分票價也不同，並且常在8月底～9月、1～4月推出25～35%的優惠票，3歲以下免費) 🚆搭乘RER A往Marne-la-Vallée方向，在Parc Disneyland下車，車程約40分鐘 🕐5～6小時

迪士尼分迪士尼樂園(Disney Parc)及迪士尼影城(Disney Studio)兩大園區(Parc)；樂園又分5個區，分別為美國大街(Main Street U.S.A)、國境之土(Frontierland)、冒險島(Adventurel)、夢幻城(Fantasyland)、探索世界(Discoveryland)；其中，美國大街有噴火龍、彼得潘通道、冰雪奇緣公主賣冰淇淋……夢幻城以歐美童話的公主故事做華爾滋舞表演，還有有美女與野獸，在城堡結合老鼠米奇做光影秀；冒險島裡有海盜船；探索世界有玩具總動員等主題的遊戲。影城裡有許多以迪士尼出品的動畫電影場景，運用火車或旋轉木馬，帶遊客深入其境。園區裡總共有187種遊樂設施。

因為園區龐大，每個設施都有很多人排隊，熱門季節遊樂設施有時須排上1個多小時，為避免排隊時間太長，記得好好運用快速通關票Fastpass，只要把票插入快速通關機，再依票上打印的時間回來玩遊戲，中間等待的時間，可先去別的地方看表演。

每個遊樂設施結束的時間不太一樣，有時差距會到1個小時，所以如果有一定要玩的遊樂設施，請記得在它結束前回來玩。園區裡有20幾個不同預算和主題的餐廳。迪士尼周圍有很多旅館，如果考慮到回市中心太累，可以事先預訂。

1 睡美人童話故事的城堡(1 3 圖片提供／Phoebe Hsu) 2 5 米妮、唐老鴨，經典迪士尼卡通人物(2 4 5 圖片提供／林依玟) 3 園區廣大，先規畫一定要玩的 4 迷宮

高級品牌全年打折購物天堂

山谷購物村
La vallée Village

DATA

🌐 lavalleevillage.com/fr/home ✉ 3 Cours de la Garonne, 77700, Serris 📞 +33(0)160423500 🕙 10:00〜19:00 休 1/1、5/1、12/25 🚇 搭乘RER A往Marne-la-Vallée方向，在Val d'Europe下車，車程約37分鐘。每天在巴黎市中心的Place des Pyramides，前往山谷村有兩個專車班次09:30(16:00回程)、13:00(18:45回程)，請至少在12個小時前與Paris City Vision預約(+33(0)144556000)，來回票價為€25 ⏱ 2小時

這裡是許多高級品牌，長年打折的地區，商店以一棟棟的小木屋做區分，所以頗有「小村落」的渡假風。品牌包括Armani、Calvin Klein、Chloé、Burberry、Dolce & Gabbana、Gucci、Givenché、Kenzo、Longchamp、Loewe、Marc Jacobs……等125家。因為高級品牌集中、折扣常有對折，所以建議精打細算一族，可在官網上先查詢，有沒有要購買的品牌店家，並列一張明細單，以便更輕鬆快速地找到自己想買的產品。這裡有多家餐廳和下午茶，如Ladurée、Pierre Hermé。

因為山谷村是從巴黎前往迪士尼的前一站，所以如果有去迪士尼的行程，不妨把這站也考慮進去，因為不需要門票，就算不購物，也來這享受一下悠閒的氣氛。

1 山谷村歐風建築的商店 2 休閒綠意的氣氛，淡化商業感(以上圖片提供／La vallée Village)

旅館住宿推薦

奢華型旅館
1號線星辰廣場站　MAP P.39

四季飯店
Four Seasons

DATA

http ourseasons.com/fr/paris ✉31 Avenue George V, 75008, Paris ☎+33(0)40527000 $€1,100起

　　位在喬治五世大道上的四季飯店是一間五星級飯店，步行到香榭麗舍大道只要4分鐘，充滿奢侈品牌的蒙田大道，也都在步行幾分鐘的距離。飯店高層的露臺及房間附設的陽臺，可以看艾菲爾鐵塔及巴黎的天空。

　　四季飯店有720平方公尺的游泳池水療房、健身房、1間3星、2間1顆星的餐廳。大廳一年到頭總有花藝布置。

皇家套房浴室(圖片提供／Four Seasons)

在有紀念性的日子裡，訂這樣的房間，應該永生難忘(圖片提供／Four Seasons)

精品特色旅館
1號線聖保羅站　MAP P.87

皇后的後花園
Le Pavillon de la Reine

DATA

http pavillon-de-la-reine.com/fr ✉28 Place des Vosges, 75003, Paris ☎+33(0)140291919 $€360起

　　這間取名為皇后的後花園的飯店，頗名符其實，因為它就位在浮日廣場上。浮日廣場在1559年以前，曾經是法國皇室的宮殿所在。它的入口處在廣場上其中一個廊道上，名字石刻於入口，穿過厚石牆，就會被滿是綠意的花園前院所吸引，是真實版的「桃花園」，同樣是五星級飯店，但呈現手法是典型的法式低奢。

　　飯店總共有56個套房，每間裝潢都不同，2017年新開一個「皇后公寓」，80平方公尺，用17世紀的凡爾賽地板鋪地，有金箔畫做掛飾，房中還垂有一個特製的水晶吊燈。

皇后公寓(圖片提供／Le Pavillon de la Reine)

充滿綠意的庭園(圖片提供／Le Pavillon de la Reine)

精品特色旅館
3號線頌鐵站、9號線大道站 MAP P.211

蕭邦飯店
Hôtel Chopin

DATA

hotelchopin-paris-opera.com/fr ✉46 Passage Jouffrey, 75009, Paris +33(0)147705810 €77起

蕭邦飯店位在茉芙拱廊中，成立於1846年，和茉芙拱廊同時開幕，也見證了巴黎拱廊興盛的年代。飯店門口掛著美麗年代的路燈，立面頂上有個浮雕大鐘，從門口走出去，就可進入到今天仍然生意蓬勃的拱廊商店街。

房間有經濟型的單人房、雙人房、家庭4人套房，都備有衛浴、電視、Wi-Fi。從飯店的房間將窗戶打開，可看到拱廊獨特的鐵玻璃屋頂，或著是已經註冊於世界文化遺產的巴黎「鋅製屋頂」，不管是商務或家庭旅遊都很適合。

藍色主題房(圖片提供／Hôtel Chopin)

大廳放著鋼琴及紀念蕭邦的雕像(圖片提供／Hôtel Chopin)

精品特色旅館
7號線蒙日廣場站、10號線卡迪那-雷蒙站 MAP P.235

蒙日飯店
Hôtel Monge

DATA

hotelmonge.com/fr ✉55 rue de Monge, 75005, Paris +33(0)143545555 €166起

在改裝成精品旅店前，這裡原先是私人家族的房子，因為巴黎市區土地取得不易，因此運用法國私人家族最常做的「重新活化老屋」作法，將家族老屋改成旅店，相當受歡迎。

四星級的蒙日飯店，總共有30個房間，還有按摩紓壓室及蒸氣室，就在羅馬競技場旁邊，步行到可愛熱鬧的慕浮塔街，只要4分鐘；走路到萬神殿也只要8分鐘，處在左岸索邦大學的經典人文區。早晨可到附近占地23.5公頃的植物園或盧森堡公園，與巴黎人一起晨跑。是個最能享受左岸人生活的旅店。

大廳接待處充滿文藝氣息(圖片提供／Hôtel Monge)

蝴蝶主題房(圖片提供／Hôtel Monge)

公寓短租

　　歐洲人旅行，習慣租有附廚房的獨立公寓，因為在歐洲外食不便宜，所以都有附廚房，可以省下不少經費，又有融入當地人生活的感受，頗受歡迎。下面介紹兩間由臺灣人經營的短租公寓，中文溝通無障礙。

1、5、8號線巴士底站
9號線伏爾泰站
MAP P.97

散步巴黎民宿

DATA

http travelerparis.com ✉5 rue Popincourt, 75011,Paris。地鐵站1、5、8號線：巴士底站Bastille；9號線：伏爾泰站Voltaire站 🚇yuleta 💲4～10月2人一週€500，少於7天的訂房€80／天；3人一週€570，少於7天的訂房€90／天。11～3月2人一週€470，少於7天的訂房€75／天；3人一週€550，少於7天的訂房€85／天。可容住宿人數3人 @letacambon@gmail.com

精緻小巧的完整空間

　　這是一間位在巴士底站附近的百年公寓，踏著優質木頭樓梯走上2樓，推開一間18平方米的小天地，室內的天花板有木梁結構，是傳統的巴黎特色建築；雙人床頭後面，有古老的火爐煙囪，雖然巴黎已全面禁用火爐，但這個裝置卻能營造出獨特的味道。

來自最佳工藝師工作室的床

　　附近有雙地鐵站，住客不與主人同住，擁有自己獨立的生活空間，內有義大利式的淋浴設備，附有冰箱、烤麵包機、鑲嵌式電爐及烹煮用具、基本調味料等；公寓內有兩大扇窗，面對中庭很安靜。下了公寓，是熱鬧無比的rue de la Roquette街，咖啡餐廳、超市、Alain Ducasse的巧克力工廠、文人咖啡館、傳統巴士底市場就在旁邊。

現代的義大利式淋浴設備

一人煮飯，另一人在吧檯喝開胃酒、聊天

公寓短租
1號線羅浮宮站
RER A、B、D夏特雷-勒阿樂站 ^{MAP} **P.69**

jiaojiao羅浮宮民宿

DATA

⊕jiaojiaoparis.com ✉2 rue Croix des Petits Champs, 75001, Paris。地鐵站1號線：羅浮宮站 Louvre Rivoli或皇家廣場Palais Royal；RER A,B,D：夏特雷-勒阿樂站Châtelet Les Halles ☎jiaojiao246 $4～10月2人一週€550，少於7天的訂房€85／天；3人一週€630，少於7天的訂房€95／天。11～3月2人一週€520，少於7天的訂房€80／天；3人一週€600，少於7天的訂房€90／天 @jiaojiao.parislouvre@gmail.com

　　jiaojiao羅浮宮民宿位在羅浮宮，你可以悠閒的散步到塞納河畔，是優雅古典的精華區域。位在2樓20平方米的小公寓，有兩面大落地窗，可以邊用餐邊看巴黎人的悠閒步調；天花板的美麗橫梁是200多年的木建築結構，廚房設施充分，電爐、微波爐、大同電鍋等一應俱全；獨立浴室的浴缸，可以在此輕鬆用餐，逛累可泡個澡，這裡提供旅者舒適獨立的家。從民宿走4分鐘，可在夏特雷-勒阿樂站搭乘機場專線直達戴高樂機場。

小客廳(圖片提供／黃碧嬌)

1張雙人床和1個沙發床(圖片提供／黃碧嬌)

連鎖商業飯店
1、5、8號線巴士底站 ^{MAP} **P.97**

ibis Hotel

DATA

⊕hotelaparis.com/chaines-hotelieres-paris/hotels-ibis-paris.html ✉15 rue Breguet, 75011, Paris $視所在的區域而定，在巴黎市較邊緣的旅館，約€62，較市區€92便宜

　　ibis是屬於法國Accor飯店集團下的連鎖旅館品牌之一，屬於三星級、中價位的商業旅館。在巴黎市有多達30多個據點，清潔及品質都有一定程度。如果心儀的住宿地點已訂滿，或是臨時出差，可以上官網尋找住宿點。

位在巴黎市11區，地址 5 Rue Breguet的ibis

實用旅行法語

Bonjour
你好
(主要是用在下午5點前的問候，但也可以用到晚上)

Bonsoir
你好(用在下午5點後的問候)

Merci
謝謝

Au revoir
再見

L'addition, s'il vous plait
請給我帳單

Excusez-moi
抱歉

Pardon
借過、抱歉

Billet
票

Ça va?
一切都好嗎？

Très bien
非常好

Combien ça coûte?
多少錢？

Vous payez par carte ou en espèce?
您是用卡還是現金付款？

Où sont les toilettes?
廁所在哪兒？
(可把la toilette換成你要找的地點)

Une carafe d'eau, s'il vous plait
請給我一壺自來水
(法國的自來水可直接飲用，在餐廳可請服務生給一壺免費自來水)

牛肉熟度說法

saignant
5分熟(牛肉切開後還有血)

à point
7分熟

bien cuit
8分熟

填線上回函，送 "好禮"

感謝你購買太雅旅遊書籍！填寫線上讀者回函，
好康多多，並可收到太雅電子報、新書及講座資訊。

好康1

每單數月抽10位，送珍藏版
「祝福徽章」

方法：掃QR Code，填寫線上讀者回函，
就有機會獲得珍藏版祝福徽章一份。

好康2

填修訂情報，就送精選
「好書一本」

方法：填寫線上讀者回函，並提供使用本書後的修
訂情報，經查證無誤，就送太雅精選好書一本(書
單詳見回函網站)。

＊同時享有「好康1」的抽獎機會

搭地鐵玩遍巴黎

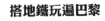

bit.ly/33uUKcE

＊「好康1」及「好康2」的獲獎名單，我們會
於每單數月的10日公布於太雅部落格與太
雅愛看書粉絲團。

＊活動內容請依回函網站為準。太雅出版社保
留活動修改、變更、終止之權利。

太雅部落格 http://taiya.morningstar.com.tw

有行動力的旅行，從太雅出版社開始

太雅 23 週年慶

發票登錄抽大獎
首獎 澳洲Pacsafe旅遊防盜背包

凡於 2020/1/1～5/31 期間購買太雅旅遊書籍(不限品項及數量)
上網登錄發票，即可參加抽獎。

首獎
澳洲Pacsafe旅遊防盜背包 (28L)

RFID晶片防側錄口袋

專利防盜鎖扣

2名

普獎
BASEUS防摔觸控靈敏之手機防水袋

顏色隨機出貨

80名

掃我進入活動頁面
或網址連結 https://reurl.cc/1Q86aD
活動時間：2020/01/01～2020/05/31
發票登入截止時間：2020/05/31 23:59
中獎名單公布日：2020/6/15

活動辦法
- 於活動期間內，購買太雅旅遊書籍(不限品項及數量)，憑該筆購買發票至太雅23周年活動網頁，填寫個人真實資料，並將購買發票和購買明細拍照上傳，即可參加抽獎。
- 每張發票號碼限登錄乙次，並獲得1次抽獎機會。
- 參與本抽獎之發票須為正本(不得以手開式發票)，且照片中的發票須可清楚辨識購買之太雅旅遊書，確實符合本活動設定之活動期間內，方可參加。
- 若發票存於電子載具，請務必於購買商品時，告知店家印出紙本發票及明細，以便拍照上傳。

※主辦單位擁有活動最終決定權。如有變更，將公布於活動網頁、太雅部落格及「太雅愛看書」粉絲專頁，恕不另行通知。